道路交通安全技术

刘如民　刘祖德　主编

中国地质大学出版社

内容简介

道路交通安全技术是高等院校安全工程专业一门重要的专业课,道路交通安全是国民经济各领域安全生产工作重要的一环。

本书从道路交通安全人、车、环境、法规等诸方面着手,结合笔者多年的实践经验和体会,对道路交通事故产生的原因机理进行了分析、整理,进而对预防和遏制多年居高不下的道路交通事故,应采取的相应对策和措施,进行了详细的分析和阐述。

为便于学员学习中记忆深刻和领会全面,本书列举了2005年部分较大交通事故案例,并对其形成原因和背景进行了分析。另外,为便于学员和阅读者学习和参考,列举了2004年5月1日以来国家和公安部颁布的重要的最新的法律、法规,供学员们参照执行。

本书可作为高等院校安全工程专业本科生和研究生的专业课教材,也可作安全工程专业成人教育、网络教育及相关行业和企业安全技术人员的培训教材。

图书在版编目(CIP)数据

道路交通安全技术/刘如民,刘祖德主编. —武汉:中国地质大学出版社,2006.1
ISBN 7-5625-2080-1

Ⅰ.道…
Ⅱ.①刘…②刘…
Ⅲ.交通-安全
Ⅳ.U4

道路交通安全技术	刘如民 刘祖德	主编
责任编辑:方 菊	责任校对:戴 莹	

出版发行:中国地质大学出版社(武汉市洪山区鲁磨路388号)	邮编:430074
电话:(027)87482760 传真:87481537	E-mail:cbb@cug.edu.cn
经 销:全国新华书店	Http://www.cugp.cn

开本:787毫米×1092毫米 1/16	字数:360千字 印张:14.25
版次:2006年1月第1版	印次:2006年1月第1次印刷
印刷:中国地质大学出版社印刷厂	印数:1—1 500册
ISBN 7-5625-2080-1/U·8	定价:28.00元

如有印装质量问题请与印刷厂联系调换

《安全工程系列教材》编委会成员

主　编　赵云胜　国家安全生产专家组专家（第三届）
　　　　　　　　中国地质大学教授　博士生导师
　　　　　魏伴云　国家安全生产专家组专家（第一、二届）
　　　　　　　　中国地质大学教授　博士生导师
　　　　　刘如民　中国地质大学教授

委　员　（以姓氏笔画为序）
　　　　　丁新国　伍　颖　刘祖德　李列平
　　　　　陆愈实　何华刚　庞奇志　倪晓阳
　　　　　郭海林　梅甫定　鲁顺清

序 言

中国地质大学安全工程专业本科创办于 1986 年，1993 年 12 月获"安全技术及工程"硕士学位授予权，1998 年经湖北省学位办批准为湖北省重点学科，2002 年经批准与武汉安全环保研究院联合共建"安全技术及工程"博士点，2003 年，经教育部批准在我校地质资源与地质工程一级学科下设安全工程博士点，2005 年，经国务院学位委员会批准，获"安全技术及工程"博士学位授予权。

中国地质大学安全工程专业学科点有一支锐意进取的学术队伍，为培养高素质人才并承担重要科研课题提供了基本前提，本学科学术带头人在国家安全生产专家组等重要组织任职，多位教师在全国及地区性安全科学技术类学术团体任重要职务。近年来，实验设备与条件、图书资料及电子媒体逐步完善，保障了人才培养与科研的需要；教学质量提高，招生规模扩大，十余年来，分配渠道畅通；科研的层次与经费有了明显提高，取得了一批较高水平的成果；本学科与美国、俄罗斯、挪威以及中国港澳台地区开展了广泛的学术交流与合作。此外，我校主办了教育部主管、国内外公开发表的刊物《安全与环境工程》，成为环境与安全两个学科的重要学术交流平台。

中国地质大学安全工程系在安全学历教育中积累了较为丰富的经验，本次出版的《安全工程系列教材》，既是为了满足我校安全工程本科教学的需要，也是为了与兄弟院校进行有益的交流，以进一步提高教学质量。

安全工程系列教材预计出版 9 本：《火灾与爆炸灾害安全工程学》、《安全系统理论与实践》、《安全人机工程》、《安全管理》、《安全法规》、《工业通风与防尘》、《电气安全》、《交通安全技术》、《工业防毒技术》。

本系列教材除了用于安全工程本科教学外，还可作为注册安全工程师的参考书，可供政府、企业等部门中安全生产领域的同仁参考。

中国地质大学安全工程系
2005.12.6

前言

近年来，随着我国国民经济的飞速发展，人民的生活水平不断提高，我们周围的车辆越来越多了，我们既充分享受着现代交通带来的便利和快捷，同时，交通事故也成为意外伤害的主要危险。

根据联合国世界卫生组织统计，全球每年受到交通事故伤害的人数高达5 000万，大约有120万人死于道路交通事故，平均每天有3 242人死亡。据世界预防道路交通伤害报告统计，中国每10万人中就有19人死于交通事故。这其中不乏是因为对道路交通法律、法规知之甚少，自我防范意识差，缺乏自我保护意识造成的。因此，掌握交通安全基本知识、增强交通安全意识和自我保护意识已迫在眉睫。我们提倡每一位公民都认真学习《道路交通安全法》和其他有关交通法规，增强交通法制观念和安全意识，提高自我保护能力，确保行车、乘车、走路的安全，让我们同在一片蓝天下，安全出行，安全回家。

据国家安全生产监督管理局统计，2004年全国共发生各类事故803 571起，死亡136 755人，安全生产形势依然严峻。2004年全国发生一次死亡10～29人的特大事故115起，死亡1 670人；一次死亡30人以上的特别重大事故14起，死亡860人。值得指出的是，2004年发生了两起死亡人数超过百人的事故，这是多年少见的。2004年全年发生道路交通事故517 889起，死亡107 077人，平均每天死亡近300人，相当于每天坠毁一架波音777-200型飞机死亡的人数。道路交通事故继续成为安全生产领域的"头号杀手"。

2003年和2004年全国各类事故死亡人数统计见下表。

项 目	全国安全生产情况	2004年	2003年
总 况	事故总数/起	803 571	963 976
	死亡总人数/人	136 755	136 340
工矿商贸企业	事故总数/起	14 702	15 597
	死亡总人数/人	16 497	17 315
火 灾	事故总数/起	276 574	265 261
	死亡总人数/人	2 689	2 569
道路交通	事故总数/起	517 889	667 507
	死亡总人数/人	107 077	104 372
水上交通	事故总数/起	562	634
	死亡总人数/人	489	498
铁路路外伤亡	事故总数/起	11 921	12 640
	死亡总人数/人	7 992	8 530
民航飞行	事故总数/起	4	0
	死亡总人数/人	61	0
洪涝灾害	受灾面积/万 hm^2	731.4	2 033
	死亡总人数/人	1 343	1 551
海洋灾害	发生次数/次	155	172
	死亡总人数/人	140	128
地质灾害	发生次数/次	675	13 832
	死亡总人数/人	860	868

从上表可以看出，道路交通事故是死亡最多的一项，所以我们要认真学习道路交通安全技术，不管驾车或出行都要提高警惕性，注意出行安全，遵守交通法规，珍惜生命。有句俗话说得好，人生最大的遗憾就是生命在不该终结的时候——"终结了"。大家行动起来，为改变我国道路交通安全环境而努力奋斗。

纵观我国交通安全现状，也绝对不容乐观。我国20世纪80年代，每年因道路交通事故死亡的人数由1986年的5万人，到1994年达6.63万人，1995年达7.1万人，1999年达8.4万人，2001年超过10万人，达10.64万人，2002年达10.94万人，2003年达10.44万人，而每年直接经济损失都达到几百亿元。

另外，我国公路里程虽经50多年的飞速发展，由1950年的13.8万km，增加到1999年的130万km，增加近10倍，但仍满足不了汽车增长的需求。如果以1998年公路126万km，到2002年176万km，年增速均小于10%，而汽车数量每年增长都超过13%，北京超过16%。鉴于此，在我国城市人均道路占有量仍不超过8m^2。改革开放以来，我国年年投巨资修公路，可我国的道路密度（km/km^2）却是世界最低的国家之一，如马来西亚道路密度为20.60，日本为2.97，荷兰为2.68，中国只有0.20。

自1988年10月31日，上海的沪嘉高速公路通车起，短短14年中，广佛、沈大、京津塘、京石、济青、广深、成渝、宜黄、沪宁、京珠等多条高速公路相继建成投入运营。至2003年底，我国已建成高速公路3万km，居世界第2位，大大改变了我国公路交通的安全状况，但仍然赶不上汽车的增长速度。

机动车的增长速度快得惊人，正在进入寻常百姓家，机动车辆由解放初期的6.2万辆，增加到2001年的6 852万辆，增加了近1 106倍，到2002年10月底，全国私家车已增加到771万辆。截至2002年10月底，北京市机动车数量就超过202万辆，其中私人小汽车为80万辆，公交车达1.6万辆，而的士超过8万辆；同年广州汽车为101万辆；武汉市2004年在用机动车达62万辆，私家车为84 339辆，而的士超过1.2万辆。改革开放以来，我国汽车年均增长率都达13%以上，北京超过16%。据统计，北京每增加10m长的道路，就同时增加7辆机动车和60辆自行车，机动车的增长速度比道路的增长速度快3～4倍。有资料统计，北京市一个道口，在一个红绿灯间隔的50s内，该路口通过57辆小型汽车，车内仅坐116人，占用道路长达300m，而如果换乘公共汽车，只用一辆就够了。因此，如何提高路面的利用率，已被提到议事日程。

另外，我国交通设施还相当落后。大家知道，交通标志、路面交通标志和交通信号是车辆行驶、行人行走的"道路语言"。只有道路而没有"道路语言"，交通是不可能畅通的。在一些工业发达国度里，只要是路，哪怕是乡间小路就有交通标志和路面标志，而我国却不健全。另外，我国交通信号机的数量也大大低于美国和日本，亟待进一步提高。

我国道路投资与发达国家比还是太少。1962—1982年的20年内，北京市用于道路建设的投资不到两亿元。改革开放以来，虽然1998—1999年我国每年用于道路改造和建设方面的投资均达到1 800亿元，但杯水车薪，仍满足不了机动车数量增长对道路的需求。

行驶的汽车是流动的污染源。因机动车辆数量的增长而造成的大气污染不容乐观，含铅汽油的使用制约了汽车控制污染排放技术的发展和应用，导致汽车尾气排放的CO、HC、NO等有害气体大大增加。据统计，美国11个城市大气中，CO92%、HC67%、NO88%是由汽车尾气排放所致。据调查，2002年北京机动车废气排放50%超标。科学家发现，肺癌的发病率、死亡率与大气污染明显相关。由于含铅汽油的大量使用，汽车排铅已成为城市铅污染的主要来源。在 1985—1995 年 10 年间，我国累计有 15 813t 铅排入大气、水体等自然环境中，并且主要集中在大城市。据北京等大城市调查，在交通繁忙区域，儿童和成年人血铅含量相当高，按国际公认标准，已达重度中毒水平。国外许多研究证明，铅污染对我们的危害主要表现为记忆力减退、血压升高及由此引起的很多心血管系统疾病，儿童智商发育受铅影响尤为敏感。因此，从 2000 年开始，我国逐步淘汰了含铅汽油。

  总之，我国汽车交通安全现状不容乐观，车辆不断增加，道路增长赶不上车辆增长的需要，人口又不断增长，人们交通安全意识薄弱。据统计，交通事故致死的人员中，农民占一半，大批农民进城务工，缺乏现代交通安全意识，人们习惯地把出行视为个人行为而不是社会行为。道路交通事故中，与驾驶员有关的因素占事故原因 80% 多，而驾驶员又缺乏安全驾驶的责任感，年轻驾驶员多。据统计，有 2/3 事故是由 30 岁以下驾驶员造成的，加强对年轻驾驶员的培训，增强驾驶员的责任感，提高驾驶技术，加强职业道德教育和驾驶员的遵章守纪教育已刻不容缓。我们学习汽车安全技术，首先要学习国外的先进经验，就是要从青少年抓起，加强对大、中、小学生的交通安全教育，加大交通安全培训力度，使他们从小自觉养成自我安全保护意识，自觉遵守各项交通管理法规，既保护自己，又保护别人。相信终究有一天，我国交通安全状况会有所改观。概而言之，道路交通安全，任重道远，只要我们在人（驾驶员、乘客、行人）、车（机动车和自行车）、环境（路、环境）和法规（法及规章制度）四大要素上狠下功夫，不管困难多大，只要大家依法办事，照章行驶，我们就能够保障自己及他人和周边的一方平安，把我国居高不下的道路交通事故降下来，从而创造良好的交通秩序和交通环境。

  为方便学员们学习和参考，本书选取了有关交通标志和道路交通安全法、交通事故处理程序规定、高速公路交通管理办法等以供参考。

  应广大学员要求，本书还增加了汽车事故处理方面的内容、步骤和基础知识。为增强学员们的环保意识，使每人为我国的环境保护事业多出一份力，特列举了环境保护方面汽车废气排放标准和噪声控制的最新标准。

  由于笔者水平所限，加之编写时间仓促，错误和不妥之处在所难免，敬请广大读者和学员批评指正。

  本书编写过程中，得到魏伴云教授、赵云胜教授、黄思骥高级工程师、白景岭教授及教研室其他同志的大力帮助，还得到武汉市公安局交通管理局洪山交通大队张明同志的大力支持和帮助，在此一并表示诚挚的感谢。

编 者
2005 年 11 月 1 日

目 录

第一章 绪论 ………………………………………………………………… (1)
第二章 道路交通管理法规简介 ………………………………………… (8)
   第一节 中华人民共和国道路交通安全法 …………………………… (9)
   第二节 交通事故处理程序规定 ……………………………………… (15)
   第三节 机动车驾驶证的申领和使用规定 …………………………… (19)
第三章 汽车的分类、结构和安全设计 ………………………………… (23)
   第一节 概述 …………………………………………………………… (23)
   第二节 汽车形式的选择 ……………………………………………… (24)
   第三节 汽车主要参数的选择 ………………………………………… (33)
   第四节 发动机的选择 ………………………………………………… (37)
   第五节 车身形式 ……………………………………………………… (44)
   第六节 轮胎的选择 …………………………………………………… (45)
   第七节 汽车的总体布置 ……………………………………………… (47)
   第八节 运动校核 ……………………………………………………… (58)
   第九节 先进安全车辆 ………………………………………………… (59)
第四章 道路交通安全管理 ……………………………………………… (65)
   第一节 城市交通现状 ………………………………………………… (65)
   第二节 道路交通标志 ………………………………………………… (70)
   第三节 道路交通标线 ………………………………………………… (84)
   第四节 交通信号 ……………………………………………………… (88)
   第五节 高速公路交通安全管理 ……………………………………… (90)
第五章 驾驶员与行车安全 ……………………………………………… (97)
   第一节 与驾驶有关的人的因素 ……………………………………… (98)
   第二节 驾驶员的管理和培训 ………………………………………… (102)
   第三节 驾驶员的审验及教育 ………………………………………… (104)
   第四节 驾驶员的处罚规定 …………………………………………… (107)
第六章 机动车运行管理 ………………………………………………… (110)
   第一节 装载 …………………………………………………………… (110)
   第二节 车辆行驶 ……………………………………………………… (113)
   第三节 行驶速度 ……………………………………………………… (118)
第七章 机动车的技术检验和行驶车的检查 …………………………… (122)

第一节　机动车的技术检验……………………………………………(122)
　　第二节　行驶车的安全检查……………………………………………(140)
第八章　汽车事故的处理……………………………………………………(146)
　　第一节　肇事车驾驶员应做的工作……………………………………(146)
　　第二节　车辆事故现场勘查基本知识…………………………………(148)
　　第三节　交通事故的分析………………………………………………(155)
第九章　交通事故案例………………………………………………………(160)
附录　法规和规定……………………………………………………………(170)
　　附录一　中华人民共和国道路交通安全法……………………………(170)
　　附录二　中华人民共和国道路交通安全法实施条例…………………(186)
　　附录三　交通事故处理程序规定………………………………………(201)
　　附录四　高速公路交通管理办法………………………………………(213)
参考文献………………………………………………………………………(216)

第一章 绪 论

确保道路交通安全，减少交通事故，是一项十分复杂的系统工程。道路交通安全取决于人、车、环境、法规四大要素。首先要有可靠性高、安全性能好的汽车，这是解决安全问题的前提。但是车是由人驾驶的，只靠好的车辆，还是远远不够的。现在发生的交通事故中，大部分是由于人的判断和操作错误以及违反交通法规引起的。这里有驾驶员的问题，也有行人、骑车人的问题，涉及的面非常广。因此要把对人的教育和培训作为解决安全问题的基本点。此外，环境（道路、信号等）的好坏，对确保行车安全也有不可忽视的作用。除上述三个直接因素之外，各种交通法规在规范人的行动，协调好上述三者之间的关系中也起着举足轻重的作用。由此可见，单靠哪一方面的努力，是难以根本改善交通安全状况的。

众所周知，要想确保道路交通安全，仅靠汽车驾驶人员的努力是远远不够的，必须在人、车、环境和法规诸方面群策群力、互相协调，充分应用过去已积累的安全知识和技术，采取有效的安全措施，同时找到防止交通事故的相关对策，从而对与安全有关的各种复杂原因一一做系统的研究和解决。

道路交通安全与我们日常生活关系十分密切，与我们每个人都息息相关，也是社会十分关心的问题，必须努力去解决。我们学习这门课程就是要掌握和运用有关道路交通安全技术，遵守有关法规和规定，将事故降到最低点，还要研究以最少的费用，达到最好的和最满意的安全效果。

20世纪70年代，世界各国合作进行安全试验车（ESV）的开发工作，对道路交通安全的认识和法规有很大的影响。我国现在汽车人均拥有量虽然较少，但近年来的增长速度却是世界第一。世界机动车平均年增长率为2%，而我国机动车和自行车年增长率都超过13%，其中北京市汽车年增长率超过16%，北京市的自行车至今已达1 000万辆，并且仍以年增13%以上的速度猛增。我国现有13亿人口，加上人口流动，城市人口的膨胀，有些城市在早、晚上下班高峰期，有些街道几乎被潮水般的自行车流所淹没。北京市的交通事故中，由骑自行车者负主要责任的交通事故的死亡人数占全市交通死亡人数的26%，如把与自行车有关的交通肇事死亡事故算在一起，就占全市交通死亡事故的70%以上。

与人、车的剧烈增长相比，城市道路的增长却相当缓慢，年平均增长只有5%。从以上人、车、路三个方面的增长来看，它们之间的关系是畸型的，如此状况把有些城市的负荷几乎逼上了极限，不着手解决是不行的。

仅2004年，我国共发生交通事故五十多万起，死亡十多万人，人、车、物直接经济损失达几百亿元。

我们通过道路交通安全技术的学习，群策群力，人人开动脑筋，在人、车、环境和法规诸方面采取相应的有效措施，交通事故的损失必将大大减少。

自德国人卡尔·本茨（Carl Benz）1885年研制出第一辆汽车以来，从1899年美国纽约发生第一例轧死人的车祸至今的106年中,全世界死于车祸的人数超过3 000万,比第一次世界大战死亡人数(1 700万)还多1 300万,接近第二次世界大战死亡人数3 760万。

现在全世界每年死于交通事故的人数约120万,受交通事故伤害的人数达5 000万。美国每年因交通事故死亡5万多人,伤300万人,损失金额每年约110亿美元。我国2004年死于交通事故的超过10万人,伤30万人。武汉市每年死于交通事故者达500多人。难怪人们在惊呼:"汽车与人正在进行一场不宣而战的战争。"车祸是一大公害,也是一场无休止的交通战争,把汽车说成是"杀人的凶器,吃人的老虎",也不为过分。人的伤亡和财产的损失可以用数字表示出来,可是精神心理的创伤和遭受的打击则是难以用数字表达出来的。

我国解放以来,道路交通事故死伤情况从图1-1上可以看出:

1960年左右,由于不考虑实际情况,过分地夸大人的主观能动作用,在运力不足的情况下,搞多拉快跑、超轴运输,不照顾职工的劳逸结合,搞疲劳战术,一些规章制度未能得到落实,车辆技术性能和状况日下,驾驶员的技术考核标准也随之降低,交通事故大幅度上升。

1966—1976年,十年动乱期间,极"左"思潮泛滥,造成机构瘫痪,制度废止,交通秩序极端混乱,交通事故连续不断,特别是重大事故接连发生,导致事故比率直线上升。

1976年10月,党中央粉碎了"四人帮"之后,制定了一系列的交通法规和规章制度,严格了交通管理,国务院决定把每年5月定为"安全月",组织力量查事故隐患、查制度、查纪律等,对交通安全工作起到了极大的促进作用。

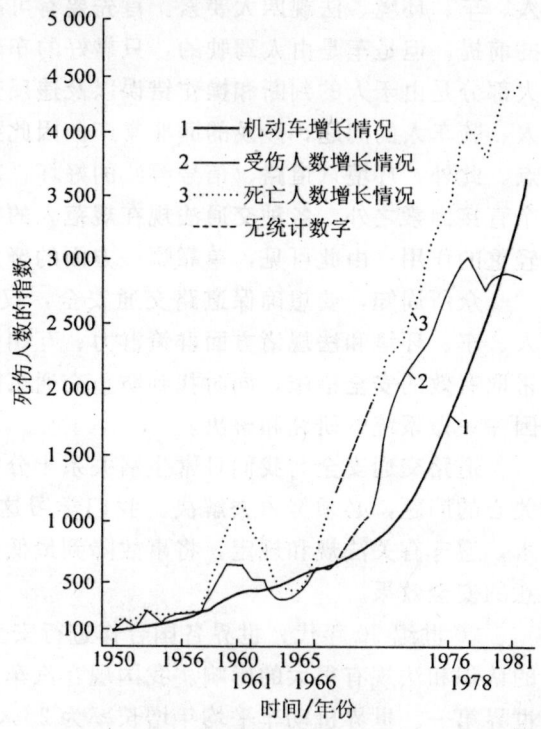

注:死伤人数的指数均以1950年为100

图1-1 解放以来道路交通事故死、伤情况图

如北京市为了改善城市的交通环境,建设了SCOOT的交通管制自动控制系统,对不断变化的交通情况自动作出判断和处理。运用这种现代科学技术加强交通管理,起到了投资少、见效快的作用。建设这样一个控制系统的费用仅相当于建造半座中型立交桥的费用。

目前,世界上为了达到交通安全的目的,采取了各种各样行之有效的办法,制定了详细而严谨的交通法规。众所周知,道路交通的安全取决于人、车、环境、法规四大要素。对于车子,首先要求可靠性好,从1908年诞生的T形福特车算起,已经经历了近百年的技术改进和长久生产的历史,其可靠性已达到很高的程度。对福特车统计数据表明,由保修不良而引起的事故,在高速公路中不过占事故的1.2%,而在一般道路中,只占全部道路死亡事故的0.1%。

几乎所有的事故都是由人的判断和操作错误引起的,这是道路交通事故的一大特点。火车和飞机的驾驶员是比较固定的专职人员,并且有轨道和管制系统作保证。与此相比,汽车交通是一种极不稳定的系统,它的安全性取决于不固定的、众多的人的判断和行为,因而,它的安全性必须把人的对策作为基本点。

调查研究表明,大量的事故是由于人的感知迟缓引起的,这种情况占事故原因的55%左右。德国在事故调查中指出,驾驶员假如提早0.5~1s开始避让操作,车与车碰撞的事故可以减少一半。从感知到作出对应动作的迟后时间一般是0.3~1s。

判断错误也很多,约占总事故的40%,超车失败等就属于这一类。

操作错误约占总事故的5%。

以上叙述的是人们在正常清醒状态下的反应时间,当不大清醒时,人类工作的可靠性会显著降低,反应时间也往往会延长到2s以上。驾驶时打瞌睡则另作别论。饮酒后驾驶是主要交通事故之一。在美国,50%左右的交通事故是由饮酒引起的。此外,人的性格和当时的心理状态也会反映到驾驶的过程中。有时,驾驶人员的生理状态也会产生判断和操作的错误,酿成事故。

改善环境,如道路、标志、信号等亦十分重要,北京市的自控系统工程SCOOT即是一例。荷兰搞生活庭院式方法亦很见效。立体交叉、高速公路、建设护栏、分道行驶等方法对提高交通安全是十分有益的。

交通法规对规范人的行动,协调人、车、环境三者的关系也是举足轻重的。我们现在进行的交通管理,就是依靠行政力量,根据国家颁布的有关道路交通管理法规、标准和规范,采取科学措施,对通行城市道路的一切车辆、行人等进行行政管理和技术监督,以便使各种运输工具、行人按照有关规定各行其道,有秩序地行进,达到充分发挥各种运输工具的最大效能,尽可能地提高道路的通过能力,确保乘客、行人的人身安全和国家财产免遭损失。

与每个人的生活和安全都有密切关系的道路交通,可以说已成为生活文明的一个侧面,说道路交通安全与生活在每个角落的国民意识和生计都有不可分割的密切关系也不过分。在当今市场经济时代,要想保证道路交通安全,仅依靠某些人、某个单位或个别部门的努力是远远不够的。"群策群力,人人行动,有法必依,执法必严",使广大群众增强交通安全意识,吸收国外经验,从中小学就接受安全教育,人人自觉遵守交通法规,并能从他人事故中接受教训,认识和分析事故多发的原因,发现事故的隐患,从而把交通事故消灭在萌芽之中。

近年来,随着市场经济的发展,人、车流量剧增,我国道路交通形势极为严峻,各类交通事故频频发生,造成了巨大的人员伤亡和经济损失。我国交通现状如此严峻,应引起社会各界高度重视,特别是决策机构。应当加强立法,建立各种各样的交通法规和规章制度;应有效地加强交通安全教育;严格规范对驾驶员的培养、考核、发放驾驶证;加强对驾驶员的思想教育、技术教育和职业道德教育;应拿出更多的资金用于交通事业和交通安全设施的建设上;应当加强交通管理;等等。

当我们的社会步入市场经济的快车道之际,当人们自觉不自觉地被各种利益驱动之时,请千万别忘记:突然降临的厄运会使数以万计的家庭支离破碎,使难以计数的活着的人心灵遭受重创。

进入20世纪90年代,我国汽车拥有量突飞猛进,而人均拥有量却很少,道路交通死亡人数却占了世界的1/10。进入21世纪,2001年,我国公路交通死亡人数达10.59万人,汽车保有量为6 852万辆,每万辆机动车死亡人数约16人,而美国万辆机动车死亡人数为2.8人。如此之多的惨剧究竟是怎样酿成的?如何才能减少这类悲剧的发生呢?如何将这些居高不下的交通事故降下来呢?如何驯服这只吃人的铁老虎呢?这就是我们学习道路交通安全的内容之一。任重而道远,我们绝不能掉以轻心。

在我国市场经济快速发展时期,私家车数量猛增,道路的状况跟不上车数的发展,交通事故屡屡发生,其原因有以下四个方面。

一、重利轻安全,管理漏洞大

1994年9月12日,在318国道湖北省巴东县境内一下坡转弯处,一辆大客车冲出道路左侧,翻下142m深的悬崖,致使55人死亡,46人受伤,客车解体报废,造成解放以来道路交通事故的第二大惨剧。汽车的驾驶者是四川万县市顺丰汽车运输公司司机,车上坐着99名由四川梁平县新盛镇去广东打工的农民。在公安部对"9·12"事故的通报中,我们看到了对事故深层原因的揭示:这辆车的核载人数为43人,车主为了多赚钱,私自在车厢内加装卧铺,每个卧铺乘坐两人,并出钱向当地运输管理部门"购买"了去广东的运营权,由两名驾驶员轮流驾驶,歇人不歇"马"。据统计,仅往返广东一次,车主就能赚2万元,驾驶员每人也能赚1000元。在高额利润的驱动下,车主无视交通法规和乘客安全,驾驶员也不顾身体和道路条件,从事危险的跨省长途客运。令人遗憾的是,肇事车辆带着严重的事故隐患,往返四川、湖北、湖南、广东7次,肇事时又从四川万县到达湖北的巴东均未被制止,它暴露了目前交通安全的源头管理和路面管理方面的漏洞。

"9·12"惨剧是当今道路交通事故的一个缩影。纵观1994年道路交通事故,十大车祸几乎都涉及大客车超载。在一次死亡10人以上的61起恶性事故中,有30起是从事公路运输的企业驾驶员肇事,19起为个体运输户肇事,其中29.5%是超载造成的;当年死于车祸的6万多人中,有4.6万人的死亡是驾驶员的责任;驾驶员超速、超载、疲劳驾驶、违章超车导致的事故越来越多。驾驶员——现代交通工具的驾驶者,有些就这样成了现代社会的"杀手"。

市场经济的迅速发展带来了整个社会的大流动,人与车的出行率高成为当今社会一大特征。近几年,全国公路运输总量大幅度上升,车辆也随之迅猛增长,而道路发展却大大滞后。与世界水平相比,我国约占世界1/4的人口却只拥有1/20的道路,构成道路交通安全四要素的人、车、环境和法规的矛盾日益加大。我们面临的就是这样一种窘境:人口难以缩减,车辆不断增加,道路少而差的状况因财力制约一时难有大的改观。于是,对人、车、环、法的安全管理便成为至关重要的问题。

过去,运输车辆绝大部分属公有财产,司机以及交通安全工作均由单位统一管理。经济体制、经营机制变革后,国家、集体运输企业的车辆以承包、转包、租赁等形式有形无形地向私人手中过渡,私有车辆也迅速增长。许多单位的领导只抓业务,忽视对交通安全工作的管理,甚至于干脆撒手不管,致使国有运输企业的安全生产制度呈逐步瓦解、失控状态;个体运输的安全管理则基本无着落。不少驾驶员与单位或雇主仅在经济上发生关系,在交通安全问题上缺少责任感,为多拉快跑常把"安全"二字抛在脑后。1995年一季度发生的19起特大交通事故,仍多是跨省长途客车超载造成的。

二、交通意识差，法规责众难

在因车祸致死的人员中，农民占了一半以上。这一方面是由于一般农村、特别是山区路况差、管理失控造成的，另一方面也反映了农民缺乏现代交通安全意识。近年来，随着农村经济迅猛发展，大批农民涌向城市，长途客运车是他们的主要交通工具。由于跨省长途车少，许多人便冒险乘坐超载车；在打工者聚集地广州、深圳，死于车祸的人中有百分之六七十是外地人。

1995年5月，由中国道路交通安全协会主办的交通管理理论研究座谈会上，与会代表无不谈到这样一个问题：飞速发展的社会经济与国人陈旧落后的交通意识间的巨大反差。交通参与者的素质太差——交通安全知识缺乏、法律意识淡漠、没养成自觉遵守交通规则的良好习惯，使交通事故防不胜防。最能说明问题的就是高等级公路的事故频发了。纵跨山西的大同至运城公路，原只有八九米宽，人多车多，堵塞严重，事故不断。山西省下决心花大力气将它改成了一级公路，没想到公路等级提高后，交通事故反而上升了两三倍。究其原因，绝大多数与行人、骑车人横穿马路有关。

长期以来，在我们的国民意识中，始终缺乏交通安全意识。作为交通参与者，人们习惯于把出行视为个人（自然）行为而不是社会行为。道路交通安全管理的一个基本原则，就是机动车、非机动车、行人各行其道，但不行其道的现象比比皆是，这也许是我们一直缺少一种"养成教育"的结果。借鉴能力差是一般人的一个弱点，车祸不落到自己或家人头上，人们常会掉以轻心或心存侥幸。所以要养成人们良好的交通行为习惯，一要靠教育，二要靠法制。加强对全民的交通法规、法制教育，提高全民的道德交通水平，同时对违章者予以重罚。目前，我国既缺少系统教育，又缺少严厉的法制制约，如过去交通法规中规定的5元钱的罚款对违章的骑车人和行人来说远不足以构成威慑力。

据调查，在造成交通事故的原因中，机动车驾驶员、骑自行车者和行人分别占65%、12%和11%左右。由此看来，交通参与者的素质不提高，就不可能遏制住猛于虎的车祸。

车轮下的惨剧已一次次地向我们警示生命的脆弱，生与死常常发生在转瞬之间，所以，无论如何我们都应牢记：珍重生命！

每个人都必须铭记：为了你和他人的幸福，请遵守交通规则！

三、加强对驾驶员和车辆的管理

湖北宜黄高速公路1995年9月25日通车至11月25日两个月时间，发生交通事故58起，死亡5人，伤35人，经济损失35万元，有时4～5辆车撞在一起，造成堵车十几千米。究其原因，不外以下四方面：

(1) 驾驶员违章、超速占36.2%（按规定时速100～120km，有时高达180～190km）。
(2) 车况差，因爆胎造成事故多，驾驶员对车辆缺少检查、维修工作。
(3) 少数驾驶员驾驶年龄短，遇紧急情况操作不当。
(4) 中间隔离带不严密，树木未长起来，对面车灯照射使驾驶员视线不清。

应采取的措施：

(1) 对驾驶员加强安全行车教育，不断提高驾驶技术水平，遵守交通法规，不违章开车。

(2) 对已出事故的人和事,大家帮助分析、剖析,做到三不放过。

(3) 严格对驾驶员培训、考核、发照,加强对驾驶员年审,加强对车辆维修保养,加强对驾驶员进行安全教育。

(4) 路口加强检查,使行人和自行车、畜力车等不上高速公路。轻便摩托车、拖拉机、电瓶车、轮式专用机械车以及设计时速小于70km的机动车辆不得进入高速公路。

四、从娃娃抓起,加强对中小学生进行安全教育

在大量的交通事故中,少年儿童遇难的比例相当大,1995年死于交通事故的青少年就达3万多人,其中在校中小学生就有4 000多人。这就是说,飞驰的车轮一年就要吞噬掉相当于一所较大的中等学校的全部学生。

学龄前儿童以及在心理上、生理上存在缺陷和障碍的人由于自身的原因,要么不理解交通规则和信号的意义,要么难以对交通信号作出像常人一样的反应,因此对这类特殊的弱势群体的上路通行,应该采取一定的保护和限制措施,以免发生交通意外。一方面,这些弱势人群上道路行走时应该由监护人或其亲属引导、陪同;另一方面,非机动车或机动车驾驶人一旦发现前方有这类人出现时,应该减速行驶并作必要的避让,其他行人也应该给予这类人群以道义上的扶助和引导。

无休止的车祸,使正处于人生花季的中小学生过早地枯萎、凋谢,无情地击碎了多少个家庭的幸福之梦,特别是对现代的三口之家而言,给家庭带来灾难性后果更为严重。

公安部、团中央曾于1990年3月发出《关于开展全国道路交通管理法规宣传教育活动的通知》,2004年5月1日起,开始实施《中华人民共和国道路交通安全法》,然而交通法规和安全教育工作在不同学校、不同家长心目中的重视程度不同,孩子们的交通安全意识也存在着明显的差别,再加上近年来社会经济发展迅猛,交通量和道路修筑增长速度不相适应,因而中小学生的道路交通事故仍然居高不下。

少年儿童是祖国的花朵,未来事业的接班人,怎样才能有效防止和减少中小学生的交通事故呢?

(1) 应借鉴国外经验,把交通安全教育(知识、法律)纳入中小学教育规划,要进一步加大对中小学生的交通安全教育力度,让孩子们从小自觉培养自我保护意识,养成自觉遵守交通法规的良好习惯。

(2) 老师、家长要尽心尽力,切实做好中小学生外行时的安全保护。

(3) 社会各行各业都要把保护中小学生的安全放在心上,在行车时把好手中的方向盘,以尽量避免车祸发生。

(4) 高年级的学生要发扬互助友爱精神,互相帮助并照顾好小弟弟、小妹妹们。本身也要听从老师和家长的教导,以身作则,遵守交通法规,切实保障道路交通安全。

汽车交通安全现状虽十分严峻,但只要我们每个公民自觉遵守交通规则,在人(驾驶员、乘车人和行人)、车(机动车辆和自行车)、环(路及环境)和法(法规和规章制度)四大要素方面狠下功夫,就能够保障自己、他人和居住地的一方平安,把居高不下的交通事故降下来。让我们共同携起手来,学好用好交通安全技术,改变我国落后的交通现状,创造良好的交通秩序和交通环境,为四个现代化建设服好务。

为了确保道路交通安全,我们总结和提出如表1-1的道路交通安全的对策供参考。

表 1-1　道路交通的安全对策

要　素	对　策　项　目
车辆	可靠性 事故预防性能 碰撞时的安全性 对行人、自行车的对策 发生事故后的对策
人	交通安全教育、训练、年审 对危险的警惕性 在不适当状态和由不适当者驾驶时的对策 法律、制度 安全的社会意识
环境	道路 道路安全设施、标志、信号 交通流量的控制 交通公害的防治急救制度 赔偿制度、其他
法规	交通规则 道路交通安全法 机动车登记规定 机动车驾驶证申领和使用规定 其他交通管理法规

从以上人、车、环、法四个方面着手，制定安全措施，并且人人付诸实施，可争取用较少的资金，收到较好的安全效果。如在首都北京这样千万人口的大城市，自控系统工程 SCOOT 就较好地解决了人、车、环、法诸方面的矛盾，把事故较大幅度地降了下来，为全国作出了榜样。随着交通运输逐步实现现代化，汽车运输这个为祖国四化作出特殊贡献的部门，将会在保证安全的前提下，发挥着越来越大的作用。

第二章　道路交通管理法规简介

　　道路交通管理法规是依据我国宪法的有关精神制定的强制性的行政命令和规章制度，是通行城乡公路的一切车辆、行人的行为规则。其主要特点是由国家强制力保证执行。它的主要作用就是为了充分发挥运输工具的效能，提高道路的通过能力并使之得到合理的使用，确保行车安全，减少交通事故等。

　　交通管理法规与其他法规一样，不是从来就有的，而是人类社会发展的产物。我国在1901年上海从国外输入第一辆汽车，当时是按马车行驶的规矩进行管理的。1903年才开始发给自动车执照、准其行驶。在公路管理上，于20世纪20年代末期，在上海首先使用红绿灯作为交通指挥信号，并在市内主要地点设置了交通标志。到了1934年，才由内务部制定了《陆上交通管理规则》。到解放后的1950年，人民政府十分关心交通事业，为了加强交通管理工作，由交通部颁布了《汽车管理暂行办法》及其实施细则。公安部于1951年颁布了《城市陆上交通管理暂行规则》，于1955年又修改为《城市交通规则》。随着形势的发展、情况的变化、工作的需要，交通部于1960年将《汽车管理暂行办法》分别修订为《公路交通规则》和《机动车管理办法》。交通部于1963年颁布了《汽车驾驶员考试暂行规定》，这对提高驾驶员技术水平，保障行车安全，起到了积极作用。

　　上述这些行之有效的法规和规章制度，对便利交通运输，确保交通安全，起到了应有的作用。但在"十年动乱"期间，以前发布的法规、规章制度全部被废止。从此公路上的交通秩序极度混乱，甚至把"红灯停，绿灯行"，无故改为"绿灯停，红灯行"。交通事故接连不断，人民生命和国家财产遭到严重损失。广大群众对此极为不满和担忧，要求尽快建立严格的规章制度。文革后期，在排除"左"的影响、抵制错误思想的情况下，于1972年由交通、公安两部颁布了《城市与公路交通管理规则》（试行）。这个试行规则将《城市交通规则》和《公路交通规则》合并，对方便群众，便利运输生产均起到了一定的作用。由于交通运输事业的发展，这个规则仍嫌简单，有些规定也不尽合理，国务院又于1988年3月9日发布了《中华人民共和国道路交通管理条例》，十多年来，该《条例》对促进祖国四化建设、保障交通安全起到了极大的促进作用。另外，随着市场经济的发展，国务院于1991年9月22日发布了89号令，颁布了《道路交通事故处理办法》（共八章50条）；公安部1992年8月10日发布《道路交通事故处理程序规定》（共九章59条）及1994年12月22日公安部20号令发布《高速公路管理办法》（共32条）；公安部1996年又发布了《中华人民共和国机动车驾驶员考试办法》（共14条）和《驾驶证管理办法》（共五章33条），湖北省公安厅也于当年发布了《机动车驾驶证管理办法》（共五章40条），2003年10月28日全国人大常委会又通过了《中华人民共和国道路交通安全法》（共八章124条），2004年4月30日国务院405号令公布了《中华人民共和国道路交通安全法实施条例》（共八章125条），当日公安部69号令发布《道路交通安全违法行为处理程序规定》（共六章49条）和70号令发布《交通事故处理程序规定》（共十章75条）及71号令《机动车驾驶证申领和使用规定》（共五章54条）、72号令《机动车登记规定》（共四章39条）等法规。

综上所述，目前我国道路交通管理法规基本上分两大类：一类是道路行车管理，如道路交通管理条例、高速公路管理条例等；另一类是机动车及驾驶员管理，如机动车驾驶员管理办法、机动车管理办法、机动车登记规定和驾驶员考试办法等，而《中华人民共和国道路交通安全法》则二者兼有之。为便于学习，下面对上述几个法规的主要内容分别做简要介绍。

第一节 中华人民共和国道路交通安全法

2004年5月1日，《中华人民共和国道路交通安全法》（以下简称《道路交通安全法》）及其配套行政法规一并开始实施，对我国的道路交通安全管理和人民生命财产的安全产生了重要而深远的影响。

《道路交通安全法》共八章124条，其主要内容有制定该条例的依据，适用范围，政府在道路交通方面的责任等；机动车登记和机动车驾驶人的有关规定；道路通行条件和有关规定；交通事故处理；执法监督和法律责任及其附则等内容。《道路交通安全法》的颁布和实施，为保障交通安全和交通畅通发挥了积极的作用，为道路交通管理工作奠定了良好基础。

《道路交通安全法》是我国第一部全面规范道路交通活动中参与人权利义务关系的基本法律，是我们做好道路交通管理工作的基础和保障。

一、总则的主要内容

总则共有7条内容，是《道路交通安全法》精神的高度概括和体现，其立法宗旨和立法精神贯穿于法的始终，并对执法和法律解释起着指导性作用。本章阐述了立法的目的、适用范围、基本原则、管辖等方面的重要内容。

其立法的目的是为了维护道路交通秩序，预防和减少交通事故，保护人身安全，保护公民、法人和其他组织的财产安全及其他合法权益，提高通行效率。

其适用范围是中华人民共和国境内的车辆驾驶人、行人、乘车人以及与道路交通活动有关的单位和个人。

道路交通安全工作应遵循依法管理、方便群众的原则，保障道路交通有序、安全、畅通。

总则还对政府在道路交通管理方面的职责和各相关部门的职责做了规定，并倡导科学管理道路交通。

二、车辆和驾驶人

车辆和驾驶人管理的规定主要涉及：车辆登记、检验、报废、保险和特种车辆使用，以及驾驶人驾驶资格、培训、审验、记分和驾驶车辆上道路行驶前的要求等。详细规定和其他相关规定要由下位法、有关技术标准补充完善。车辆和驾驶人管理是道路交通安全管理工作的基础，也是公安机关交通管理部门的管理重点。本章分两节，共17条。

如国家对机动车实行登记制度。机动车经公安机关交通管理部门登记后，方可上路行驶。尚未登记的机动车，需要临时上路行驶的，应当取得临时通行牌证。对登记后上路行驶的机动车，应当依照法律、规定、用途、载客载货数量、使用年限等不同情况，定期进行安全技术检验。国家实行机动车强制报废制度，根据机动车的安全技术状况和不同用途，规定不同的报废标准。

驾驶机动车，应当依法取得机动车驾驶证。申请机动车驾驶证，应当符合公安部门规定的驾驶许可条件；经考试合格后，由公安机关交通管理部门发给相应类别的机动车驾驶证。驾驶人应当按驾驶证载明的准驾车型驾驶机动车；驾驶机动车时，应当随身携带机动车驾驶证。公安机关交通管理部门以外的任何单位或者个人，不得收缴、扣留机动车驾驶证。

驾驶人驾驶机动车上道路行驶前，应当对机动车的安全技术性能进行认真检查；不得驾驶安全设施不全或者机件不符合技术标准等具有安全隐患的机动车。驾驶人应当遵守道路交通安全法律、法规，按照操作规范安全驾驶、文明驾驶。饮酒、服用国家管制的精神药品或麻醉药品，患有妨碍安全驾驶机动车的疾病，或者过度疲劳而影响安全驾驶的，不得驾驶机动车。

公安机关交通管理部门依照法律、行政法规的规定，定期对机动车驾驶证实施审验。

三、道路通行条件

本章是关于道路通行条件的规定。保障"道路为交通所用"是本章立法的基本出发点。道路通行条件，是指为保障道路交通有序、安全、畅通而对道路、交通信号灯、交通标志、交通标线以及其他交通设施提出的基本要求。本章对交通设施的设置与保护义务，停车场的规划、建设、补建以及占用，挖掘和道路施工现场的安全防护保障等都做了规定。

本章共10条内容。

如交通信号灯由红灯、绿灯、黄灯组成。红灯表示禁止通行，绿灯表示准许通行，黄灯表示警示。学校、幼儿园、医院、养老院门前的道路没有人行过街设施的，应当施画人行横道线，设置提示标志。

四、道路通行规定

本章从道路通行的一般规定、机动车通行规定、非机动车通行规定、行人和乘车人通行规定、高速公路的特别规定五个方面对道路通行做了基本的规范，提出了道路通行中最具稳定性、社会效果性的合理解决办法。同时，由于道路通行的具体规定技术性、操作性较强，其中有的内容还会随着道路交通安全情况的发展而有所变化，因此，本法只对道路通行做了一般规定，对于道路通行的其他具体规定，由国务院制定配套的行政法规，与本法同步实施。

本章分5节，共35条内容。

道路通行规定机动车、非机动车实行右侧通行制。根据道路条件和通行需要，道路划分为机动车道、非机动车道和人行道的，机动车、非机动车、行人实行分道通行。没有划分机动车道、非机动车道和人行道的，机动车在道路中间通行，非机动车和行人在道路两侧通行。

车辆、行人应当按照交通信号通行，遇有交通警察现场指挥时，应当按照交警的指挥通行，在没有交通信号的道路上，应当在确保安全、畅通的原则下通行。

机动车上道路行驶，不得超过限速标志标明的最高时速。在没有限速标志的路段，应当保持安全车速。同车道行驶的机动车，后车应当与前车保持足以采取紧急制动措施的安全距离。

机动车载物应当符合核定的载质量，严禁超载；载物的长、宽、高不得违反装载要求，不得遗洒、飘散载运物。

机动车载运爆炸物品、易燃易爆化学物品以及剧毒、放射性等物品，应当经公安机关批准后，按指定的时间、路线、速度行驶，悬挂警示标志并采取必要的安全措施。

机动车载人不得超过核定的人数，客运机动车不得违反规定载货。禁止货运机动车载客。货运机动车需要附载作业人员的，应当设置保护作业人员的安全措施。

行人应当在人行道内行走，没有人行道的靠路边行走。行人通过路口或者横过道路，应当走人行横道或者过街设施；通过有交通信号灯的人行横道，应当按照交通信号灯指示通行；通过没有交通信号灯、人行横道的路口或者在没有过街设施的路段横过道路，应当在确认安全后通过。

行人、非机动车、拖拉机、轮式专用机械车、铰接式客车、全挂拖斗车以及其他设计最高时速低于70km的机动车，不得进入高速公路。高速公路限速标志标明的最高时速不得超过120km。

五、交通事故处理

本章是关于交通事故处理的规定。交通事故处理，是指公安机关交通管理部门依据本法及有关行政法规、规章的规定，对发生的交通事故勘查现场、收集证据、认定交通事故、处罚当事人、对损害赔偿进行调解的过程。本章规定了道路交通事故当事人的现场处理措施与责任、交通警察的交通事故处理职责、受伤人员医疗费承担、损害赔偿责任承担、当事人赔偿争议的解决方式、交通事故逃逸案举报奖励、道路外交通事故的处理等内容，对以前的道路交通事故处理办法做了较大改革。

本章共8条内容。

在道路上发生交通事故，车辆驾驶人应当立即停车，保护现场；造成人身伤亡的，车辆驾驶人应当立即抢救受伤人员，并迅速报告执勤的交通警察或者公安机关交通管理部门。因抢救受伤人员变动现场的，应当标明位置。乘车人、过往车辆驾驶人、过往行人应当予以协助。

在道路上发生交通事故，未造成人员伤亡，当事人对事实及成因无争议的，可以即行撤离现场，恢复交通，自行协商处理损害赔偿事宜；不即行撤离现场的，应当迅速报告执勤的交通警察或者公安机关交通管理部门。

在道路上发生交通事故，仅造成轻微财产损失，并且基本事实清楚的，当事人应当先撤离现场再进行协商处理。

就目前交通事故发生的总量而言，约70%～80%是没有人员伤亡的，以上规定可以较大幅度地提高交通事故现场处理的速度，对缓解交通拥堵、提高通行能力具有重要意义。

如车辆发生交通事故后逃逸的，事故现场目击人员和其他知情人员应当向公安机关交通管理部门或者交通警察举报，举报属实的，公安机关交通管理部门应当给予奖励。

公安机关交通管理部门接到交通事故报警后，应当立即派交通警察赶赴现场，先组织抢救受伤人员，并采取措施，尽快恢复交通。

交通警察应当对交通事故现场进行勘验、检查，收集证据；因收集证据的需要，可以扣留事故车辆，但是应当妥善保管，以备核查。

　　对当事人的生理、精神状况等专业性较强的检验，公安机关交通管理部门应当委托专门机构进行鉴定。鉴定结论应当由鉴定人签名。

　　公安机关交通管理部门应当根据交通事故现场勘验、检查、调查情况和有关的检验、鉴定结论，及时制作交通事故认定书，作为处理交通事故的证据。交通事故认定书应当载明交通事故的基本事实、成因和当事人的责任，并送达当事人。

　　此外，还对医疗机构对交通事故中受伤人员的抢救、肇事车辆保险范围等做了相关规定。

六、执法监督

　　本章是关于交通警察队伍管理和值勤执法要求的规范。目前，对公安机关交通管理部门及其交通警察的监督有多种形式，主要有党的监督、权力机关的监督、司法机关的监督、新闻媒体的监督、群众的监督以及行政机关内部的各级监督。行政机关内部的监督主要是指交通管理部门内部的行政复议监督、监察监督、审计监督等。这些监督方式在改善执法活动、提高执法水平方面发挥了重要作用。要防止滥用权力、以权谋私、徇私枉法以及权力利益化、权力人格化，就必须建立监督的体制和机制。在内部监督方面，严格实行执法监督、执法考证、错案责任追究制度，在外部实行社会各界对执法进行评议的制度，通过执法监督使交通警察确立有权应有责、用权受监督、侵权须赔偿的观念。

　　本章共9条内容。

　　公安机关交通管理部门应当加强对交通警察的管理，提高交通警察的素质和管理道路交通的水平。应当对交通警察进行法制和交通安全管理业务培训、考核。交通警察经考核不合格的，不得上岗执行职务。

　　公安机关交通管理部门及其交通警察实施道路交通安全管理，应当依据法定的职权和程序，简化办事手续，做到公正、严格、文明、高效。

　　另外，还对交通警察执行职务时的着装、标志、所持证件、发放牌证、实施罚款的行政处罚、调查违法行为和交通事故回避制度及接受行政监督等进行了详细规定。

七、法律责任

　　本章是对违反道路交通安全法律、法规行为人应当承担法律责任的规定。法律责任是指法律关系的主体，即各方当事人由于未执行或未正确执行法律、法规的具体规定，造成了应当承担法律责任的后果，所必须受到的法律制裁或惩罚。本章对公安机关交通管理部门处罚道路交通安全违法行为的一般性规定、特别设定处罚、处罚的裁决权限和处罚的执行及法律救济的规定、公安机关交通管理部门及其交通警察违法时，应当承担的法律责任等内容做了规定。从责任主体的角度，可以分为两类：一是道路交通参与人实施了道路交通安全违法行为应当承担的法律责任；二是道路交通安全执法者违反本法规定应当承担的法律责任。

　　本章共32条内容。

　　公安机关交通管理部门及其交通警察对道路交通违法行为应当及时纠正。应依据事实和本法的有关规定对道路交通安全违法行为予以处罚。对于情节轻微，未影响道路通行的，指出违法行为,给予口头警告后放行。对道路交通安全违法行为的处罚种类包括:警告、罚款、暂扣或者吊销机动车驾驶证、拘留。具体来讲,对于道路交通安全违法行为人所实施的单项道路交通安全违法行为最高的罚款限额为 5 000 元,最低罚款限额为 5 元;或者最高罚款限额为行为人违法所得的 10 倍,最低罚款限额为行为人违法所得的 2 倍。

另外,对行人、乘车人、非机动车驾驶人违反道路交通安全法律、法规关于道路通行规定的,对机动车驾驶人违反道路交通安全法律、法规关于道路通行规定的,都有十分明确的处罚规定。

饮酒后驾驶营运机动车的,处暂扣三个月机动车驾驶证,并处 500 元罚款;醉酒后驾驶营运机动车的,由公安机关交通管理部门约束至酒醒,处 15 日以下拘留和暂扣 6 个月机动车驾驶证,并处 2 000 元罚款。

一年内有关两款规定醉酒后驾驶机动车的行为,被处罚两次以上的,吊销机动车驾驶证,五年内不得驾驶营运机动车。

具体饮酒和醉酒的规定如下:

1. 酒精含量值

(1) 酒精含量临界值　车辆驾驶人员血液、呼气中酒精含量临界值见表 2-1。

表 2-1　车辆驾驶人员血液、呼气酒精含量临界值

性　质	血液酒精含量临界值/mg·(100mL)$^{-1}$	呼气酒精含量临界值/μg·(100mL)$^{-1}$
酒后驾车	10	5
醉酒驾车	100	50

呼气和血液酒精含量换算比例为 1∶2 000。

(2) 酒精含量与驾驶危险性　车辆驾驶人员血液和呼气中酒精含量与驾驶危险性一般呈正相关关系。血液、呼气酒精含量与事故相对危险度见表 2-2。

表 2-2　血液、呼气酒精含量与事故相对危险度

血液酒精含量/ mg·(100mL)$^{-1}$	呼气酒精含量/ μg·(100mL)$^{-1}$	主要表现	事故相对危险度*
10~49	5~24	精神愉快,飘然感,注意力、判断力降低	1
50~99	25~49	兴奋,肌肉协调能力减弱,敏感反应降低,语无伦次	1.5
100~149	50~74	自然感觉好,易激动,吵闹,控制力降低	2.5
150~199	75~99	情绪易变,口齿不清,共济失调,判断力迟钝,不能进行职业操作	9.7
200 以上	100 以上	精神混乱,失去平衡能力,语言含糊,定向力降低或丧失,对外界反应冷淡、呆滞	9.7 以上

*:事故相对危险度以 10mg/100mL~50mg/100mL 血液酒精浓度为标准。

2. 测试方法

(1) 呼气酒精含量测试　①呼气酒精含量测试应当进行两次,两次间隔不少于 10 分钟。呼气酒精含量值以两次测试的平均值计算。被测试者放弃第二次测试的,以第一次测试结果为呼气酒精含量值,但应按表 2-3 格式做好记录。②呼气酒精含量测试完毕应当按照表 2-3 格式做好记录,并由测试者和被测试者签字。被测试者拒绝签字的,由在场人签字或测试者

加注说明。③呼气酒精含量测试应当采用燃料电池式或气敏半导体元件式传感器型呼气酒精含量探测器，其技术指标和性能检验应符合 GA/T48 标准规定。④呼气酒精含量测试步骤按照呼气酒精含量探测器的操作要求进行。

表 2-3　呼气酒精含量测试记录表

被测试者姓名	性别	年龄	单位	驾驶证号码	身份证号码	
第一次	（μg） 测试时间：　月　日　时　分			（拒绝呼气测试的，在此记录定性测试结果） 测试时间：　月　日　时　分		
第二次	（μg） 测试时间：　月　日　时　分			（放弃者，在此注明）		
平均值	（μg）					
测试者签字： 　　　　　　年　月　日				测试者签字*： 　　　　　　年　月　日		

*：被测试者拒绝签字的，由在场人签字或测试者加注说明。

（2）血液酒精含量测试　①对不能或拒绝进行呼气酒精含量测试的，或者当场否认呼气酒精含量测试结果的，应当及时抽血测试血液中酒精含量。抽血应当由医务人员按要求进行。②血液酒精含量测试方法，按照 GA/T105 标准施行。测试结果应当出具书面报告。

（3）其他　①对怀疑饮酒后驾车的车辆驾驶人员拒绝配合呼气酒精含量测试和抽血测试血液酒精含量的，以呼气酒精含量探测器被动探测到的呼气酒精定性结果作为饮酒后驾车的依据，其测试结果按表 2-3 做好记录。②怀疑病理性醉酒的，应当提请法医学鉴定。

本章对机动车停放、机动车安全技术检验、上路机动车的号牌、技术、行驶证等方面的要求做了相关规定。

另外，还对机动车报废、机动车产品技术标准，对违章驾驶员处罚、罚款的规定和交通警察的职责、处分等也做了详细而明确的确定。

八、附则

附则是对于法律的补充性条文。一般是关于生效日期、修改程序、解释权、特别授权等方面的规定。

本法附则部分共 6 条内容。

附则中指出了下列用语的含义：

（1）道路——是指公路、城市道路和虽在单位管辖范围但允许社会机动车通行的地方，包括广场、公共停车场等用于公众通行的场所。

（2）车辆——是指机动车和非机动车。

（3）机动车——是指以动力装置驱动或者牵引，上道路行驶的供人员乘用或者用于运送物品以及进行工程专项作业的轮式车辆。

（4）非机动车——是指以人力或者畜力驱动，上道路行驶的交通工具，以及虽有动力装置驱动但设计最高时速、空车质量、外形尺寸符合有关国家标准的残疾人机动轮椅车、电动自行车等交通工具。

（5）交通事故——是指车辆在道路上因过错或者意外造成的人身伤亡或财产损失的事件。

第二节 交通事故处理程序规定

此规定 2004 年 4 月 30 日由公安部 70 号令发布，自 2004 年 5 月 1 日起执行。本规定共十章 75 条。

总则部分指出本规定适用于处理车辆在道路上因过错或者意外造成的人身伤亡或者财产损失的事故。

处理交通事故应当遵循公开、公正、便民、高效的原则。

第二章管辖部分指出县级以上公安机关交通管理部门负责处理所管辖的区域或者道路内发生的交通事故。对管辖权发生争议的，报请共同的上级公安机关交通管理部门指定管辖，并应在 24 小时内作出决定，并通知争议各方。

第三章受理部分指出公安机关交通管理部门接到事故报警的，应当登记备查，记录报警时间、报警人姓名、单位、联系电话、发生交通事故时间、地点、车辆类型、车辆牌号、是否载有危险品、人员伤亡等简要情况。涉嫌交通肇事逃逸的，还应当详细询问并记录肇事车辆的颜色、特征及其逃逸方向等有关情况。接到交通事故报警，应当按照规定立即派交通警察赶赴现场。有人员伤亡的，应当及时通知急救、医疗、消防等有关部门。发生一次死亡 3 人以上或者有重大影响的交通事故，应当立即向上一级公安机关交通管理部门和当地人民政府报告；涉及营运车辆的，同时通知当地人民政府有关行政管理部门。

当事人未在交通事故现场报警，事后请求公安机关交通管理部门处理的，当事人应当在提出请求后十日内向其提供交通事故证据。交通管理部门自接到当事人提供的交通事故证据材料之日起对交通事故进行调查。当事人未提供交通事故证据，交通管理部门因现场变动、证据灭失，无法查证交通事故事实的，应当书面通知当事人向人民法院提起民事诉讼。

第四章简易程序。此章共 7 条。

在道路上发生交通事故，未造成人身伤亡，当事人对事实及成因无争议的，可以即行撤离现场，恢复交通，自行协商处理损害赔偿事宜；在道路上发生交通事故，仅造成轻微财产损失，并且基本事实清楚的，当事人应当先撤离现场再进行协商处理。此两种情况当事人应当填写交通事故发生的时间、地点、天气、当事人姓名、机动车驾驶证号、联系方式、机动车牌号、保险凭证号、交通事故形态、碰撞部位、赔偿责任人等内容的协议书或者文字记录，共同签名后立即撤离现场，协商赔偿数额和赔偿方式。

当事人也可以自行协商处理损害赔偿事宜。

有下列情形之一的，当事人应当保护现场并立即报警：

(1) 机动车无牌号、无检验合格标志、无保险标志的；

(2) 驾驶人无有效机动车驾驶证的；

(3) 驾驶人饮酒、服用国家管制的精神药品或者麻醉药品的；

(4) 在道路上发生交通事故，虽未造成人员伤亡，但当事人对事实及成因有争议的；

(5) 当事人不能自行移动车辆的；

(6) 碰撞建筑物、公共设施或者其他设施的。

公安机关交通管理部门对下列交通事故可以按照简易程序处理：

(1) 对发生交通事故，未造成人身伤亡或仅造成轻微损失，当事人对事实及成因有争议不即行撤离现场或者当事人自行撤离现场后，经协商未达成协议的；

(2) 受伤人员认为自己伤情轻微，当事人对事实及成因无争议，但是对赔偿有争议的。

适用简易程序的，可以由一名交通警察处理。

第五章调查。本章共29条。

在第一节一般规定中，要求发生下列交通事故，当事人应立即报警：

(1) 造成人员死亡、重伤、轻伤的；

(2) 造成人员轻微伤，但是当事人对事实或者成因有争议的；

(3) 财产损失较大的；

(4) 财产损失轻微，但是有本规定13条1~3项规定情形之一者（机动车无号牌、无检验合格标志的、无保险标志的；驾驶人无有效机动车驾驶证的；驾驶人饮酒、服用国家管制的精神药品或麻醉药品的）。

公安机关交通管理部门对上述四项交通事故，填写交通事故立案登记表；对经过调查不属于交通事故的，书面通知当事人，并将案件移送有关部门或者告知当事人处理途径。

对交通事故进行调查时，交通警察不得少于2人。

在第二节现场调查中，要求交通警察到达现场后，应当根据需要立即进行下列工作：

(1) 组织抢救受伤人员。

(2) 在现场周围设置警戒线，在距现场来车方向50~150m外设置发光或者反光的交通标志，引导车辆、行人绕行；允许车辆通行，交通警察应负责现场警戒、疏导交通，指挥其他车辆减速通过。

(3) 指挥驾驶人、乘客等人员在安全地带等候；引导勘查、指挥等车辆依次停放在警戒线内来车方向的道路右侧；车辆应当开启警灯，夜间还应当开启危险报警闪光灯和示廓灯。

(4) 对载运爆炸物品、易燃易爆化学物品以及毒害性、放射性、腐蚀性、传染病病原体等危险物品的车辆发生的交通事故，应当立即报告当地人民政府，通报有关部门及时处理，采取封闭道路等交通管制措施，协同有关部门划定隔离区，疏散过往车辆、人员。

(5) 对造成道路、供电、通讯等设施损毁的交通事故，通报有关部门及时处理。

(6) 确定交通事故当事人，控制肇事人，查找证人。

急救、医疗人员到达现场的，由急救、医疗人员组织抢救受伤人员，交通警察应当积极协助。

交通警察勘查交通事故现场，应当穿着反光背心，夜间可以佩带发光或者反光器具。遇有载运危险物品车辆发生交通事故的，还应当根据需要穿着防护服，佩带防护用具。

交通警察调查事故现场时，应当全面、及时地收集有关证据。现场调查内容包括：

(1) 交通事故当事人的基本情况；
(2) 车辆安全技术状况及装载情况；
(3) 交通事故的基本事实；
(4) 当事人的道路交通安全违法行为及导致交通事故的过错或者意外情况；
(5) 与交通事故有关的道路情况；
(6) 其他与交通事故有关的事实。

勘查交通事故现场，应按照有关法规和标准的规定，拍摄现场照片，绘制现场图，采集、提取痕迹、物证，制作现场勘查笔录。一次死亡3人以上的交通事故应当进行现场摄像。

现场图应当由参加勘查的交通警察、当事人或者见证人签名。当事人拒绝签名或者无法签名以及无见证人的，应当记录在案。

对可能因时间、地点、气象等原因，导致痕迹或者证据灭失的，应当及时测试、提取、保全。

交通警察应当检查当事人的身份证件、机动车驾驶证、工作证及机动车行驶证、保险标志，验明身份；对当场难以查实身份的肇事人，可以依法传唤。交通警察可以依法对肇事车辆、交通事故当事人及其随身携带的物品进行检查。

现场勘查完毕，清点现场遗留物品和财物后，公安机关交通管理部门应当迅速组织清理现场，尽快恢复交通。

公安机关交通管理部门应当对肇事人、其他当事人、证人进行询问或者讯问。询问或者讯问时，应当根据需要问明交通方式、驾驶人和机动车所有人、管理人的基本情况以及机动车驾驶证号、准驾车型、领取驾驶证日期、驾驶经历，驾驶前活动、休息、餐饮情况，驾驶时身体状况，所驾车辆状况、保险情况，行驶路线、驾驶时间、行驶速度，交通事故发生经过，临危采取的措施及主观心态等与交通事故有关的情况。

公安机关交通管理部门在调查交通事故过程中，发现当事人有交通肇事犯罪嫌疑的，应当按照《公安机关办理刑事案件程序规定》立案侦查，并依法对其采取强制措施。发现当事人有其他违法犯罪嫌疑的，应当及时移送公安机关有关部门。

交通警察认为应对当事人给予暂扣或者吊销机动车驾驶证处罚的，可以扣留其机动车驾驶证，并开据行政强制措施凭证。

扣留机动车驾驶证期限至作出处罚决定为止。

因收集证据需要扣留事故车辆及机动车行驶证的，公安机关交通管理部门应当开据行政强制措施凭证，将车辆移至指定的地点并妥善保管。

公安机关交通管理部门不得扣留事故车辆所载货物。对所载货物在核实质量、体积及货物损失后，通知机动车驾驶人或者货物所有人自行处理。

在第三节交通肇事逃逸协查中规定：

公安机关交通管理部门应当根据管辖区域和道路情况，制定交通肇事逃逸案件查缉预案。

发生交通肇事逃逸案件后,交通管理部门应当根据证人证言、交通事故现场痕迹、遗留物等线索,及时布置堵截和追缉。可以通过发协查通报、向社会公告等方式要求协查、举报交通肇事逃逸事件。

公安机关交通管理部门查获交通肇事逃逸人和车辆后,应当按原范围发出撤销协查通报。

在第四节检验、鉴定中,要求公安机关交通管理部门需要对当事人生理、精神状况、人体损伤、尸体、车辆及其行驶速度、痕迹、物品以及现场的道路状况等进行检验、鉴定的,应当在勘查现场之日起5日内指派或者委托专业技术人员、具备资格的鉴定机构进行检验、鉴定。检验、鉴定应在20日内完成。

对精神病的医学鉴定,应当在由省级人民政府指定的医院进行。

当事人因交通事故致残的,在治疗终结后,应当由具有资格的伤残鉴定机构评定伤残等级。

交通事故造成人员死亡的,由急救、医疗机构或者法医出具死亡证明。尸体应存放在殡葬服务单位或者有停尸条件的医疗机构。检验尸体不得在公众场合进行。检验完成后,应当通知死者亲属在10日内办理丧葬事宜。

公安机关交通管理部门扣留的事故车辆除检验、鉴定外,不得使用。检验、鉴定完成后5日内通知当事人领取事故车辆和机动车行驶证。

第五节交通事故认定书规定:

公安机关交通管理部门经过调查后,应当根据当事人的行为对发生交通事故所起的作用以及过错的严重程度,确定当事人的责任。

(1) 因一方当事人的过错导致交通事故的,承担全部责任;当事人逃逸,造成现场变动、证据灭失,无法查证交通事故事实的,逃逸的当事人承担全部责任;当事人故意破坏、伪造现场、毁灭证据的,承担全部责任。

(2) 因两方或两方以上当事人的过错发生交通事故的,根据其行为对事故发生的作用以及过错的严重程度,分别承担主要责任、同等责任和次要责任。

(3) 各方均无导致交通事故的过错,属于交通意外事故的,各方均无责任。

(4) 一方当事人故意造成事故的,他方无责任。

公安机关交通管理部门对经过勘验、检查现场的交通事故,应当在勘查现场之日起10日内制作交通事故认定书。交通肇事逃逸的,在查获交通肇事逃逸人和车辆后10日内制作交通事故认定书。对需要进行检验、鉴定的,应当在检验、鉴定结果确定后5日内制作交通事故认定书。

交通事故认定书应载明以下内容:

(1) 交通事故当事人、车辆、道路和交通环境的基本情况;
(2) 交通事故的基本事实;
(3) 交通事故证据及形成原因的分析;
(4) 当事人导致交通事故的过错及责任或者意外原因。

交通事故认定书应加盖交通管理部门交通责任处理专用章,分别送达当事人,并告知当事人申请调解的期限和直接向人民法院提起民事诉讼的权利。

在第六章处罚执行中规定：

对当事人给予暂扣机动车驾驶证处罚的，扣留一日折抵暂扣期限一日。不予暂扣或者吊销机动车驾驶证处罚的，发还扣留的机动车驾驶证。

对发生重大交通事故构成犯罪，需要吊销当事人机动车驾驶证的，应当在移送案件之前，由设区的市公安机关交通管理部门作出吊销机动车驾驶证的处罚决定。对交通肇事逃逸人作出吊销机动车驾驶证处罚的，由机动车驾驶证核发地车辆管理所将其终生不得重新取得机动车驾驶证的决定记入全国公安交通管理信息系统备案。

当事人违反道路交通安全法律、法规的规定，发生重大交通事故，构成犯罪的，依法追究刑事责任。

第七章损害赔偿调解规定交通事故损害赔偿的期限为10日。造成人员死亡的，从规定的办理丧葬事宜时间结束之日起开始；造成人员受伤的，从治疗终结之日起开始；因伤致残的，从定残之日起开始；造成财产损失的，从确定损失之日起开始。

参加机动车第三者责任强制保险的机动车发生交通事故，损失未超过强制保险责任限额范围的，当事人可以直接向保险公司索赔，也可以自行协商处理损害赔偿事宜。

损害赔偿经调解达成协议的，公安机关交通管理部门制作调节书，各方当事人签名，分别送交各方当事人。

调节书载明交通事故简要情况和损失情况、各方的损害赔偿责任、项目和数额、意见、赔偿方式和期限、调解终结日期等。

第八章、第九章和第十章讲了涉外交通事故处理和其他规定及其附则，这里就不一一叙述了。

第三节 机动车驾驶证的申领和使用规定

2004年5月1日起施行的机动车驾驶证申领和使用规定（以下简称"规定"）共五章54条，"规定"是为保证机动车驾驶员具备应有的驾驶知识和技能，提高培训质量，保障道路交通安全，根据《道路交通安全法》及其实施条例制定的。

本规定由公安机关交通管理部门负责实施。

直辖市公安机关交通管理部门车辆管理所、设区的市或者相当于同级的公安机关交通管理部门车辆管理所负责办理本行政辖区内机动车驾驶证业务。县级公安机关交通管理部门办理机动车驾驶证业务的范围由省级公安机关交通管理部门确定。

车管所办理机动车驾驶证业务，应当依法受理申请人的申请，审核申请人提交的资料，对符合条件的，按照规定程序和期限办理机动车驾驶证。

机动车驾驶证有效期分为六年、十年和长期。

一、申请驾驶证的年龄条件

(1) 申请小型汽车、小型自动档汽车、轻便摩托车准驾车型的，在18周岁以上，70周岁以下；

(2) 申请低速载货汽车、三轮汽车等车型的，在18周岁以上，60周岁以下；

(3) 申请城市公交车、中型客车、大型货车、无轨电车等准驾车型的，在20周岁以上，

50周岁以下。

二、身体条件

（1）身高：申请大型客车、城市公交车、大型货车、无轨电车准驾车型的，身高为155cm以上。申请中型客车准驾车型的，身高为150cm以上；

（2）视力：申请大型客车、城市公交车、中型客车、大型货车等准驾车型的，两眼裸视力或矫正视力达到对数视力表5.0以上。申请其他准驾车型的，两眼裸视力或矫正视力达到对数视力表4.9以上；

（3）辨色力：无红绿色盲；

（4）听力：两耳分别距音叉50cm能辨别声源方向；

（5）上肢：双手拇指健全，每只手的其他手指必须有三指健全；

（6）下肢：运动功能正常。

有器质性心脏病、癫痫病、美尼尔氏症、眩晕症、癔病、精神病等以及影响肢体活动的神经系统疾病不得申请机动车驾驶证。

三、机动车驾驶证的申请、考试

初次申请机动车驾驶证，应当填写机动车驾驶证申请表，并提交身份证明及县级医疗机构出具的有关身体条件的证明。

车管所对符合机动车驾驶证申请条件的，应当受理，并在申请人预约考试后30日内安排考试。

考试科目分为道路交通安全法律、法规和相关知识考试科目（以下简称"科目一"）、场地技能考试科目（以下简称"科目二"）和道路技能考试科目（以下简称"科目三"）。考试顺序按照科目一、科目二、科目三依次进行，前一科目考试合格后，方准参加后一科目的考试。

初次申请机动车驾驶证或者申请增加准驾车型的，科目一考试合格后，车管所应当在3日内核发驾驶技能准考证明，其有效期为二年，申请人应当在有效期内完成科目二和科目三的考试。

考试科目内容及合格标准全国统一。

科目一的考试内容及合格标准。考试内容有：道路交通安全法律、法规和规章；机动车的总体构造、主要装置的作用，车辆日常检查、保养、使用，常见故障的判断和排除方法等机动车构造保养知识；高速公路、恶劣气候、复杂道路、危险情况时的安全驾驶知识，伤员急救的一般知识，危险物品运输知识及其紧急情况处理的知识，文明驾驶和职业道德等安全驾驶相关知识。合格标准：考试成绩应当在90分以上。

科目二考试内容及合格标准。考试内容有：在规定场地，按照规定的行驶路线和操作要求完成驾驶机动车的情况，对车辆前、后、左、右空间位置的判断能力以及对机动车基本驾驶技能的掌握情况。未出现下列情况的为合格：①不按规定路线、顺序行驶；②碰擦桩杆；③车身出线；④移库不入；⑤在不准许停车的行驶过程中停车两次；⑥发动机熄火；⑦驾驶两轮车考试时单脚或双脚触地。

科目三考试内容及合格标准。考试内容：①在场内道路上驾驶机动车通过单边桥、上坡起步、通过连续障碍、曲线行驶、直角转弯、侧方停车、限速通过限宽门、起伏路行驶、低附着系数路面行驶等情况。其中，对照申请报考的准驾车型，设定必考项目。大型客车、城市公交车准驾车型必考项目：上坡起步、侧方停车、直角转弯、曲线行驶、通过连续障碍、通过单边桥，实际道路驾驶考试距离不少于7km；牵引车准驾车型必考项目：起伏路驾驶、上坡起步、曲线行驶、直角转弯、限速通过限宽门、通过连续障碍，实际道路驾驶考试距离不少于7km；中型客车、大型货车准驾车型必考项目：上坡起步、曲线行驶、侧方停车、限速通过限宽门、通过连续障碍、通过单边桥，实际道路驾驶考试距离不少于5km；小型汽车、小型自动档汽车准驾车型必考项目：考试项目不得少于6项，手动档汽车必须考试侧方停车、上坡起步，自动档汽车必须考试侧方停车，其他项目考试由考试员随机选取，实际道路驾驶考试距离不少于3km；普通三轮摩托车、普通二轮摩托车准驾车型必考项目：考试项目不得少于6项，其中上坡起步、曲线行驶、单边桥、起伏路考试项目属必考项目，其他项目考试由考试员随机选取。②在实际道路上驾驶机动车进行起步前的准备、起步、通过路口、通过信号灯、按照道路标志标线驾驶、变换车道、会车、超车、定点停车等正确驾驶机动车的能力，观察、判断道路和行驶环境以及综合控制机动车的能力，在夜间或低能见度情况下使用各种灯光的知识，遵守交通法规的意识和安全驾驶情况。其中，对照申请报考的准驾车型，设定实际道路驾驶技能考试距离：大型客车、牵引车、城市公交车准驾车型考试距离不少于7km，中型客车、大型客车准驾车型考试距离不少于5km，小型汽车、小型自动档汽车考试距离不少于3km。

科目三考试满分为100分。按照不同准驾车型设定：不合格、减20分、减10分、减5分的评判标准。达到下列分值规定的，科目三考试合格：

（1）报考大型客车、牵引车、中型客车、大型货车、城市公交车准驾车型，应当达到90分；

（2）报考其他准驾车型的应当达到80分。

对于按照上述规定参加三个科目的考试，并均达到合格标准的，车辆管理机构核发机动车驾驶证；考试未达到合格标准的，不能核发机动车驾驶证。在学习驾驶的有效期内，每个科目考试一次，可以补考一次。补考仍不合格的，本科目考试中止。申请人可以重新申请考试，但科目二、科目三的考试日期应当在20日之后预约。

机动车驾驶证有效期分为6年、10年和长期。机动车驾驶人初次申领驾驶证后的12个月为实习期。在实习期内驾驶机动车的，应当在车身后部粘贴或者悬挂统一式样的实习标志。

机动车驾驶人在实习期内不得驾驶公共汽车、营运客车或者执行任务的警车、消防车、救护车、工程救险车以及载有爆炸物品、易燃易爆化学物品、剧毒或者放射性等危险物品的机动车，驾驶的汽车不得牵引挂车。

四、记分和审验

道路交通安全行为累积记分周期为12个月，满分为12分，从机动车驾驶证初次领取之日起计算。

依据道路交通安全违法行为的严重程度，一次记分的分值为12分、6分、3分、2分、1分五种。

机动车驾驶人在一个记分周期内累积记分达到12分的,应当在15日内到机动车驾驶证核发地或者违法行为地公安机关交通管理部门接受为期7日的道路交通安全法律、法规和相关知识的教育。机动车驾驶人接受教育后,车辆管理所应当在20日内对其进行科目一的考试。

机动车驾驶人在一个记分周期内两次以上达到12分的,车辆管理所还应当在科目一考试合格后十日内对其进行科目三的考试。

年龄在60周岁以上或者持有大型客车、城市公交车、中型客车、大型货车等准驾车型的机动车驾驶人,应当每年进行一次身体检查,在记分周期结束后15日内,提交县级或者部队团级以上医疗机构出具的有关身体条件证明。

第三章　汽车的分类、结构和安全设计

第一节　概　述

汽车工业的发展，带动了许多相关行业，包括钢铁、石油、橡胶、塑料、机床、道路、汽车销售、售后服务、运输、交通管理、金融、教育、科研等的发展，因而解决了大批人员的就业问题。汽车也是衡量人们生活水平的重要标准之一，购买汽车以及因此而形成的日常消费能促进货币回笼。近百年来，汽车工业之所以长盛不衰，主要得益于市场和科学技术的不断进步，使汽车能逐渐完善并满足使用者的需求。现在不仅在生产活动中，而且在日常生活中人们也离不开汽车。对于经济发达国家，汽车工业是国民经济的支柱产业。

由动力装置、底盘、车身、电器及仪表四部分组成的汽车，是用来载送人员和货物的运输工具。汽车主要在宽度有限的道路上行驶，同时与汽车比较，还有人、自行车、摩托车等弱势群体也在使用同一道路，因此存在交通隐患。为了在有限的道路上容纳更多的车辆运行，从减少交通事故以及汽车造型和减轻质量等方面考虑，对汽车的外形尺寸需要予以限制。

使用汽车加快了人的生活节奏，提高了工作效率，出门远行也更方便；与使用火车、飞机、船舶等交通工具比较，受到的约束减少了许多。因此，更多的人愿意选择汽车作为交通工具。交通工具有在自然环境条件下使用的特点，汽车也不例外。自然环境的变化因素很多，有些还没有规律，而且变化范围大，如温度、湿度、雾、白昼与黑夜、干燥的硬路面与泥泞深浅不定的软路面等，要求汽车能适应这些环境而且安全地行驶，就必须制定有关法规强制企业执行，这也是工程技术人员从事设计工作的依据之一。

进行总体设计工作应满足如下基本要求：
(1) 车的各项性能、成本等，要求达到企业在商品计划中所确定的指标。
(2) 严格遵守和贯彻有关法规、标准中的规定。
(3) 尽最大可能地去贯彻"三化"，即标准化、通用化和系列化。
(4) 进行有关运动学方面的校核，保证汽车有正确的运动和避免运动干涉。
(5) 拆装与维修方便。

我国制定的有关汽车方面的法规、标准正在得到不断的完善，它们中有些是结合我国具体条件制定的，有些是参照国外的法规、标准制定的。这些法规、标准涉及的面很广，如有关汽车外廓尺寸标准（GB1589-1989 汽车外廓尺寸限界）、汽车的污染物排放标准以及有关公路法规对汽车轴荷限定的要求等。在进行设计工作时，要特别注意正在实施的强制性标准，我国目前已有 40 项，随着时间的推移还会有变化。

第二节 汽车形式的选择

一、汽车的分类

汽车有很多分类方法,可以按照发动机排量、乘客座位数、汽车总质量、汽车总长、车身或驾驶室特点的不同等来分类,也可以取上述特征量中的两个指标作为分类的依据。国标 GB/T15089-2001 对汽车作如表 3-1 所示的分类。

表 3-1 GB/T15089-2001 汽车的分类

汽车类型			乘员数座位数	最大设计总质量/kg	说明		
M类 至少有四个车轮,并且用于载客的机动车辆	M_1 类		...(<9)	—	包括驾驶员座位在内的座位数不超过 9 座的载客车辆		
	M_2 类	A级	≤22(>9)	<5 000	可载乘员数(不包括驾驶员)不多于 22 人	允许乘员站立	包括驾驶员座位在内,座位数超过 9 个,且最大设计总质量不超过 5 000kg 的载客车辆
		B级				不允许乘员站立	
		Ⅰ级	≥22(>9)		可载乘员数(不包括驾驶员)多于 22 人	允许乘员站立,并且乘员可以自由走动	
		Ⅱ级				只允许乘员站立在过道和/或提供不超过相当于两个双人座位的站立面积	
		Ⅲ级				不允许乘员站立	
	M_3 类	A级	≤22(>9)	>5 000	可载乘员数(不包括驾驶员)不多于 22 人	允许乘员站立	包括驾驶员座位在内,座位数超过 9 个,且最大设计总质量超过 5 000kg 的载客车辆
		B级				不允许乘员站立	
		Ⅰ级	≥22(>9)		可载乘员数(不包括驾驶员)多于 22 人	允许乘员站立,并且乘员可以自由走动	
		Ⅱ级				只允许乘员站立在过道和/或提供不超过相当于两个双人座位的站立面积	
		Ⅲ级				不允许乘员站立	
N类 至少有四个车轮且用于载货的机动车辆	N_1 类			≤3 500	最大设计总质量不超过 3 500kg 的载货车辆		
	N_2 类			>3 500~12 000	最大设计总质量超过 3 500kg,但不超过 12 000kg 的载货车辆		
	N_3 类			>12 000	最大设计总质量超过 12 000kg 的载货车辆		

(一)按汽车用途分类

国标 GB/T3730.1-2001 将汽车分为乘用车和商用车。乘用车是指在设计和技术特性上主要用于载运乘客及其随身行李和/或临时物品的汽车,包括驾驶员座位在内最多不超过 9 个座位。它也可以牵引一辆挂车。乘用车又有多种,详细分类如图 3-1 所示。

商用车是指在设计和技术特性上用于运送人员和货物的汽车,并且可以牵引挂车。商用车又有客车、半挂牵引车、货车之分,详细分类如图 3-2 所示。

客车是指在设计和技术特性上用于载运乘客及其随身行李的商用车辆,包括驾驶员座位

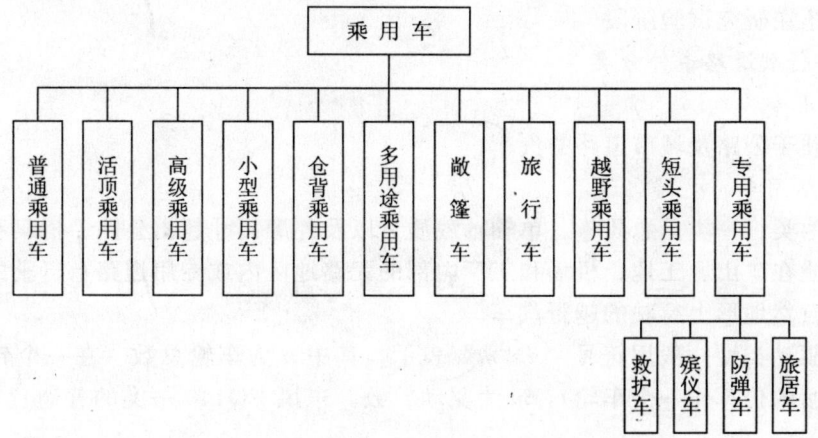

图 3-1　GB/T3730.1-2001 乘用车的分类

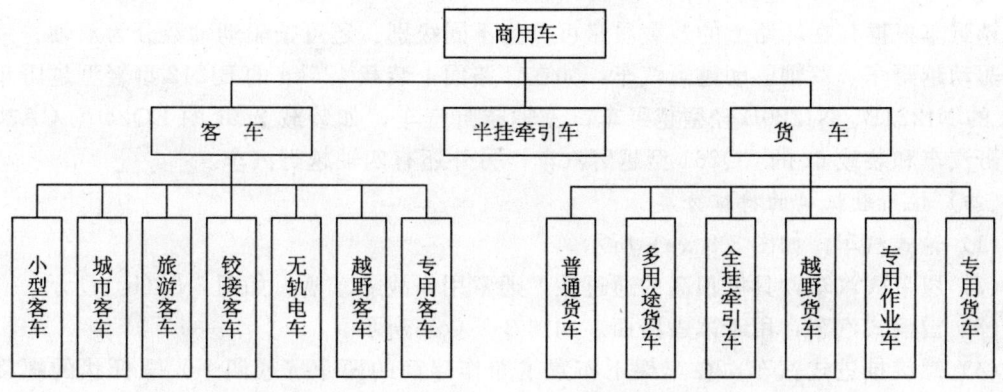

图 3-2　GB/T3730.1-2001 商用车的分类

在内的座位数超过 9 座。当座位数不超过 16 座时，称之为小型客车。

（二）按动力装置类型分类

1. 活塞式内燃机汽车

其中又可根据发动机所使用的燃料不同分为汽油车、柴油车和煤气车等。前两种应用最广泛。为节约石油资源，减少大气污染，国外正在研制使用氢气发动机的氢气车。氢气车至今不能实际使用的主要原因之一，是不能在车上贮存和携带足够的氢气，影响汽车的续驶里程，而且不易保证安全。

2. 电动汽车

电动汽车一般是利用蓄电池输出的电力驱动直流电动机，并通过传动系统带动车轮旋转。电动汽车的优点是：在行驶中无废气排出，不产生污染；噪声小；电力可由除石油外的其他能源产生，符合能源多样化的要求；能量转换效率高；易实现操纵自动化。近年来，随着汽车公害、能源等社会问题进一步突出，各国正在积极进行电动汽车的研制和推广工作。

3. 燃气轮机汽车

与活塞式内燃机相比，燃气轮机功率大，质量小，扭矩特性好，可燃用多种燃料而且排气污染少，因而适宜做军用和重型车辆的动力装置，但其燃料经济性和材料成本还存在问题，目前也还在研究试验阶段。

(三) 按行驶道路条件分类

1. 公路用车

主要行驶于公路及城市道路的汽车。

2. 非公路用车

主要有两类：一类是总质量、单轴轴载质量以及外廓尺寸超出公路、桥梁和交通法规限制，因而只能在矿山、工地、机场和工厂内部的无路地区内或专用道路上行驶的汽车；另一类是能够在自然地形上行驶的越野汽车。

汽车的驱动类型一般用符号"$n×m$"表示，其中 n 为车轮总数（在一个轮毂上安装两个轮辋和轮胎的仍算作一个车轮），m 为驱动轮数。东风 EQ140 一类的普通货车即属于 $4×2$ 型。

越野汽车的全部车轮都可以作为驱动轮（简称全轮驱动）。例如北京 BJ212 越野汽车为 $4×4$ 型，东风 EQ240 越野汽车则为 $6×6$ 型。

越野车根据其在坏路上的装载质量可分为不同级别。还可按驱动轴数分为双轴、三轴和四轴驱动越野车。双轴驱动越野汽车，如在坏路面上装载 425kg 的 BJ212 型轻型越野车和装载 1t 的 NJ221B、NJ220B 轻型越野车；三轴越野汽车，如装载 2.5t 的 EQ240、CA30A 中型越野汽车和装载 6t 的 CQ261 型越野汽车；另外还有四轴越野汽车。

(四) 按行驶机构的特征分类

(1) 轮式汽车，如图 3-3 (a) 所示。

(2) 履带式汽车，具有很高的通过性，通常用作战斗车辆。如图 3-3 (b) 所示。

(3) 雪橇式汽车，用于冰雪路面。如图 3-3 (c) 所示。

(4) 螺旋推进式汽车，在车架下布置了兼作浮筒的两个（或四个）螺杆状的螺旋推进器，且左右推进器的螺旋方向不同。车身和浮筒都是密封的。此类车辆非常适宜在半流体状态的路面（如沼泽地、水陆过渡地带等）上行驶。如图 3-3 (d) 所示。

(5) 气垫汽车，用于水域或无路地区。如图 3-3 (e) 所示。发动机驱动鼓风机，将压缩空气从汽车底部的环形喷管向路面喷出而形成气垫，使车体在离路面一定高度上悬浮。向前飘行的推进力，是利用喷气或螺旋桨产生。

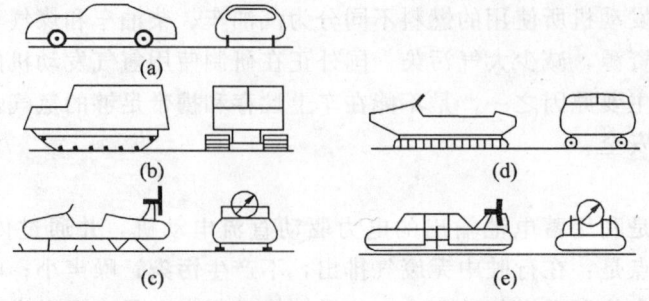

图 3-3 具有各种类型行驶机构的车辆
(a) 轮式；(b) 履带式；(c) 雪橇式；(d) 螺旋推进式；(e) 气垫式

此外，还有水陆两用汽车、车轮-履带式汽车、步行机构式汽车等。

二、汽车形式的选择

不同形式的汽车,主要体现在轴数、驱动形式以及布置形式上有区别。

(一) 轴数

汽车可以有两轴、三轴、四轴甚至更多的轴数。影响选取轴数的因素主要有汽车的总质量、道路法规对轴载质量的限制和轮胎的负荷能力以及汽车的结构等。

随着设计汽车的乘员数增多或装载质量增加,汽车的整备质量和总质量也增大。在汽车轴数不变的情况下,汽车总质量增加以后,使公路承受的负荷增加。当这种负荷超过了公路设计的承载能力以后,公路会被破坏,使用寿命也将缩短。为了保护公路,有关部门制定了道路法规,对汽车的轴载质量加以限制。当所设计的汽车总质量增加到轴荷不符合道路法规的限定值时,设计师可选择增加汽车轴数来解决。汽车轴数增加以后,不仅轴,而且车轮、制动器、悬架等均相应增多,使整车结构变得复杂,整备质量以及制造成本增加。若转向轴数不变,汽车的最小转弯直径又增大,后轴轮胎的磨损速度也加快,所以增加汽车轴数是不得已的选择。

包括乘用车以及汽车总质量小于 19t 的公路运输车辆和轴荷不受道路、桥梁限制的不在公路上行驶的车辆,如矿用自卸车等,均采用结构简单、制造成本低廉的两轴方案。总质量在 19~26t 的公路运输车采用三轴形式,总质量更大的汽车宜采用四轴和四轴以上的形式。

(二) 驱动形式

汽车驱动形式有 4×2、4×4、6×2、6×4、6×6、8×4、8×8 等,其中前一位数字表示汽车车轮总数,后一位数字表示驱动轮数。汽车的用途、总质量和对车辆通过性能的要求等,是影响选取驱动形式的主要因素。增加驱动轮数能够提高汽车的通过能力,驱动轮数越多,汽车的结构越复杂,整备质量和制造成本也随之增加,同时也使汽车的总体布置工作变得困难。乘用车和总质量小些的商用车,多采用结构简单、制造成本低的 4×2 驱动形式。总质量在 19~26t 的公路用车辆,采用 6×2 或 6×4 驱动形式。对于越野汽车,为提高其通过性,可采用 4×4、6×6、8×8 的驱动形式。

(三) 布置形式

汽车的布置形式是指发动机、驱动桥和车身(或驾驶室)的相互关系和布置特点而言的。汽车的使用性能除取决于整车和各总成的有关参数以外,其布置形式对使用性能也有重要影响。

1. 乘用车的布置形式

乘用车的布置形式主要有发动机前置前轮驱动(FF)、发动机前置后轮驱动(FR)、发动机后置后轮驱动(RR)三种,如图 3-4 所示。少数乘用车采用发动机前置全轮驱动。

(1) 发动机前置前轮驱动(FF)

这种布置形式目前在发动机排量为 2.5L 以下的乘用车上得到广泛应用,主要是因为有下述优点:与后轮驱动的乘用车比较,前轮驱动乘用车的前桥轴荷大,有明显的不足转向性能;因为前轮是驱动轮,所以越过障碍的能力高;主减速器与变速器装在一个壳体内,因而动力总成结构紧凑,并且不再需要在变速器与主减速器之间设置传动轴,车内地板凸包高度可以降低(此时地板凸包仅用来容纳排气管),有利于提高乘坐舒适性;当发动机布置在轴距外时,汽车的轴距可以缩短,因而有利于提高汽车的机动性;汽车散热器布置在汽车前

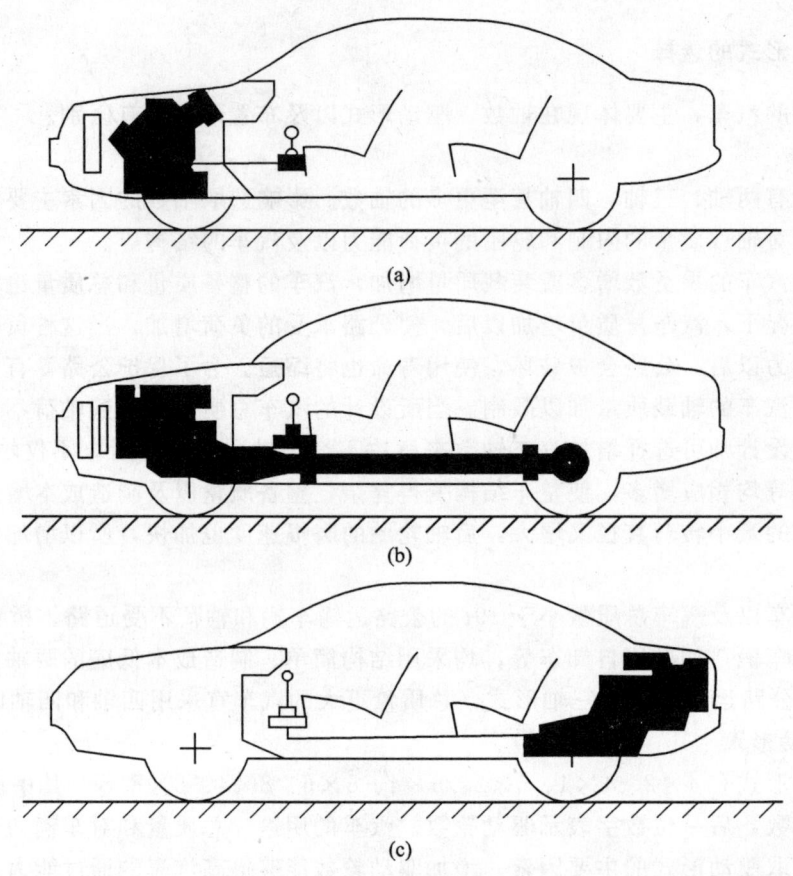

图 3-4 乘用车的布置形式
(a) 发动机前置前轮驱动；(b) 发动机前置后轮驱动；(c) 发动机后置后轮驱动

部，散热条件好，发动机可以得到足够的冷却；行李箱布置在汽车后部，故有足够大的行李箱空间；容易改装为客货两用车或救护车；供暖机构简单，且因管路短而供暖效率高；因为发动机、离合器、变速器与驾驶员位置近，所以操纵机构简单；发动机横置时能缩短汽车的总长，加上取消了传动轴等因素的影响，汽车消耗的材料明显减少，使整备质量减轻；发动机横置时，原主减速器的锥齿轮需用圆柱齿轮取代，这又降低了制造难度，同时在装配和使用时也不必进行齿轮调整工作，此时，变速器和主减速器可以使用同一种润滑油。

发动机前置前轮驱动乘用车的主要缺点是：

前轮驱动并转向需要采用等速万向节，其结构和制造工艺均复杂；前桥负荷较后轴重，并且前轮又是转向轮，故前轮工作条件恶劣，轮胎寿命短；上坡行驶时因驱动轮上的附着力减小，汽车爬坡能力降低，特别是在爬越泥泞的坡道时，驱动轮容易打滑并使汽车丧失操纵稳定性；由于后轴负荷小而且制动时轴荷要前移，后轮容易抱死并引起汽车侧滑；当发动机横置时受空间限制，总体布置工作困难，维修与保养时的接近性变差；一旦发生正面碰撞事故，因发动机及其附件损失较大，维修费用高。

目前，我国生产的 Audi100、Santana2000、Jetta、CA7220、Buld、Passat、Accord、飞度、宝来、中华、富康、英格尔等乘用车，均采用发动机前置前轮驱动的布置形式。

发动机前置前轮驱动时，发动机可以横置或纵置，也可以布置在轴距外、轴距内或者前桥上方。发动机的不同布置方案，对前排座椅的位置、汽车总长、轴距、车身造型、轴荷分配、整备质量、主减速器齿轮形式以及发动机的接近性等均有影响。当发动机横置或纵置在前桥前方时，前围板及前排座椅可以前移，特别是发动机横置时允许的前移量较大，汽车的轴距及总长均能缩短，随之整备质量也减小。发动机纵置在前桥前会使汽车前悬、前轴荷增加，所以此时宜采用轴向尺寸短些的发动机。若发动机布置在前轴之后，受此影响前围板和座椅需后移，同时汽车的轴距和总长均增长，整备质量增加，但前悬缩短，发动机的接近性变坏，这种方案可获得较为合理的轴荷分配。

(2) 发动机前置后轮驱动（FR）

发动机前置后轮驱动乘用车有如下主要优点：轴荷分配合理，因而有利于提高轮胎的使用寿命；前轮不驱动，因而不需要采用等速万向节，这有利于减少制造成本；操纵机构简单；采暖机构简单，且管路短供暖效率高；发动机冷却条件好；上坡行驶时，因驱动轮上的附着力增大，故爬坡能力强；改装为客货两用车或救护车比较容易；有足够大的行李箱空间；因变速器与主减速器分开，故拆装、维修容易；发动机的接近性良好。

发动机前置后轮驱动乘用车的主要缺点是：因为车身地板下方有传动轴，所以地板上有凸起的通道，并使后排座椅中部座垫的厚度减薄，影响了乘坐舒适性；汽车正面与其他物体发生碰撞时，易导致发动机进入客厢，会使前排乘员受到严重伤害；汽车的总长、轴距均较长，整车整备质量增大，同时影响到汽车的燃油经济性和动力性。

发动机前置后轮驱动乘用车因客厢较长，乘坐空间宽敞，行驶平稳，故在发动机排量较大的乘用车上得到应用。

(3) 发动机后置后轮驱动（RR）

对于发动机后置后轮驱动乘用车，除了动力总成（包括发动机、离合器、变速器和主减速器）布置成一体而使结构紧凑以外，还有下述优点：因为发动机后置，汽车前部高度有条件降低，改善了驾驶员视野；同时排气管不必从前部向后延伸，加上可以省掉传动轴，故客厢内地板凸包只需要有较低的高度用来容纳操纵机构的杆件和加强地板刚度即可，这就改善了后排座椅中间座位乘员出入的条件；整车整备质量小；乘客座椅能够布置在舒适区内；上坡行驶时，由于驱动轮上附着力增加，爬坡能力提高；当发动机布置在轴距外时轴距短，汽车机动性能好。

发动机后置后轮驱动乘用车的主要缺点是：后桥负荷重，使汽车具有过多转向倾向，操纵性变坏；前轮附着力小，高速行驶时转向不稳定，影响操纵稳定性；行李箱在前部，而转向轮转向时要占据一定空间和改善驾驶员视野，行李箱体积不够大；因动力总成在后部，距驾驶员较远，所以操纵机构复杂；驾驶员发现发动机故障不如发动机前置时容易；发动机后置不仅对发动机冷却和前挡风玻璃除霜带来不便，而且发动机工作噪声容易传给乘员，一旦汽车发生追尾事故，又会对后排乘员构成危险；受发动机高度影响，改装为客货两用车或救护车困难。正因为存在有上述较多的缺点，目前乘用车极少采用发动机后置后轮驱动方案。

2. 商用车的布置形式

(1) 客车的布置形式

根据客车发动机位置不同，其布置形式有三种：发动机前置后桥驱动、发动机中置后桥驱动、发动机后置后桥驱动。发动机前置时，可布置在轴距外或布置在前轴上方。发动机后置时,可以纵置或横置在汽车后部。

1) 发动机前置后桥驱动客车采用这种布置形式的优点是:动力总成操纵机构的结构简单;散热器位于汽车前部,冷却效果好;冬季在散热器罩前部蒙以保护棉被,能改善发动机保温条件;发动机出现故障时驾驶员容易发现;这种布置形式的客车底盘可与货车底盘通用,通用件多,有利于配件供应和维修工作。

客车采用这种布置形式的缺点是:因发动机尺寸大又凸出在地板表面上方,造成车厢面积利用不好,并且布置座椅时会受发动机的限制;由于传动轴要从地板下面通过,致使地板平面距地面较高,乘客上下车不方便;轴距长时,传动轴长度长,容易产生共振;隔绝发动机振动困难,而且发动机的工作噪声、气味和热量均易传入车厢内,影响乘坐舒适性;检查发动机故障必须在驾驶室内进行,降低了检修工作的舒适性;如果乘客车门布置在轴距内,会使车身刚度削弱,若采用前开门布置,虽然可以改善车身刚度,但会使前悬加长,同时使前轴负荷增加,并可能造成转向沉重和前轴超载。

2) 发动机中置后桥驱动方案的发动机布置在地板下方,在前轴与后桥之间。这种布置形式的优点是:轴荷分配合理;传动轴的长度短;车厢内面积利用最好,并且布置座椅不会受发动机限制;乘客车门能布置在前轴之前,以利于实现单人管理。

此方案存在的缺点是:发动机必须用水平对置式的,因布置在地板下部,给检修发动机带来困难;驾驶员不容易发现发动机故障;发动机在热带的冷却条件和在寒带的保温条件均不好;发动机的工作噪声、气味、热量和振动均能传入车厢内,影响乘坐舒适性;动力总成的操纵机构复杂;受发动机所在位置影响,地板平面距地面较高,乘客上下车要么使用低踏板,要么增加踏板级数,两者都增加了上下车困难;汽车质心位置高;在土路上行驶时,发动机极易被泥土弄脏。

3) 发动机后置后桥驱动布置方案的主要优点是:能较好地隔绝发动机的气味和热量,客车中、前部基本不受发动机工作噪声和振动的影响;检修发动机方便;轴荷分配合理;同时由于后桥簧上质量与簧下质量之比增大,可改善车厢后部的乘坐舒适性;当发动机横置时,车厢面积利用较好,并且布置座椅受发动机影响较小;作为城市间客车使用时,能够在地板下方和客车全宽范围内设立体积很大的行李箱;作为市内用客车不需要行李箱时,因后桥前面的地板下方没有传动轴,则可以降低地板高度,乘客上下车方便;传动轴长度短。

这种布置方案的缺点是:发动机的冷却条件不好,必须采用冷却效果强的散热器;动力总成的操纵机构复杂;驾驶员不容易发现发动机故障。

(2) 货车的布置形式

货车可以按照驾驶室与发动机相对位置的不同,分为平头式、短头式、长头式和偏置式四种,又可以根据发动机位置的不同,分为发动机前置、中置和后置三种布置形式。

1) 平头式、短头式和长头式货车。

①平头式货车。货车的发动机位于驾驶室内时称为平头式货车。这种形式货车的布置特点是发动机在驾驶员和副驾驶员座位中间,因此驾驶室的前端不需要凸出去,没有独立的发动机舱。

平头式货车的主要优点如下:汽车总长和轴距尺寸短,最小转弯直径小,机动性能良好;不需要发动机罩和翼子板,加上总长缩短等因素的影响,汽车整备质量减小;驾驶员视野得到明显改善;采用翻转式驾驶室时能改善发动机及其附件的接近性;汽车货箱与整车的俯视面积之比称为面积利用率，平头式货车的该指标比较高。

平头式货车的主要缺点有：空载时前轴负荷大，因而在坏路上的汽车通过性变坏；因为驾驶室有翻转机构和锁止机构，使机构复杂；进、出驾驶室不如长头式货车方便；离合器、变速器等操纵机构复杂；发动机的工作噪声、气味、热量和振动对驾驶员等均有较大影响；汽车正面与其他物体发生碰撞时，特别是驾驶室高度低些的平头货车，使驾驶员和前排乘员受到严重伤害的可能性增加，这点不如长头式、短头式货车好。

平头式货车的发动机可以布置在座椅下后部，此时中间座椅处没有很高的凸起，可以布置三人座椅，故得到广泛应用。发动机布置在正、副驾驶员座椅中间形成凸起隔断的布置方案，仅在早期的平头车上得到应用。

②短头式货车。发动机的大部分在驾驶室前部，少部分位于驾驶室内的货车，称为短头式货车。这种形式货车车身部分的结构特点是：因发动机大部分突出在驾驶室前部，所以发动机有独立的发动机舱和单独的罩盖，发动机舱与驾驶室共同形成货车的车头部分。

短头式货车的主要优缺点是：与长头式货车比较，汽车的总长和轴距得到缩短，最小转弯直径小，机动性能虽然好于长头式货车，但不如平头式货车；驾驶员视野不如平头式货车好，但与长头式货车比较，还是得到改善；动力总成操纵机构简单；发动机的工作噪声、气味、热量和振动对驾驶员的影响与平头式货车比较得到很大改善，但不如长头式货车；位于驾驶室内的发动机后部的接近性不好，并且导致驾驶室内部空间拥挤，给布置踏板工作带来困难，同样给前轮后移也带来类似的问题，通过增加地板高度可以改善布置踏板的困难，不过这又会产生上下车不够方便的矛盾；汽车正面与其他物体发生碰撞时，驾驶员和前排乘员受到的伤害程度比平头式货车要轻得多。

③长头式货车。货车的发动机位于驾驶室前部，称为长头式货车。这种形式的货车车身部分的结构特点与短头式货车相同，只是发动机舱和车头部分更长些。

长头式货车的主要优点有：发动机及其附件的接近性好，便于检修工作；汽车满载时前轴负荷小，有利于在坏路面上行驶时提高汽车的通过能力；地板低，驾驶员上下车方便；离合器、变速器等操纵机构简单，易于布置；发动机的工作噪声、气味、热量和振动对驾驶员的影响很小；汽车正面与其他物体发生碰撞时，驾驶员和前排乘员受到伤害的可能性比平头式货车要小得多。

长头式货车的主要缺点有：汽车总长与轴距均较长，因而最小转弯直径较大，机动性能不好；汽车整备质量大；驾驶员的视野不如短头式货车，更不如平头式货车好；面积利用率低。

偏置式驾驶室的货车主要用于重型矿用自卸车上。它具有平头式货车的一些优点，如轴距短、视野良好等。此外，还具有驾驶室通风条件好、维修发动机方便等优点。

2) 发动机前置、中置、后置。

①发动机前置后桥驱动货车。发动机前置后桥驱动货车的主要优点是：可以采用直列、V形或卧式发动机；发现发动机故障容易；发动机的接近性良好，维修方便；离合器、变速器等操纵机构的结构简单，容易布置；货箱地板高度低。

发动机前置后桥驱动货车的主要缺点是：如果采用平头式驾驶室，而且将发动机布置在前轴之上，处于驾驶员、副驾驶员座位之间时，驾驶室内部拥挤，隔绝发动机工作噪声、气味、热量和振动的工作困难，离合器、变速器等操纵机构复杂；如果采用长头式驾驶室，在增加整车长度的同时，为保证驾驶员有良好的视野，需将座椅布置得高些，这又会增加整车质量和整车质心高度以及一些其他方面显而易见的缺点。

②发动机中置后桥驱动货车。发动机中置后桥驱动货车,可以采用水平对置式发动机布置在货箱下方,因发动机通用性不好,需特殊设计,故维修不便;离合器、变速器等操纵机构结构复杂;因发动机距地面近,容易被车轮带起的泥土弄脏;受发动机位置影响,货箱地板高度高。因为这种布置形式的缺点多,并且难以克服,故已不再采用。

③发动机后置后桥驱动货车。这种布置形式的货车是在发动机后置后桥驱动的乘用车底盘基础上变型而来,所以已极少采用。它的主要缺点是离合器、变速器等操纵机构结构复杂;发现发动机故障和维修发动机都困难以及发动机容易被泥土弄脏;后桥容易超载等。

(3) 越野车的布置形式

越野车特别是轴数多的越野车,主要是在传动系、轴距和采用转向轮的方案上有较大的区别。不同方案对传动系的复杂程度、汽车的通过能力、最小转弯直径以及零件的互换性等有影响。根据驱动桥数不同,越野车分为 4×4、6×6、8×8 等形式。图 3-5 为拥有非贯通式驱动桥的 6×6 越野汽车的布置方案,特点是动力由发动机传至分动器,然后从分动器传给各桥时,是经分动器的三个输出轴和万向节传动轴分别传给三个桥。

图 3-5(a)所示的轴距布置方案为常见方案 $L_1 > L_2$;为了提高汽车通过能力,有些越野汽车采用减小轴距 L_1、增加轴距 L_2,并使 $L_1 = L_2$ 的布置方案,见图 3-5(b);也有的越野车采用方案 $L_2 < L_1$[图 3-5(c)]。8×8 越野汽车可选用的轴距布置方案较多。

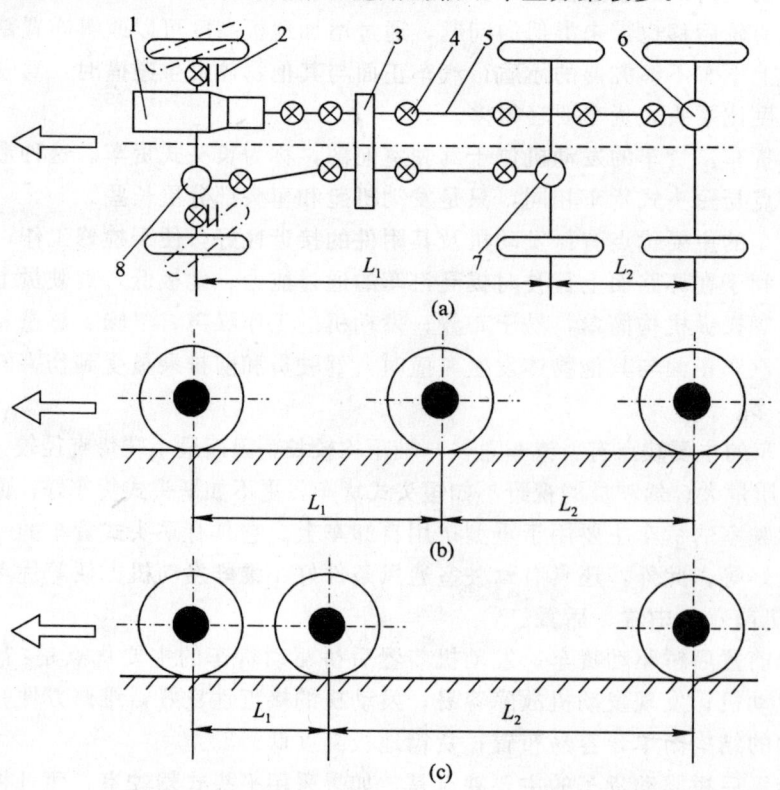

图 3-5 6×6 越野汽车布置方案简图

(a) $L_1 > L_2$;(b) $L_1 = L_2$;(c) $L_2 > L_1$

1—发动机;2—等速万向节;3—分动器;4—万向节;5—传动器;6、7、8—驱动桥

第三节 汽车主要参数的选择

汽车的主要参数包括尺寸参数、质量参数和汽车性能参数。

一、汽车主要尺寸的确定

汽车的主要尺寸参数有外廓尺寸、轴距、轮距、前悬、后悬、货车车头长度和车厢尺寸等。

1. 外廓尺寸

汽车的长、宽、高称为汽车外廓尺寸。在公路和市内行驶的汽车最大外廓尺寸受有关法规限制，不能随意确定，而非公路用车辆可以不受法规限制，如矿用自卸车、机场摆渡车等。影响确定汽车外廓尺寸的因素除法规和汽车的用途以外，还有载客量或装载质量及涵洞和桥梁等道路尺寸条件。汽车长度尺寸小些，不仅可以减少行驶期间需要占用的道路长度，同时还可以增加车流密度，在停车时占用的停车场面积也小。除此之外，汽车的整备质量相应减少，这对提高比功率、比转矩和燃油经济性有利。

GB1589-1989 汽车外廓尺寸界限规定如下：货车、整体式客车总长不应超过 12m，单铰接式客车不超过 18m，半挂汽车列车不超过 16.5m，全挂汽车列车不超过 20m；不包括后视镜，汽车宽不超过 2.5m；空载、顶窗关闭状态下，汽车高不超过 4m；后视镜等单侧外伸量不得超过最大宽度处 250mm；顶窗、换气装置开启时不得超出车高 300mm。

乘用车总长 L_a 是轴距 L、前悬 L_F 和后悬 L_R 之和。它与轴距有下述关系：$L_a=L/C$。式中 C 为比例系数，其值在 0.52～0.66 之间，发动机前置前轮驱动汽车的 C 值为 0.62～0.66，发动机后置后轮驱动汽车的 C 值约为 0.52～0.56。

乘用车宽度尺寸一方面由乘员必需的室内宽度和车门厚度来决定，另一方面应保证能容纳下发动机、车架、悬架、转向系和车轮等。乘用车总宽 B_a 与车辆总长 L_a 之间有下述近似关系：$B_a=(L_a/3)+195mm\pm60mm$。后座乘三人的乘用车，B_a 不应小于 1 410mm。

影响乘用车总高 H_a 的因素有轴间底部离地高 h_m、地板及下部零件高 h_p、室内高 h_B 和车顶造型高度 h_t 等。

轴间底部离地高 h_m 应大于最小离地间隙 h_{min}，由座位高、乘员上身长和头部及头上部空间构成的室内高 h_B 一般在 1 120～1 380mm 之间。车顶造型高度 h_t 大约在 2 040mm 范围内变化。

2. 轴距 L

轴距 L 对整备质量、汽车总长、汽车最小转弯直径、传动轴长度、纵向通过半径等有影响。当轴距短时，上述各指标减小。此外，轴距还对轴荷分配、传动轴夹角有影响。轴距过短会使车厢长度不足或后悬过长；汽车上坡、制动或加速时轴荷转移过大，使汽车制动性或操纵稳定性变坏；车身纵向角振动增大，对平顺性不利；万向节传动轴的夹角增大。

原则上对发动机排量大的乘用车、载质量或载客量多的货车或客车，轴距取得长。对机动性要求高的汽车，轴距宜取短些。为满足市场需要，工厂在标准轴距货车的基础上，生产出短轴距和长轴距的变型车。对于不同轴距变型车的轴距变化，推荐在 0.406m 的范围内确定为宜。

3. 前轮距 B_1 和后轮距 B_2

改变汽车轮距 B 会影响车厢或驾驶室内宽、汽车总宽、总质量、侧倾刚度、最小转弯直径等因素发生变化。增大轮距则车厢内宽随之增加，并有利于增加侧倾刚度，汽车横向稳定性变好；但是汽车的总宽和总质量及最小转弯直径等增加，并导致汽车的比功率、比转矩指标下降，机动性变坏。

受汽车总宽不得超过 2.5m 的限制，轮距不宜过大。但在选定的前轮距 B_1 范围内，应能布置下发动机、车架、前悬架和前轮，并保证前轮有足够的转向空间，同时转向杆系与车架、车轮之间有足够的运动间隙。在确定后轮距 B_2 时，应考虑车架两纵梁之间的宽度、悬架宽度和轮胎宽度及它们之间应留有必要的间隙。

4. 前悬 L_F 和后悬 L_R

前悬尺寸对汽车通过性、碰撞安全性、驾驶员视野、前钢板弹簧长度、上车和下车的方便性以及汽车造型等均有影响。增加前悬尺寸，减小了汽车的接近角，使通过性降低，并使驾驶员视野变坏。因在前悬这段尺寸内要布置保险杠、散热器风扇、发动机、转向器等部件，故前悬不能缩短。长些的前悬尺寸有利于在撞车时对乘员起保护作用，也有利于采用长些的钢板弹簧。对平头汽车，前悬尺寸还会影响从前门上下车的方便性。初选的前悬尺寸，应当在保证能布置下上述各总成、部件的同时尽可能短些。对载客量少些的平头车，考虑到正面碰撞能有足够多的结构件吸收碰撞能量，保护前排乘员的安全，这又要求前悬有一定的尺寸。长头货车前悬一般在 1 100～1 300mm 范围内。

后悬尺寸对汽车通过性、汽车追尾时的安全性、货箱长度或行李箱长度、汽车造型等有影响，并取决于轴距和轴荷分配的要求。后悬长，则汽车离去角减小，使通过性降低；而后悬短的乘用车行李箱尺寸不够大。客车后悬长度不得超过轴距的 65%，绝对值不大于 3 500mm。总质量在 1.8～14.0t 的货车后悬一般在 1 200～2 200mm 之间，特长货箱的汽车后悬可达到 2 600mm，但不得超过轴距的 55%。

5. 货车车头长度

货车车头长度系指从汽车的前保险杠到驾驶室后围的距离。车身形式，即长头型还是平头型对车头长度有绝对影响。此外，车头长度尺寸对汽车外观效果、驾驶室居住性、汽车面积利用率和发动机的接近性等有影响。长头型货车车头长度尺寸一般在 2 500～3 000mm 之间，平头型货车一般在 1 400～1 500mm 之间。

6. 货车车厢尺寸

要求车厢尺寸在运送散装煤和袋装粮食时能装足额定吨数。车厢边板高度对汽车质心高度和装卸货物的方便性有影响，一般应在 450～650mm 范围内选取。车厢内宽应在汽车外宽符合国家标准的前提下适当取宽些，以利缩短边板高度和车厢长度。对于能达到较高车速的货车，使用过宽的车厢会增加汽车迎风面积，导致空气阻力增加。车厢内长应在满足运送上述货物达到额定吨位的条件下尽可能取短些，以利于减小整备质量。

二、汽车质量参数的确定

汽车的质量参数包括整车整备质量 m_0、载客量、装载质量、质量系数、汽车总质量、轴荷分配等。

1. 整车整备质量

整车整备质量是指车上带有全部装备（包括随车工具、备胎等），加满燃料、水，但没有装货和载人时的整车质量。

整车整备质量对汽车的制造成本和燃油经济性有影响。目前，尽可能减少整车整备质量的目的是：通过减轻整备质量增加载质量或载客量，抵消因满足安全标准、排气净化标准和噪声标准所带来的整备质量的增加，节约燃料。减少整车整备质量的措施主要有：新设计的车型应使其结构更合理，采用强度足够的轻质材料，如塑料、铝合金等。过去用金属材料制作的仪表板、油箱等大型结构件，用塑料取代后减重效果十分明显，目前得到比较广泛的应用。今后，塑料在汽车上会进一步得到应用。减少整车整备质量，是从事汽车设计工作必须遵守的一项重要原则。

整车整备质量在设计阶段需估算确定。在日常工作中，收集大量同类型汽车各总成、部件和整车的有关质量数据，结合新车设计的结构特点、工艺水平等初步估算各总成、部件的质量，再累计构成整车整备质量。乘用车和商用客车的整备质量，也可按每人所占汽车整备质量的统计平均值估计。

2. 汽车的载客量和装载质量（简称载质量）

(1) 汽车的载客量。乘用车的载客量包括驾驶员在内不超过9人，又称之为M1类汽车，其他M2、M3类汽车的座位数、乘员数及汽车的最大设计总质量见表3-1。

(2) 汽车的载质量。汽车的载质量是指在硬质良好路面上行驶时所允许的额定载质量。汽车在碎石路面上行驶时，载质量约为好路面的75%～85%。越野汽车的载质量是指越野行驶时或在土路上行驶时的额定载质量。

商用货车载质量的确定，首先应与企业商品规划符合，其次要考虑到汽车的用途和使用条件。原则上，货流大、运距长或矿用自卸车应采用大吨位货车，以利降低运输成本，提高效率；对货源变化频繁、运距短的市内运输车，宜采用中、小吨位的货车比较经济。

3. 汽车总质量

汽车总质量是指装备齐全，并按规定装满客、货时的整车质量。乘用车和商用客车的总质量由整备质量、乘员和驾驶员质量以及乘员的行李质量三部分构成。其中，乘员和驾驶员每人质量按65kg计。

商用货车的总质量由整备质量、载质量以及驾驶员和随行人员质量三部分组成。

4. 轴荷分配

汽车的轴荷分配是指汽车在空载或满载静止状态下，各车轴对支承平面的垂直负荷，也可以用占空载或满载总质量的百分比来表示。

轴荷分配对轮胎寿命和汽车的许多使用性能有影响。从各轮胎磨损均匀和寿命相近考虑，各个车轮的负荷应相差不大；为了保证汽车有良好的动力性和通过性，驱动桥应有足够大的负荷，而从动轴上的负荷可以适当减小，以利减小从动轮滚动阻力和提高在环路面上的通过性；为了保证汽车有良好的操纵稳定性，又要求转向轴的负荷不应过小。因此，可以得出作为很重要的轴荷分配参数，各使用性能对其要求是相互矛盾的，这就要求设计时应根据对整车的性能要求、使用条件等，合理地选取轴荷分配。

汽车的驱动形式与发动机位置、汽车结构特点、车头形式和使用条件等均对轴荷分配有显著影响。如发动机前置前轮驱动乘用车和平头式商用货车前轴负荷较大，而长头式货车前轴负荷较小。常在坏路面上行驶的越野汽车，前轴负荷应该小些。

当总体布置进行轴荷分配计算不能满足预定要求时，可通过重新布置某些总成、部件（如油箱、备胎、蓄电池等）的位置来调整。必要时，改变轴距也是可行的方法之一。

三、汽车性能参数的确定

1. 动力性参数

汽车动力性参数包括最高车速、加速时间、上坡能力、比功率和比转矩等。

（1）最高车速。随着道路条件的改善，特别是高速公路的修建，汽车尤其是发动机排量大些的乘用车最高车速有逐渐提高的趋势。乘用车的最高车速大于商用货车和客车的最高车速。排量较大的乘用车的最高车速要大于排量较小的乘用车的最高车速。总质量较小的商用货车最高车速稍大于总质量较大的商用货车的最高车速。

（2）加速时间。汽车在平直的良好路面上，从原地起步开始以最大加速度加速到一定车速所用去的时间，称为加速时间。对于最高车速高于100km/h的汽车，加速时间常用加速到100km/h所需的时间来评价，如发动机排量大于1.6L的乘用车，加速时间一般为8～17s，发动机排量小些的乘用车为12～25s。对于低于100km/h的汽车，加速时间可用加速到60km/h所需的时间来评价。

（3）上坡能力。用汽车满载时在良好路面上的最大坡度阻力系数来表示汽车的上坡能力。因乘用车、货车、越野汽车的使用条件不同，对它们的上坡能力要求也不一样。通常要求货车能克服30%坡度，越野汽车能克服60%坡度。

（4）汽车比功率和比转矩。比功率是汽车所装发动机的标定最大功率与汽车最大总质量之比，它可以综合反映汽车的动力性，比功率大的汽车加速性能、速度性能要好于比功率小些的汽车。乘用车的比功率明显大于货车和客车。发动机排量大些的乘用车比功率要大于排量小些的乘用车，而货车的比功率随总质量的增加而减小。为保证路上行驶车辆的动力性不低于一定的水平，防止某些动力性能差的车辆阻碍交通，应对车辆的最小比功率作出规定。我国 GB7258-1997《机动车运行安全技术条件》规定：农用运输车与运输用拖拉机的比功率为 234.0kW/t，而其他机动车为 234.8kW/t。比转矩是汽车所装发动机的最大转矩与汽车总质量之比，它能反映汽车的牵引能力。

2. 燃油经济性参数

汽车的燃油经济性用汽车在水平的水泥或沥青路面上，以经济车速或多工况满载行驶百千米的燃油消耗量（L/100km）来评价。该值越小燃油经济性越好。发动机排量小的乘用车百千米燃油消耗量要低于排量大的乘用车。未来的发展趋势是百千米油耗量继续减少，如正在研制的超经济型乘用车的目标——百千米燃油消耗量为3L/100km。

3. 汽车最小转弯直径

转向盘转至极限位置时，汽车前外转向轮轮辙中心在支承平面上的轨迹圆的直径，称为汽车最小转弯直径。影响汽车最小转弯直径的因素有两类，即与汽车本身有关的因素和法规及使用条件对最小转弯直径的限定。前者包括汽车转向轮最大转角、汽车轴距、轮距以及转向轮数（如全轮转向）等对汽车最小转弯直径均有影响，除此之外，有关的国家法规规定和汽车的使用道路条件对最小转弯直径的确定也是重要的影响因素。转向轮最大转角越大，轴距越短，轮距越小和参与转向的车轮数越多时，汽车的最小转弯直径越小，表明汽车在停车场上调头和通过弯道半径较小路段的能力越强。对机动性要求高的汽车，最小转弯直径应取小些。GB7258-1997《机动车运行安全技术条件》中规定：机动车的最小转弯直径不得大于 24m。当转弯直径为 24m 时，前转向轴和末轴的内轮差（以两内轮轨迹中心计）不得大于 3.5m。

4. 通过性几何参数

总体设计要确定的通过性几何参数有：最小离地间隙、接近角、离去角、纵向通过半径等。各类汽车的通过性参数视车型和用途而异。

5. 操纵稳定性参数

汽车操纵稳定性的评价参数较多，与总体设计有关并能作为设计指标的有：

（1）转向特性参数。为了保证有良好的操纵稳定性，汽车应具有一定程度的不足转向。通常用汽车以 0.4g 的向心加速度沿定圆转向时，前、后轮侧偏角之差作为评价参数。此参数在 1°～3°为宜。

（2）车身侧倾角。汽车以 0.4g 的向心加速度沿定圆等速行驶时，车身侧倾角控制在 3°以内较好，最大不允许超过 7°。

（3）制动前俯角。为了不影响乘坐舒适性，要求汽车以 0.4g 的减速度制动时，车身的前俯角不大于 1.5°。

6. 制动性参数

汽车制动性是指汽车在制动时，能在尽可能短的距离内停车且保持方向稳定，下长坡时能维持较低的安全车速并有在一定坡道上长期驻车的能力。目前常用制动距离、平均制动减速度和行车制动的踏板力及应急制动时的操纵力来评价制动效能。GB7258-1997《机动车运行安全技术条件》中规定了路试检验行车制动和应急制动性能要求。

7. 舒适性

汽车应为乘员提供舒适的乘坐环境和方便的操作条件，称之为舒适性。舒适性应包括平顺性、空气调节性能（温度、湿度等）、车内噪声、乘坐环境（活动空间、车门及通道宽度、内部设施等）及驾驶员的操作性能。其中，汽车行驶平顺性常用垂直振动参数评价，包括频率和振动加速度等，此外悬架动挠度也用来作为评价参数之一。

第四节 发动机的选择

一、汽车用发动机的分类

汽车用发动机的分类如图 3-6 所示。

二、发动机形式的选择

1. 汽油机与柴油机的选用

汽油机与柴油机不仅使用的燃料不同，而且因排放对环境造成的污染程度、工作噪声、振动、使用可靠性、耐久性以及质量大小等诸多方面均有较大区别。

因汽车保有量逐年递增，它们排放的污染物对人类生存环境和人体本身都构成了严重危害，故受到全世界的重视。

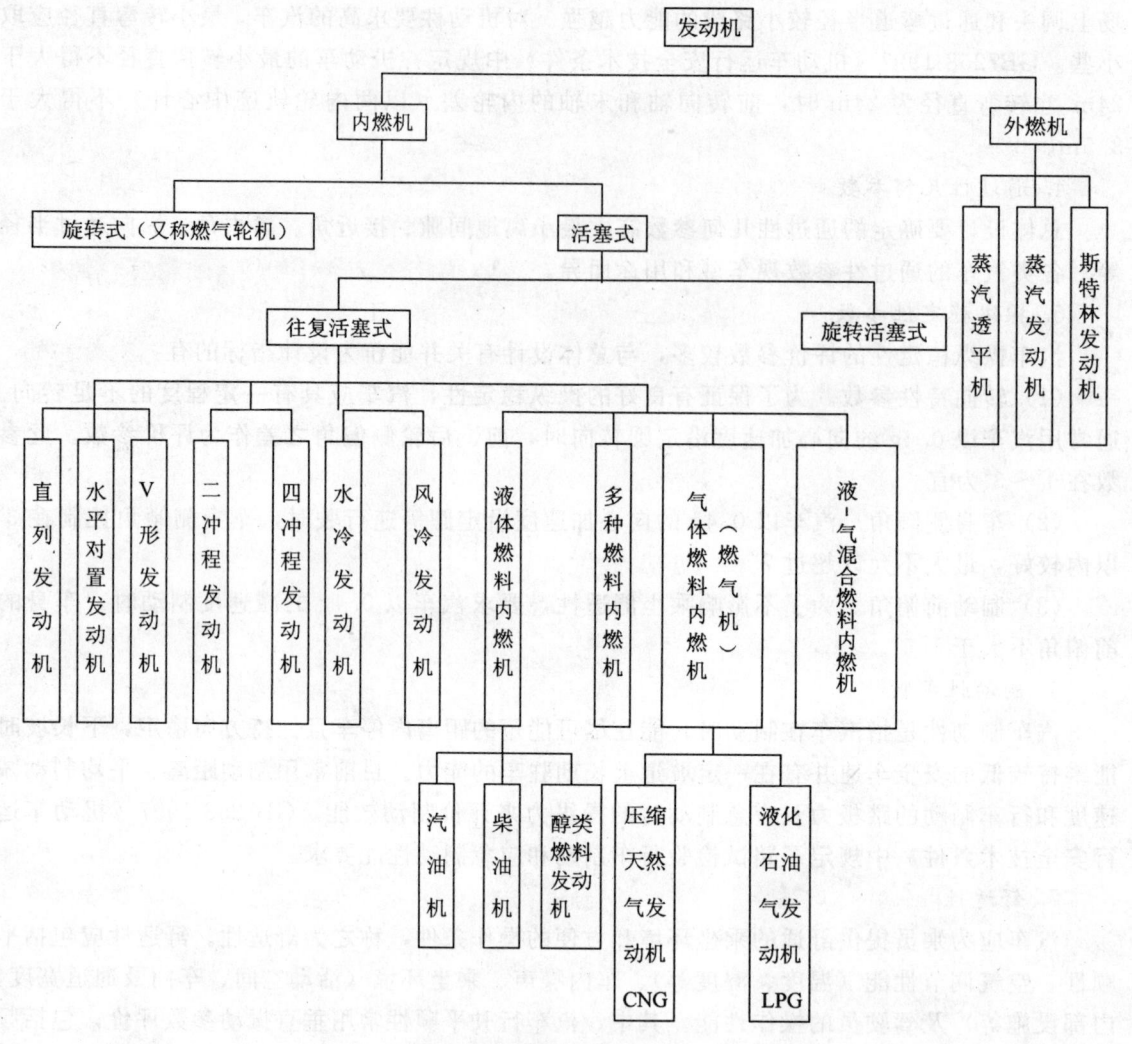

图 3-6 汽车发动机的分类

发动机排放的污染物主要有：一氧化碳（CO）、二氧化碳（CO_2）、未燃碳氢化合物（HC）、氮氧化合物（NO_x）、微粒（PM）和硫化物等。上述污染物对环境或人体造成的危害不一样。

汽油机的排放污染物以 CO、HC、NO 为主。柴油机排放污染物中的 CO、HC 比汽油机低，NO_x 比汽油机高，柴油机排气中的 PM 比汽油机高得多。总的评价是汽油机的排放指标不如柴油机。

国家或城市制定汽车排放法规，对生产、运行的汽车进行管理，可有效地改善车辆排放状况。在进行发动机选型时，一定要考虑这一因素。目前，各国多数参照执行的是欧 1、欧 2、欧 3 标准。

由燃烧噪声、气体动力噪声和机械噪声组成的发动机噪声，是汽车的主要噪声源，对车内外行驶噪声有很大影响。这既降低了乘员的乘坐舒适性，也对行人和居民产生不良影响。汽车工业发达国家对汽车加速噪声和发动机噪声均以法规形式予以限制。由于柴油机的燃烧压力和升功率高，柴油机的噪声比汽油机的要大得多。采用电控燃油技术可使柴油机燃烧噪声显著降低。

因活塞式内燃机曲柄连杆机构的往复运动、旋转零件的不平衡和气缸内燃烧压力的冲击等，造成发动机振动。振动经发动机悬置机构传至车身，影响乘员乘坐舒适性。振动还会对发动机的零件造成损坏，同时通过振动表面向外界辐射噪声。一般来说，汽油机的振动要小些，而柴油机由于燃烧压力和升功率高，工作时振动也比较大。为了降低油耗、节约能源和材料，要求尽可能减轻汽车的质量。而减少发动机的质量对减轻汽车整备质量有较大影响。结构设计时采用铝合金、塑料等轻质材料降低运动件质量，工艺上采用压铸、精铸和冲压壳体等，都可以降低发动机质量。可用质量功率比这一指标评价发动机质量。在具有相同的功率条件下，质量功率比越小表明发动机越轻。汽油机的质量功率比为 $1\sim3.7\,kg/kW$，要小于柴油机的质量功率比 $2\sim7\,kg/kW$。

为了方便整车造型，改善驾驶员视野，降低风阻，使发动机在汽车上容易布置，以及为使与发动机所在部位的其他相关总成、部件布置得更合理、容易，要求发动机的尺寸尽可能小，占用的空间尽可能少。在相同的条件下，通常柴油机比汽油机的尺寸要大些。

发动机的可靠性直接关系到使用维修费、市场销售占有率和影响到发动机质量，包括汽车的信誉。因此，可靠性越来越受到企业的重视，是用户最关心的问题之一。可以用调查百车故障数、统计平均首次故障里程（时间）及平均故障间隔里程（时间）等来评价可靠性。发动机的电器系统、供油系统和附件是出现故障较多的部位。发动机的故障占汽车故障比例数有时达到 50% 以上。因此，选用工作可靠的发动机，就相当于提高了汽车的可靠性。一般情况下，柴油机的工作可靠性要好于汽油机。

耐久性通常用大修寿命或首次大修里程来评价。不同使用要求和不同级别的车辆大修寿命不一样。小排量乘用车及客、货车的大修里程一般在 15 万 km 以上，大修寿命较低；排量较大的乘用车、总质量较大的货车、客车大修里程一般在 30 万 km 以上，大修寿命较长。总质量大的货车在使用质量良好的柴油机时，大修寿命可达到（$50\sim80$）万 km。随着设计制造技术的发展，以及排放、节能法规的不断加严和大修成本的增加，许多乘用车和总质量小的车辆发动机在使用期内不再进行大修，达到与整车等寿命。通常情况下，柴油机的耐久性要好于汽油机。汽车的燃油经济性与发动机的有效燃油消耗率（发动机每 $1\,kW\cdot h$ 的有效功所消耗的燃油量）关系十分密切。一般情况下，柴油机的燃油消耗率低于汽油机。除上述之外，大缸径的汽油机爆燃倾向增大，但汽油机有冷启动性好的优点。

目前，对动力性要求比较高，又要求乘坐舒适性良好的乘用车、车辆总长较小的客车或总质量小些的货车，广泛应用的是汽油机；在日本与欧洲及国内生产的上述车型有些用柴油机。四冲程汽油机与二冲程汽油机比较，除结构上复杂以外，升功率、质量功率比都比较低，燃油经济性又好，排气污染物也少，因此四冲程汽油机在上述车型中占有较大的比例。总质量较大的货车以应用柴油机为主。国外，载质量在 4t 以上的货车全部用柴油机。

2. 气缸排列形式与冷却方式的选用

发动机的气缸有直列、水平对置和 V 形三种排列形式。气缸直列式发动机的结构简单，维修容易，工作可靠，宽度窄，在汽车上容易布置。但当发动机缸数多时，因长度过长，在汽车上布置困难，同时质量也大。因此，气缸直列时仅适用于六缸以下的发动机。此外，直列式发动机还有高度尺寸大的缺点。与直列式发动机比较，V 形发动机具有高度尺寸小、长度尺寸短，用于乘用车或长头货车时，除为汽车造型提供了良好的条件和改善了驾驶员的视野以外，曲轴的刚度也得到提高。V形发动机易于实现系列化（V6、V8、V10、V12 等）。其缺点是因发动机宽，在汽车上尤其是平头车上布置较为困难；此外，还有造价高等缺点。

水平对置式发动机的突出优点是高度低，平衡性良好。发动机排量小的汽油机多采用直列式发动机并用在乘用车上。发动机排量大的乘用车以及总质量大的货车采用V形发动机的较多。水平对置式发动机用在少量车辆总长较长的客车上。

发动机有水冷与风冷两种冷却方式。水冷发动机的特点是冷却均匀可靠，散热良好，噪声小，易于解决车内供暖问题，气缸变形小，缸盖、活塞等主要零件热负荷较低，可靠性较高；除上述以外，加大散热面积后，能较好地适应发动机增压后散热的需要。它的缺点是冷却系统结构复杂，使用与维修不方便；冷却性能受环境温度影响较大，夏季冷却水容易过热，冬季又容易过冷。虽然风冷发动机的冷却系统简单，适宜用在缺水地区，但是因为存在冷却不均匀、缸盖等零件的热负荷高、可靠性不如水冷式的好以及噪声大等缺点，故使用得很少。目前，大多数汽车发动机用水冷方式冷却。

3. 其他发动机的选型

因石油资源的不可再生性，随着它的大量消耗，不可避免地要枯竭，人们迟早要面临石油短缺的危机。另外，由于人类保护环境意识的加强，迫使人们去寻找新能源，开发新的动力，包括气体燃料内燃机、电动汽车等。

世界上已探明可供开采的天然气（NG）比原油还多，这为燃气汽车的发展提供了保障。目前，车用燃气机的技术发展已经成熟。这是因为天然气（NG）、液化石油气（LPG）的理化性能与汽油较为接近，所以只要对现有发动机作一些变动，就能改为可转换双燃料（气体燃料 NG、LPG/液体燃料汽油）的汽车。压缩天然气（CNG）和液化石油气（LPG）汽车排放物中的 CO、CO_2、HC、NO_x 含量减少，所以能较容易地满足排放法规的要求，有利于保护环境。因 CNG 比空气轻，一旦泄露能很快扩散，所以使用安全性能良好。最后，由于燃气汽车的燃料价格低，故日常使用费用也低。尽管燃气汽车存在因储气瓶重和尺寸大，增加了汽车的整备质量及在汽车上特别是乘用车上布置困难，还有续驶里程短等一些缺点，但因为天然气有储量丰富的优势，只要解决了供应网络问题，燃气汽车会有广阔的前途。我国天然气资源比较丰富，目前包括我国在内的许多国家已有天然气汽车在使用。

使用氢作为燃料的汽车称为氢燃料汽车。氢燃料有无味、无毒、能量密度高、着火界限宽、自燃温度高、所需点火能量低、燃烧速度快、热效率高等优点。氢的燃烧产物是水，用于内燃机，除了氮氧化物以外，几乎不产生污染，甚至也不产生 CO_2，所以对环保而言，氢燃料是理想的洁净车用能源。只有在氢的生产技术得到突破，使成本大幅度降低和环保问题严重到迫使人们必须使用洁净能源时，氢燃料才有可能得到广泛应用。

近来电动汽车受到重视，并得到较快发展。电动汽车是指由车载蓄电池或电缆供电设备提供电能驱动的路面车辆。

蓄电池的比功率（W/kg）、比能量（J/kg）两项指标对电动汽车的加速、爬坡性能和续驶里程有影响，并且越大越好。而蓄电池的循环寿命（次）决定了蓄电池充电到满容量的次数，所以循环使用寿命越长越好。

电动汽车常用的电池类型有铅酸、镍-氢、镍-铁、镍-镉、钠-硫、锌-空气、锌-镍、锂离子电池等。不同类型的蓄电池除比功率、比能量、循环寿命有较大差异以外，在可靠性、成本、启动安全性和是否能实现快速充电方面也有区别。如钠-硫电池的比功率、比能量和循环寿命三项指标均比较高，但高温启动不够安全。

与汽油、甲醇等燃料比较，现有蓄电池的体积能量密度（kJ/L）和质量能量密度（kJ/kg）都非常低。因此，为了提供与内燃机相同的功率，电动汽车就必须装用很多的电池组，导致汽车整备质量增加，动力性降低，汽车有效使用空间减少。除此以外，还有续驶里程短、电池成本高等一系列缺点。但是，电动汽车也有利于环境保护，可以做到零排放，并有高效率、结构简单、维修方便等优点。在解决了关键技术，尤其是蓄电池技术以后，电动汽车应该是未来交通运输工具的最佳选择。

混合动力汽车是指包含两种或两种以上动力源并能协调工作的车辆。复合动力汽车又可以分为蓄电池储能、液压储能和飞轮储能三种。其中，内燃机-蓄电池复合驱动发展得比较快。它可以实现由蓄电池或者发电机单独供应动力，因此汽车在排放控制区内行驶时，动力由蓄电池提供，实现零排放；可将发动机设计成在转速变化范围很小的区域内工作，在此区域内发动机油耗低、排放少；可配备制动能量回收存储设置，回收能量存储在蓄电池中，提高了能量利用率；内燃机-蓄电池混合动力汽车中蓄电池的电力由发动机提供，因此车辆的续驶里程不受电池容量限制，也不需要建设充电站等辅助设施。

使用液压蓄能器的汽车混合动力系统已在某些客车上得到应用，燃油经济性可提高 25%～30%。

三、发动机主要性能指标的选择

1. 发动机最大功率 P_{emax} 和相应转速 n_p

根据所设计汽车应达到的最高车速 v_{amax}（km/h），用下式估算发动机最大功率

$$P_{emax} = \frac{1}{\eta_T}\left(\frac{m_a g f_r}{3\,600}v_{amax} + \frac{C_D A}{76\,140}v_{amax}^3\right) \tag{3-1}$$

式中，P_{emax} 为发动机最大功率（kW）；η_T 为传动系效率，对驱动桥用单级主减速器的 4×2 汽车可取为 90%；m_a 为汽车总质量（kg）；g 为重力加速度（m/s²）；f_r 为滚动阻力系数，对乘用车 $f_r = 0.016\,5 \times [1 + 0.01(v_a - 50)]$，对货车取 0.02，矿用自卸车取 0.03；$v_a$ 用 v_{amax} 代入；C_D 为空气阻力系数，乘用车取 0.30～0.35，货车取 0.80～1.00，客车取 0.60～0.70；A 为汽车正面投影面积（m²）。

参考同级汽车的比功率统计值，然后选定新设计汽车的比功率值，并乘以汽车总质量，也可以求得所需要的最大功率值。

发动机的功率 P 对汽车的动力性、燃油经济性以及动力总成质量有影响。虽然汽车的动力性随发动机的功率增加而变好，但燃油经济性会降低，动力总成质量也会增加。

按式（3-1）估算的 P_{emax} 为发动机装有全部附件时测定得到的最大有效功率，约比发动机外特性的最大功率值低 12%～20%。

最大功率 P_{emax} 对应转速 n_p 的范围如下：汽油机的 n_p 在 3 000～7 000r/min，因乘用车最高车速高，n_p 值多在 4 000r/min 以上；总质量小些货车的 n_p 值在 4 000～5 000r/min 之间，总质量居中货车的 n_p 值更低些。柴油机的 n_p 值在 1 800～4 000r/min 之间。乘用车和总质量小些的货车用高速柴油机，n_p 值常取在 3 200～4 000r/min 之间；总质量大些的货车的柴油机 n_p 值在 1 800～2 600r/min 之间。

采用高转速发动机虽然能提高功率,同时也有使活塞运动的平均速度增快、热负荷增加、曲柄连杆机构的惯性力增大,并导致磨损加剧、寿命降低和振动及噪声等均增加的缺陷。

2. 发动机最大转矩 T_{emax} 及相应转速 n_T

用下式计算确定 T_{emax}

$$T_{emax}=9\,549\times\frac{\alpha P_{emax}}{n_p} \tag{3-2}$$

式中,T_{emax} 为最大转矩(N·m);α 为转矩适应性系数,一般在 1.1~1.3 之间选取;P_{emax} 为发动机最大功率(kW);n_p 为最大功率转速(r/min)。

要求 n_p 与 n_T 之间有一定差值,如果它们很接近,将导致直接挡的最低稳定车速偏高,使汽车通过十字路口时换挡次数增多。因此,要求 n_p/n_T 在 1.4~2.0 之间选取。

四、发动机的悬置

汽车是多自由度的振动体,并受到各种振源的作用而发生振动。发动机就是振源之一。发动机是通过悬置元件安装在车架上,悬置元件既是弹性元件又是减振装置,其特性直接关系到发动机振动向车体的传递,并影响整车的振动与噪声。合理的悬置不但可以减小振动、降低噪声、改善乘坐舒适性,还能提高零、部件和整车寿命。因此,发动机的悬置设计越来越受到设计者的重视。

发动机悬置应满足下述要求:因悬置元件要承受动力总成的质量,为使其不产生过大的静位移而影响工作,故要求悬置元件刚度大些为好;发动机本身的激励以及来自路面的激励都经过悬置元件来传递,因此又要求悬置元件有良好的隔振性能;因发动机工作频带宽,大约在 10~500 Hz 范围内,要求悬置元件有减振降噪功能,并要求悬置元件工作在低频大振幅时(如发动机怠速状态)提供大的阻尼特性,而在高频低幅振动激励下提供低的动刚度特性,以衰减高频噪声;悬置元件还应当满足耐机械疲劳、橡胶材料的热稳定性及抗腐蚀能力等方面的要求。此外,液室与外部之间应密封良好。

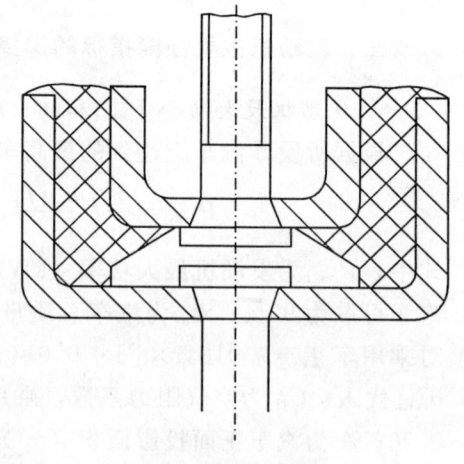

图 3-7 橡胶悬置结构

传统的橡胶悬置由金属板件和橡胶组成,如图 3-7 所示。其特点是结构简单、制造成本低,但动刚度和阻尼损失角(阻尼损失角越大表明悬置元件提供的阻尼越大)的特性曲线基本上不随激励频率变化,如图 3-8 所示。

结构不同的液压阻尼式橡胶悬置(以下简称液压悬置)均具有:橡胶主簧,用来承受静、动载荷;液压悬置内部有液体工作介质;至少有两个液室,液体可在其间流动;液室之间有能够产生阻尼作用的孔、惯性通道或解耦盘(膜)。

图 3-9 所示为液压悬置结构简图,图中发动机支承臂与液压悬置经连接螺栓 1 连接。橡胶主簧 3 用来承受动力总成的垂向和侧向的静、动载荷,其体积刚度对液压悬置的动力特性有重要影响,而金属骨架 2 用来将橡胶弹簧和连接螺栓连起来。缓冲限位器 4 的作用是控制橡胶主簧的压缩极限位置。底座 9 既是承力件,也是液压悬置的重要密封件,还要保护橡胶

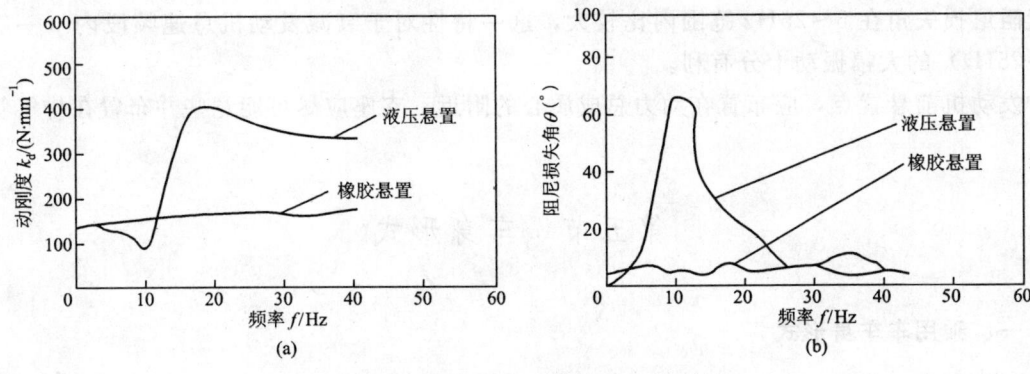

图 3-8 橡胶悬置和液压悬置动刚特性
(a) 动刚性曲线；(b) 阻尼损失角曲线

底模 8 免受损害。连接螺栓 10 与底座 9 固连为一体，并将动力总成固定到车体上。惯性通道体 6 将空腔分为上下两个液室，室内充满液体。底模 8 呈波纹状，用来吸收上液室的体积变化。惯性通道体又包括上下两部分，经过盈配合压在一起，并形成惯性通道 7。在惯性通道体之间安装有解耦盘 5，其上开有补偿孔 12，用来降低低频时的空腔噪声。解耦盘和补偿孔共同形成解耦通道。

当橡胶主簧承受动载荷上下运动时，产生类似于活塞的泵吸作用。当液压悬置受到低频、大振幅激励时，液体将经过惯性通道在上下腔内往复流动，并随之产生沿程能量损失和在惯性通道出入口处为克服液柱惯性而产生的局部能量损失，液压悬置将产生较大的阻尼效应，使振动能量得到耗散，从而达到衰减振动的目的。在

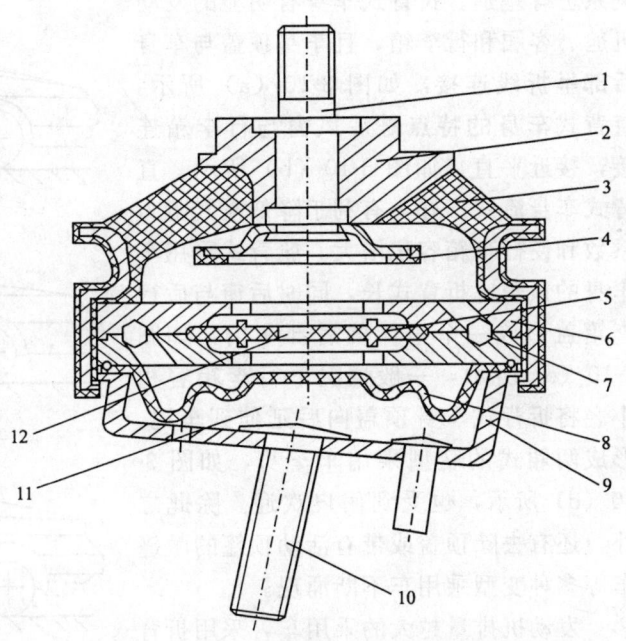

图 3-9 液压悬置结构简图
1、10—连接螺栓；2—金属骨架；3—橡胶主簧；4—缓冲限位器；
5—解耦盘；6—惯性通道体；7—惯性通道；8—底模；9—底座；
11—空气室；12—补偿孔

高频小振幅激励下，惯性通道内液柱的惯性很大，几乎来不及流动。此时，由于解耦盘小变形时的低刚度特性，解耦通道内的液柱与解耦盘高速振动，上下腔的压力差克服解耦通道内液柱的惯性力，而使液柱具有的动能在解耦通道的入口和出口处被损失掉，从而可以降低液压悬置的高频动刚度，消除动态硬化。

液压悬置与橡胶悬置比较，其动刚度及阻尼角有很强的变频特性，图 3-8 所示是液压悬置的动刚特性试验结果。图 3-8（a）表明液压悬置的动刚度在 10 Hz 左右达到最小，在 20 Hz 左右达到最大而后开始下降；在频率超过 30 Hz 以后趋于平稳。图 3-8（b）表明液压悬

悬置阻尼损失角在5~25Hz范围内比较大,这一特性对于衰减发动机怠速频段内(一般为20~25Hz)的大幅振动十分有利。

发动机前悬置点,应布置在动力总成质心的附近,支座应尽可能宽些并布置在排气管之前。

第五节　车身形式

一、乘用车车身形式

乘用车车身由发动机舱、客厢和行李箱三部分组成。乘用车车身的基本形式有折背式、直背式和舱背式三种。三种基本车身形式的主要区别表现在车身顶盖与车身后部形状之间的关系上有差别。折背式车身有明显的发动机舱、客厢和行李箱,且车身顶盖与车身后部呈折线连接,如图3-10(a)所示。直背式车身的特点是后风窗与行李箱连接,接近平直,如图3-10(b)所示。直背式车身流线形好,有利于降低空气阻力系数和使行李箱容积增大。舱背式乘用车车身的顶盖比折背式长,同时后窗与后行李箱盖形成一个整体的后部车门,如图3-10(c)所示,一般情况下行李箱容积小。将折背式车身顶盖向后延伸到车尾,形成两厢式的变型乘用车车身,如图3-10(d)所示,也受到用户欢迎。除此之外,还有去除顶盖或带有活动顶篷的敞篷车等多种变型乘用车不断涌现。

发动机排量越大的乘用车,采用折背式车身的比例越大。发动机排量在1.0L以下的乘用车,以采用舱背式车身为主;发动机排量在1.0~4.0L之间时,三种车身形式都有;发动机排量大于4.0L时,基本上都用折背式车身。

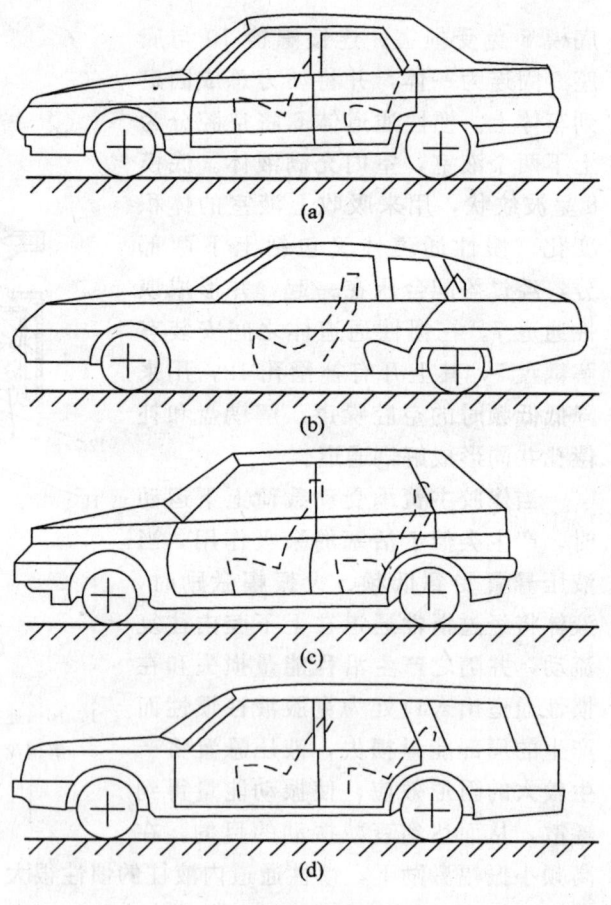

图3-10　乘用车车身形式
(a)折背式;(b)直背式;(c)舱背式;(d)折背式变型

二、客车的车身形式

客车车身有单层和双层之分,按照车头形式不同又有平头式和短(长)头式。

当单层客车用来长途运送乘客时,考虑到乘客随身携带数量较多的货物或行李以及为了长途旅行提高乘坐舒适性安置空调机构的需要,常将地板高度设计得高些。这虽然给乘客上下车带来不便,但地板下部空间可用来容纳货物和空调等其他一些附设机构。此时,车身裙部比普通客车的裙部要高,从而影响到车厢内的明亮程度,观察外部景色的侧窗尺寸也略显小些。长途客车的车门数少,而且可以窄些。

驾驶员一侧应备有安全门,供汽车侧翻时疏散乘客逃生用。城市客车的乘客随身携带的物品不多,但上下车频繁,因此地板高度要尽可能设计得低些。为了满足乘客能迅速上下车的要求,不仅车门数需增多,并且要求加宽。城市客车有尺寸较大的侧窗,且与裙部高度协调一致。足够大的侧窗有利于采光和改善视野。专用客车常根据使用条件和用户要求进行设计。

双层客车有两排平行的裙部和车窗。双层客车的下层允许乘客坐乘或站立,而上层只供乘坐距离较长的乘客坐乘,因此下层占据的高度尺寸比上层要高。受此影响,上层侧窗尺寸不够大。如果汽车顶盖与侧面车窗之间的过渡部位设计有圆弧形顶窗,则既有利于采光,增加车厢内的亮度,同时也对坐在上层的乘客欣赏周围的风光有利。

有些座位数不多的客车,汽车前下部向前伸出形成短头,其内部布置有发动机及其附件。这不仅对维修发动机有利,而且当汽车发生正面冲撞时,利用伸出部分的变形可以吸收碰撞能量,以保护前排乘员和满足有关国家法规的要求。这种汽车的车身高度较矮,门数较少,有时在后部设有车门。

为了满足乘客行走和安装空调机构的要求,有些汽车将车顶抬高。

专用客车常根据使用条件和特殊要求进行设计。比如,用于机场内部迎送乘客上下飞机的机场摆渡车,因不在公路上行驶,车身外形尺寸不受法规限制,宽度尺寸常在 3m 以上。汽车在停机坪、检票口和乘客出口处之间行驶,地面平坦,对最小离地间隙要求不高,汽车地板可以设计成很低,乘客仅踏一级踏板便可进入车内。这既有利于携带较大物件的乘客上下,对行动不便的乘客也提供了方便。检票或下机瞬间乘客十分集中,随身还带有行李,这就要求车门数多,而且宽度足够。考虑到这种汽车运距短,车内座位很少,站立乘客是主流,要求车身有足够高的尺寸供乘客站立,车窗也要足够大,为站立乘客提供良好的视野条件。

第六节 轮胎的选择

一、轮胎与车轮应满足的基本要求

轮胎及车轮用来支撑汽车,承受汽车重力,在车桥(轴)与地面之间传力,驾驶人员经操纵转向轮可实现对汽车运动方向的控制。

轮胎及车轮对汽车的许多重要性能,包括动力性、经济性、通过性、操纵稳定性、制动性及行驶安全性和汽车的承载能力都有影响。因此,选择轮胎是很重要的工作。

轮胎及车轮部件应满足下述基本要求:足够的负荷能力和速度能力,较小的滚动阻力和行驶噪声,良好的均匀性和质量平衡性,耐磨损、耐老化、抗刺扎和良好的气密性,质量小、价格低、拆装方便、互换性好。

二、轮胎的分类

轮胎可以按胎体结构、帘线材料、用途、胎面花纹、断面形状、气密方式等不同进行分类（图 3-11）。

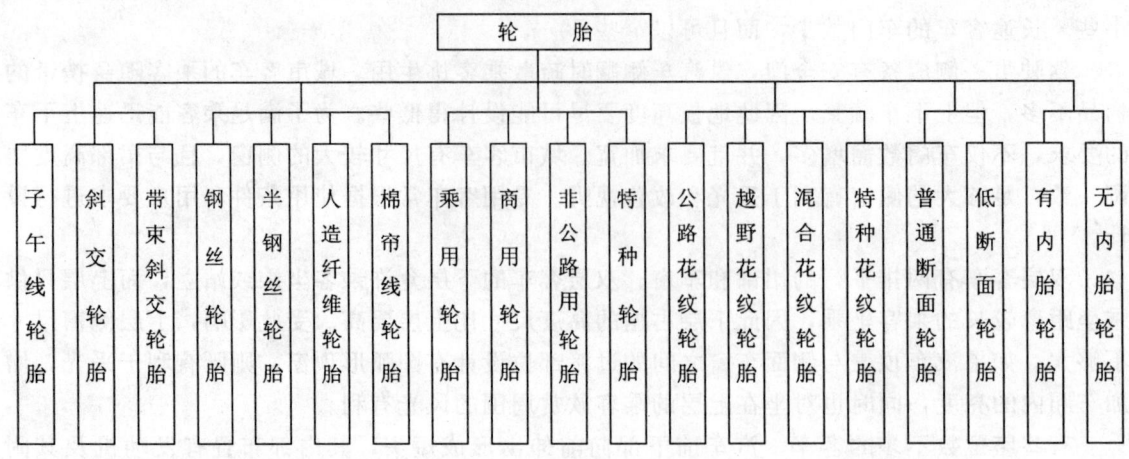

图 3-11 轮胎的分类

三、轮胎的特点与选用

子午线轮胎的特点是滚动阻力小、温升低、胎体缓冲性能和胎面附着性能都比斜交轮胎要好，装车后油耗低、耐磨损、寿命长、高速性能好，因此，适应现代汽车对安全、高速、低能耗的发展要求，是汽车设计时首选的轮胎。子午线轮胎也有制造困难、造价不如斜交轮胎低和不易翻修等缺点。

常在高速条件下行驶的汽车，适合选用强度高、导热性好的钢丝帘线轮胎。钢丝帘线仅能做子午线轮胎。相对汽车常在低速条件下行驶时，可以选用尼龙、聚脂、人造丝等人造材料做帘线制造的轮胎。斜交轮胎多用上述材料制作。

低断面轮胎的胎面宽平，侧面刚性大，附着能力强，散热良好，高速行驶稳定性好。无内胎轮胎的平衡性良好，发热少，刺扎后不易快速失气，高速行驶安全性能良好。乘用轮胎既是子午线结构，又是低断面、无内胎轮胎，并具备它们的各种优点。商用轮胎尺寸大，胎体厚，帘线层级多，承载能力强。非公路用轮胎附着性好，胎面耐刺扎，适用于在恶劣条件下使用，用于公路行驶时耗油量增加，噪声大。

轮胎的胎面花纹对滚动阻力、附着能力、耐磨性及噪声有影响。公路花纹轮胎滚动阻力小、噪声小，适合在铺装路面上使用。其中，纵向花纹轮胎适用于良好路面，横向花纹轮胎适用于土石路面。越野花纹轮胎附着性能良好，适宜于在坏路面或无路地带使用。混合花纹轮胎适用于使用路面条件变化不定的场合。图 3-12 为几种典型胎面花纹示例。

随轮胎气压的增加，其承载能力也增强；但轮胎的附着能力下降，振动频率增加，乘坐舒适性和安全性变坏，对路面及汽车也有不良作用。标准轮胎不仅对外形尺寸，而且对使用气压也有标准规定。为了使用安全和满足舒适性要求，乘用车轮胎的使用气压不应高于所选轮胎规定负荷下限定气压的 80%；而商用车轮胎的使用气压可接近选定轮胎层级所限定的气压。考虑到操纵稳定性的需求，前轮轮胎气压应低于后轮轮胎气压。

帘线层级越高，轮胎的承载能力也越强，并有与轮胎气压增加时相似的缺点。汽车行驶速度也影响轮胎负荷能力，车速高轮胎的发热量增加、温度升高，易使胎面与轮胎帘线层脱落。这不仅使轮胎寿命降低，也会引发交通事故。子午线、无内胎、低断面的轮胎工作时发

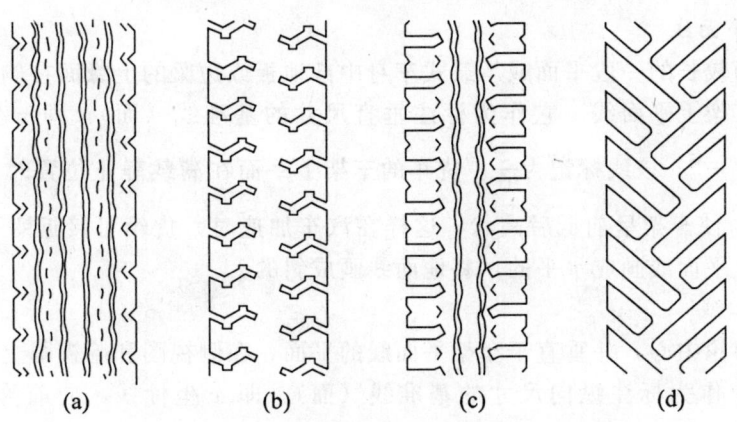

图 3-12 轮胎胎面花纹示例
(a) 纵向花纹；(b) 横向花纹；(c) 混合花纹；(d) 越野花纹

热少、导热好、散热迅速，因而升温低，有良好的速度特性。选取时，应使选用轮胎的速度级别所限定的最高使用速度大于所设计汽车的最高车速。为了满足不同乘用车对轮胎速度能力的需求，将轮胎的速度能力分级，比如在 70~210km/h 之间，按每 10km/h 分为一级；具有更高速度能力的轮胎，用来分级的速度更大些。

此外，经总体布置计算，汽车轮胎所承受的最大静负荷值，应与轮胎额定负荷值接近。两者之比称为轮胎负荷系数，此系数应控制在 0.85~1.00 之间，以防止超负荷。超负荷不仅会导致轮胎寿命降低，而且会降低操纵稳定性和行驶安全性。对乘用车，可控制在上述范围的下限；对商用车，为了充分利用轮胎的负荷能力，轮胎负荷系数可控制在接近上限处。前轮的轮胎负荷系数一般应低于后轮的。

最后，还需要考虑后轮采用双胎并装时，由于两轮胎特性存在的差异、装载质量分布不均匀和路面不平等因素造成轮胎超载的影响，此时双胎并装的负荷能力要比单胎负荷能力加倍后减少 10%~15%。

轮胎是在专业化生产厂制造，并具有高度的标准化、系列化特点。轮胎的外直径、断面宽、断面高宽比、配用轮辋名义直径、轮辋轮廓形式及规格、胎面花纹形式及深度、额定负荷下的半径等尺寸特性和负荷指数可查 GB/T2977-1997、GB/T2978-1997、GB9743-1997、GB9744-1997 等国家标准。

第七节 汽车的总体布置

在初步确定汽车的载客量（载质量）、驱动形式、车身形式、发动机形式等以后，要深入做更具体的工作，包括绘制总布置草图，并校核初步选定的各部件结构和尺寸是否符合整车尺寸和参数的要求，以寻求合理的总布置方案。绘图前要确定画图的基准线（面）。

一、整车布置的基准线（面）——零线的确定

确定整车的零线（三维坐标面的交线）、正负方向及标注方式，均应在汽车满载状态下进行，并且绘图时应将汽车前部绘在左侧。

1. 车架上平面线

纵梁上翼面较长的一段平面或承载式车身中部地板或边梁的上缘面在侧（前）视图上的投影线，称为车架上平面线。它作为标注垂直尺寸的基准线（面），即 z 坐标线，向上为 "+"、向下为 "-"，该线标记为 $\frac{z}{0}$。货车的车架上平面在满载静止位置时，通常与地面倾斜 0.50~1.50，使车架呈前低后高状，这样在汽车加速时，货箱可接近水平。为了画图方便，可将车架上平面线画成水平的，将地面线画成斜的。

2. 前轮中心线

通过左右前轮中心，并垂直于车架平面线的平面，在侧视图和俯视图上的投影线，称为前轮中心线。它作为标注纵向尺寸的基准线（面），即 x 坐标线，向前为 "-"、向后为 "+"，该线标记为 $\frac{x}{0}$。

3. 汽车中心线

汽车纵向垂直对称平面在俯视图和前视图上的投影线，称为汽车中心线。用它作为标注横向尺寸的基准线（面），即 y 坐标线，向左为 "+"、向右为 "-"，该线标记为 $\frac{y}{0}$。

4. 地面线

地平面在侧视图和前视图上的投影线，称为地面线。此线是标注汽车高度、接近角、离去角、离地间隙和货台高度等尺寸的基准线。

5. 前轮垂直线

通过左右前轮中心，并垂直于地面的平面，在侧视图和俯视图上的投影线，称为前轮垂直线。此线用来作为标注汽车轴距和前悬的基准线。当车架与地面平行时，前轮垂直线与前轮中心线重合（如乘用车）。

二、备部件的布置

1. 发动机的布置

（1）发动机的上下位置。发动机的上下位置对离地间隙和驾驶员视野有影响。乘用车前部因没有前轴，发动机油底壳至路面的距离，应保证满载状态下对最小离地间隙的要求。货车通常将发动机布置在前轴上方，考虑到悬架缓冲块脱落以后，前轴的最大向上跳动量能达到 70~100mm，这就要求发动机有足够高的位置，以防止前轴碰坏发动机油底壳。油底壳通常设计成深浅不一的形状，使位于前轴上方的地方最浅，同时再将前梁中部锻成下凹形状（注意前梁下部尺寸必须保证所要求的最小离地间隙）。所有这些措施将有利于降低发动机位置的高度，并使发动机罩随之降低，这能改善长头车的驾驶员视野，同时有利于降低汽车质心高度。除此之外，还要检查油底壳与横拉杆之间的间隙。发动机高度位置初定之后，用气缸体前端面与曲轴中心线交点 K 到地面高度尺寸 b 来标明其高度位置，如图 3-13 所示。

在发动机高度位置初步确定之后，风扇和散热器的高度随之而定，要求风扇中心与散热器几何中心相重合，以使散热器在整个面积上接受风扇的吹风冷却。护风罩用来增大送风量和减小散热器尺寸。为了保证空气的畅通，散热器中心与风扇之间应有不小于 50mm 的间隙，无护风罩时可减小到 30mm。

由于空气滤清器位于发动机进气歧管上，其高度影响发动机罩高度，为此将空气滤清器做成扁平状。发动机罩与发动机零件之间的间隙不得小于 25mm，以防止关闭发动机罩时受到损伤。

(2) 发动机的前后位置。发动机的前后位置会影响汽车的轴荷分配、乘用车前排座位的乘坐舒适性、发动机前置后轮驱动汽车的传动轴长度和夹角以及货车的面积利用率。

为减小传动轴夹角，发动机前置后轮驱动汽车的发动机常布置成向后倾斜状，使曲轴中心线与水平线之间形成 1°～4°夹角，乘用车此夹角多在 3°～4°之间，如图 3-13 所示。

发动机前置后轮驱动的乘用车，前纵梁之间的距离必须考虑吊装在发动机上的所有总成（如发电机、空调装置的压缩机等）以及从下面将发动机安装到汽车上的可能性；还应保证在修理和技术维护情况下，从上面安装发动机的可能性。

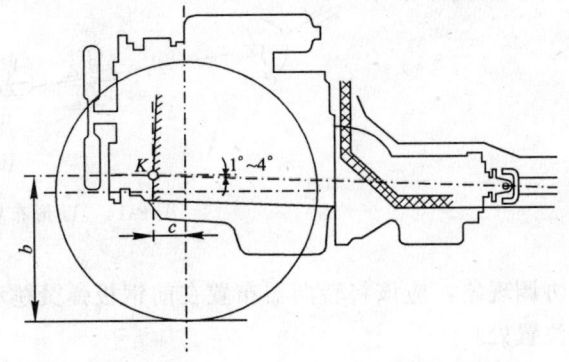

图 3-13 确定动力总成位置的主要尺寸

发动机的前后位置应与上下位置一起进行布置。前后位置确定以后，在侧视图上画下它的外形轮廓，然后用气缸体前端面与曲轴中心线交点 K 到前轮中心线之间的距离来标明其前后位置，如图 3-13 中的尺寸 c 所示。此后，可以确定汽车前围的位置：发动机与前围之间必须留有足够的间隙，以防热量传入客厢和保证零部件的安装；离合器壳与变速器应能同时拆下，而无需拆卸发动机的固定点，此时应特别注意离合器壳上面螺钉的接近性。

(3) 发动机的左右位置。发动机曲轴中心线在一般情况下与汽车中心线一致。这对底盘承载系统的受力和对发动机悬置支架的统一有利。少数汽车（如 4×4 汽车）考虑到前桥是驱动桥，为了使前驱动桥的主减速器总成上跳时不与发动机发生运动干涉，将发动机与前桥的主减速器向相反方向偏移。

2. 传动系的布置

由于发动机、离合器、变速器装成一体，所以在发动机位置确定以后，包括发动机、离合器、变速器在内的动力总成位置也随之而定。驱动桥的位置取决于驱动轮的位置，同时为了使左右半轴通用，差速器壳体中心线应与汽车中心线重合。为满足万向节传动轴两端夹角相等、满载静止时不大于 4°且最大不大于 7°的要求，常将后桥主减速器的轴线向上翘起。而在乘用车布置中，在侧视图上常将传动轴布置成 U 形方案，如图 3-14 所示。这样做可降低传动轴轴线的离地高度，有利于减小客厢地板凸包高度和保证后排中间座椅的座垫处有足够的厚度。在绘出传动轴最高轮廓线之后，根据凸包与中间传动轴之间的最小间隙一般应在 10～15 mm 来确定地板凸包线位置。

3. 转向装置的布置

(1) 转向盘的位置。转向盘位于驾驶员座椅前方，为保证驾驶员能舒适地进行转向操作，应注意转向盘平面与水平面之间的夹角，并以取得转向盘前部盲区距离最小为佳，同时转向盘又不应当影响驾驶员观察仪表，还要照顾到转向盘周围（如挡风玻璃等）有足够的空间。

(2) 转向器的位置。前悬架采用钢板弹簧时，为了避免悬架运动与转向机构运动出现不

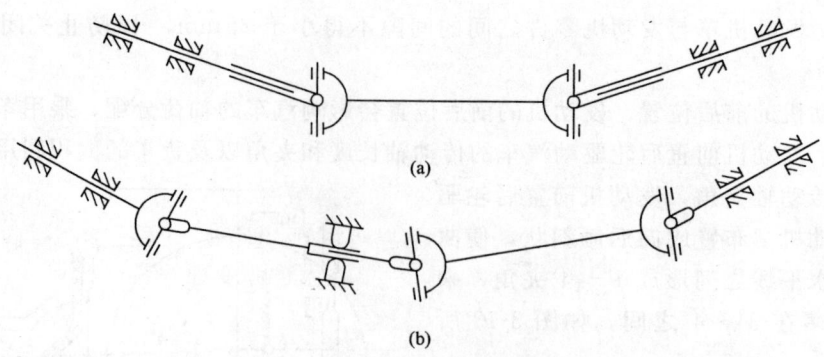

图 3-14 U 形布置万向节传动轴

协调现象,应该将转向器布置在前钢板弹簧跳动中心附近,即前钢板弹簧前支架偏后不多的位置处。

因转向器固定在车架上,其轴线常与转向盘中心线不在一条直线上,为此用万向节和转向传动轴将它们连接起来。此时,因万向节连接的轴不在一个平面内,所以在正面撞车时又对防止转向盘后移伤及驾驶员有利。长头车一般用两个万向节,平头车不用或用一个万向节的居多。

如果转向盘与转向器之间通过一根刚性轴直接连接时,转向盘相对驾驶员在纵向平面内偏斜一个角度,这既导致操作不便,又会因转向传动轴在俯视图上向前斜插而影响踏板的布置和驾驶员腿部的操纵动作。为此,要求转向轴在水平面内与汽车中心线之间的夹角不得大于 5°。

转向摇臂与纵拉杆和转向节臂与纵拉杆之间的夹角,在中间位置时应尽可能布置成接近直角,以保证有较高的传动效率。

4. 悬架的布置

货车的前后悬架和一些乘用车的前后悬架,多采用纵置半椭圆形钢板弹簧。为了满足转向轮偏转所需要的空间,常将前钢板弹簧布置在纵梁下面。钢板弹簧前端通过弹簧销和支架与车架连接,而后端用吊耳和支架与车架相连。这样布置有利于缓和来自路面的冲击。同时,为了满足主销后倾角的要求,货车的前钢板弹簧应布置成前高后低状;后钢板弹簧布置在车架与车轮之间,应注意钢板弹簧上的 U 形螺栓和固定弹簧的螺栓与车架之间应当有足够的间隙。

减振器应尽可能布置成直立状,以充分利用其有效行程;空间不允许时才布置成斜置状。

5. 制动系布置

踩下制动踏板所需要的力,比踩下油门踏板要大得多,因此,制动踏板应布置在更靠近驾驶员处,并且还要做到脚制动踏板和手制动操纵轻便。应检查杆件运动时有无干涉和死角,更不应当在车轮跳动时自行制动。

布置制动管路要注意安全可靠,整齐美观。在一条管路上,当两个固定点之间有相对运动时,要采用软管过渡。平行管之间的距离不小于 5 mm,或者完全束在一起,交叉管之间的距离应不小于 20 mm,同时注意不要将管子布置在车架纵梁内侧的下翼上,以免由于积使管子腐蚀。

6. 踏板的布置

离合器踏板、制动踏板和油门踏板，布置在地板凸包与车身内侧壁之间。在离合器踏板左侧，应当留出在离合器不工作时可以放下左脚的空间，因此轮罩最好不要凸出到客厢内。油门踏板一般比制动踏板稍低，要求油门踏板与制动踏板之间留有大于一只完整鞋底宽度（60mm）的距离。因为汽车行驶时驾驶员要不停地踩油门踏板，所以要求踩下时轻便。驾驶员应当用脚后跟支靠在地板上，变化操纵时仅仅是通过改变踝关节角度来达到。为了操纵方便，从驾驶员方向看，油门踏板布置成朝外转的样子。图3-15所示为德国推荐的确定踏板布置的尺寸关系。

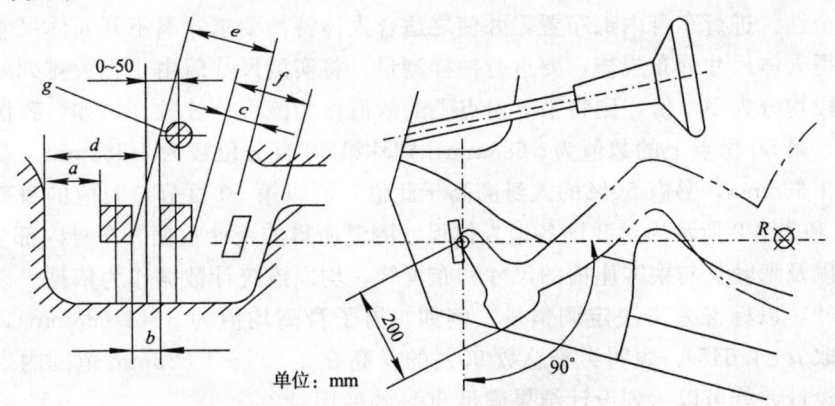

图 3-15 DIN73001 标准推荐的踏板布置

d—离合器踏板所占空间，$d=260$mm；e—制动踏板所占空间，$e=200$mm；f—油门踏板所占空间，$f=170$mm；g—转向管柱推荐尺寸：$a=130$mm，$b=60$mm，$c=70$mm

7. 油箱、备胎、行李箱和蓄电池的布置

（1）油箱。根据汽车最大续驶里程（一般为200~600km）来确定油箱的容积。乘用车为了在有限的空间内布置下油箱、备胎等物品，常视具体条件来确定其形状。布置油箱时应遵守的一条重要原则是：油箱应远离消声器和排气管（乘用车要求油箱距排气管的距离大于300mm，否则应加装有效的隔热装置；油箱距裸露的电器接头及开关的距离不得小于200mm），更不应当布置在发动机舱内。乘用车油箱常布置在行李箱内，而货车油箱布置在纵梁上。考虑到发生车祸时不会因冲撞到油箱而发生火灾，油箱又应当布置在撞车时油箱不会受到损坏的地方。例如，将油箱布置在靠近乘用车后排座椅后部就比布置在行李箱后下部安全。

（2）备胎。乘用车备胎常布置在行李箱内，要求在装满行李的情况下，仍能方便地取出备胎，如将备胎立置于行李箱侧壁或后壁，此时，行李箱侧壁或后壁必须有大于车轮直径的高度。

货车备胎可以布置在车架尾部下方或是车架中部上方货箱底板下部。布置在车架尾部时常采用悬链式，可保证拆、装方便，并使汽车质心位置降低。但此时汽车离去角减小，通过性变坏。备胎置于车架中部上方时，常用翻转式结构。但在转动备胎时需要足够的空间，导致抬高货箱，使汽车质心位置增高。

(3) 行李箱。要求发动机排量在 2.5L 左右的乘用车行李箱有效容积为 $0.4 \sim 0.7 m^3$，发动机排量在 4L 左右的乘用车为 $0.7 \sim 0.9 m^3$。为了能整齐地安放手提箱，行李箱底部应平整。受外形尺寸限制，当发动机排量在 2.5L 以下的乘用车难以达到上述要求时，可利用座椅下、车门和侧壁之间的空间来安放小件行李。客货两用乘用车将后排座椅设计成可翻式，翻转后，其后部形成一个有效容积很大的行李箱。

(4) 蓄电池。蓄电池与启动机应位于同侧，并且它们之间的距离越近越好，以缩短线路，同时还要考虑拆装方便性和良好的接近性。

8. 车身内部布置

以运送人为主，兼顾运送少量行李的乘用车车身内部布置，必须考虑有良好的乘坐舒适性和足够的安全性。进行车身内部布置，并使之适合人体特性要求，离不开人体尺寸这一基本参数。为了获得人体尺寸分布规律，要进行抽样测量。将实测尺寸值由小到大排列到数轴上，再将这一尺寸段均分为 100 份，则将第 n 份点上的数值作为该百分位数。例如，我国成年男子身高分布图上，第 50 份点上的数值为 1 688mm，则称第 50 百分位数为 1 688mm，表明有 50% 的人身高低于 1 688mm，另有 50% 的人身高高于此值，所以第 50 百分位对应的身高就是平均身高。图 3-16 和表 3-2 所示为对我国各地人体尺寸测量所得的统计数据。车身内部空间和操纵机构的布置，以及驾驶员与乘客座椅的尺寸和布置等，均以该统计数据作为依据。以表中均值来决定基本尺寸，以标准差来决定调整量。例如，男子身高均值为 μ (1 688mm)，标准差 σ 为 81.83mm。取 $\mu \pm 1.645\sigma$，表明男子总数 90% 的身高在 1 553～1 822mm 范围内。根据这一尺寸范围进行设计，就可以达到设计结果满足 90% 的使用对象。

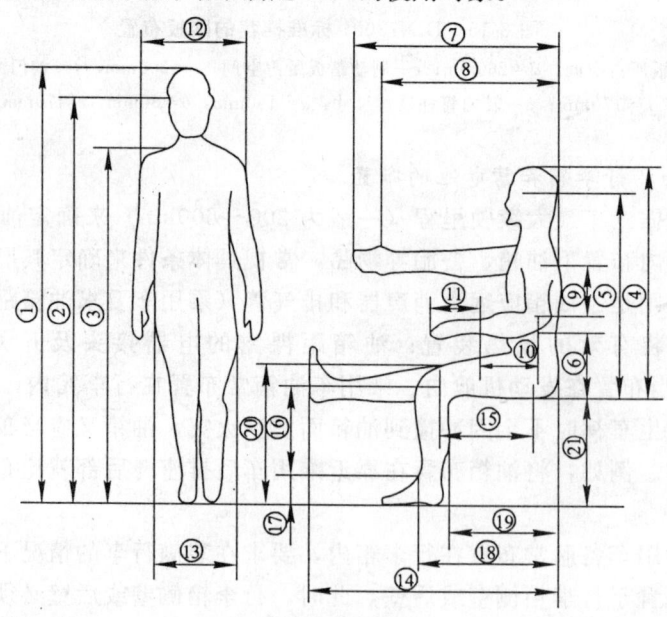

图 3-16 人体基本尺寸

注：各序号对应的尺寸见表 3-2

由躯干、大腿、小腿、脚以及基准杆等组成的用来进行车身内部布置的人体样板，如图 3-17 所示。各组成件之间铰接，便于使各组成部分相互变换位置，并经各铰接处的角度标尺读出各部分之间的夹角。通常采用第 10、第 50、第 95 百分位三种尺寸的人体样板,分别代表矮小、中等、高大三种人体身材。不同百分位的人体样板的躯干长度尺寸相同,不同之处是小腿长度 A 和大腿长度 B 尺寸不一样,见表 3-3。

表 3-2 人体基本尺寸

序 号	测量项目	男		女	
		均值/mm	标准差/mm	均值/mm	标准差/mm
①	身高	1 688.25	81.83	1 583.17	51.29
②	眼高	1 585.32	61.61	1 480.25	76.02
③	肩高	1 420.98	54.35	1 320.26	60.96
④	坐高	896.53	36.12	848.52	31.58
⑤	坐姿眼高	794		7 432	
⑥	肘到座位平面	45.23	41.81	238.63	25.63
⑦	上肢前伸长	837.78	36.81	784.50	37.98
⑧	拳前伸长	730.87	47.07	688.84	36.79
⑨	大臂长	269.21	16.36	260.74	19.79
⑩	小臂长	247.08	13.22	225.93	17.03
⑪	手长	192.53	9.46	179.00	9.52
⑫	肩宽	426.32	20.35	391.71	21.67
⑬	臀宽	333.75	22.62	394.71	23.99
⑭	下肢前伸长	1 015.91	58.91	976.79	50.84
⑮	大腿长	422.48	28.44	409.21	35.39
⑯	小腿长	401.34	21.57	368.60	22.21
⑰	足高	70.69	5.46	65.78	6.94
⑱	膝臀间距	550.78	27.49	527.77	31.28
⑲	大腿平长	422.92	23.31	431.76	30.34
⑳	膝上到足底	5 151.08	24.67	479.89	23.61
㉑	膝弯到足底	405.79	19.49	382.77	20.83

注:表中序号对应图 3-16 中的尺寸序号。

表 3-3 不同百分位人体样板腿长

百分位 腿 长	第 10	第 50	第 95
小腿 A/mm	390	417	460
大腿 B/mm	406	432	456

人体样板可以用有机玻璃或胶合板制作,其比例分别为 1∶5、1∶2 和 1∶1。中等身材人体样板用来确定基本尺寸,而大、小人体样板用来确定座椅调整量。总布置设计初期绘制

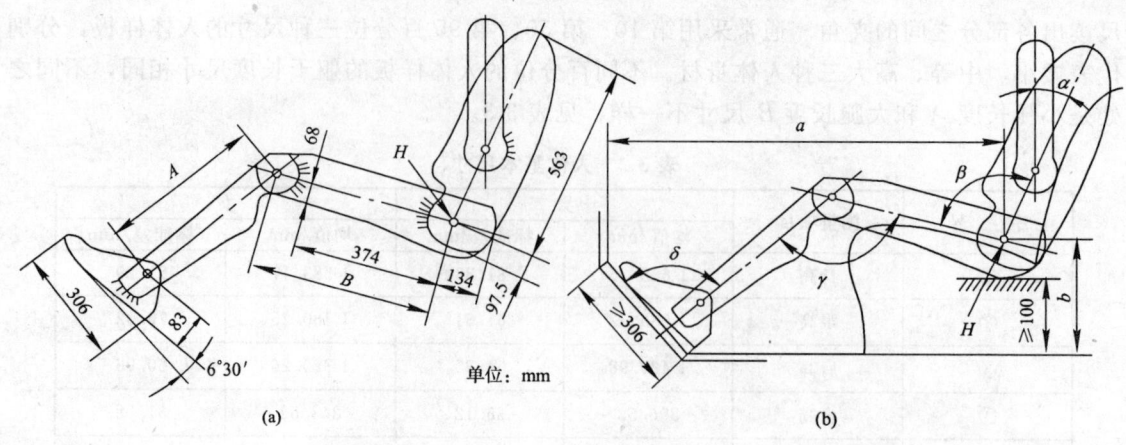

图 3-17 人体样板
(a) 人体样板；(b) 用人体样板进行车内布置

尺寸控制图时，用 1∶5 的比例绘制。在进行正式总布置时，可用 1∶2 或 1∶1 的比例绘制。

在车身侧视图上安放人体样板时，首先要确定人体样板踵点与胯点之间的垂直高度 b 和考虑到座垫、靠背压缩量以后的胯点位置。布置时，要使人体样板上的胯点与初选的座椅上的"胯"点重合，并将人体样板的踵点安放在油门踏板处的地板上的踵点，然后根据选定的坐姿角 α、β、γ 及 δ 在图样上进行布置，检查初选的 b 值等是否合适。

从人体工程学的观点出发，驾驶姿势时人体各部分夹角的合理范围如图 3-18 所示。

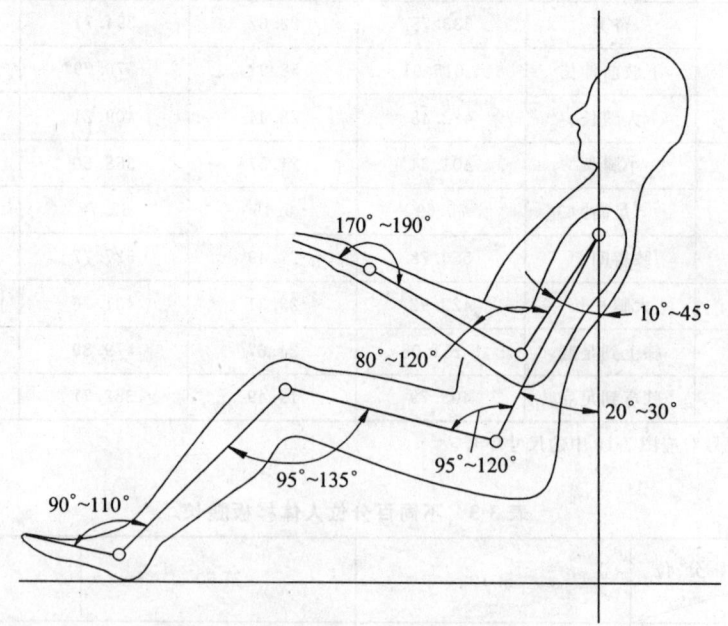

图 3-18 驾驶姿势时人体各部分夹角的合理范围

9. 乘用车外廓尺寸的确定

(1) H 点和 R 点。能够比较准确地确定驾驶员或乘员在座椅中位置的参考点是躯干与大腿相连的旋转点"胯点"。实车测得的"胯点"位置称为 H 点。

进行总布置设计之初，先根据总布置要求确定一个座椅调至最后、最下位置时的"胯点"，并称该点是 R 点；然后以 R 点作为设计参考点进行设计。试制出样车后，将座椅调至最后、最下位置，用如图 3-19 所示的三维人体模型测量"胯点"，此"胯点"即为 H 点。而后将 H 点与 R 点相认证，并按 H 点位置确认或进行修改设计。如果测定的 H 点不超出以 R 点为中心的水平边长 30mm、铅直边长 20mm 的矩形方框的范围，并且靠背角与设计值之间差值不大于 3°，则认为 H 点与 R 点的相对位置满足要求。

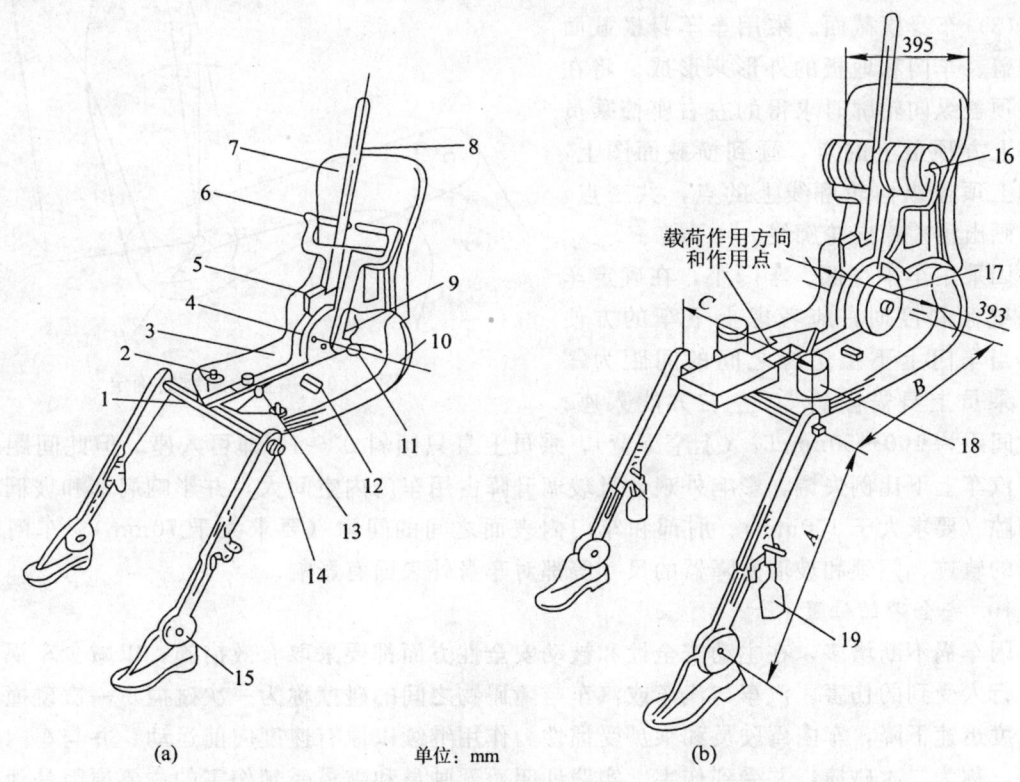

图 3-19 三维人体模型
(a) H 点人体模型各构件名称；(b) H 点人体模型各构件的尺寸与载荷分布
1—连接膝关节的 T 形杆；2—大腿重块垫块；3—座位盘；4—臀部角度量角器；5—靠背角水平仪；6—躯干重块悬架；7—靠背盘；8—头部空间探测杆；9—靠背角量角器；10—H 点标记钮；11—H 点支枢；12—横向不平仪；13—大腿杆；14—膝部量角器；15—小腿夹角量角器；16—躯干重块；17—臀部重块；18—大腿重块；19—小腿重块

驾驶员入座后，体重的大部分通过臀部作用于座椅的坐垫上，一部分通过背部由靠背承受，少部分通过左右手和脚的踵点作用于转向盘和地板上。在这种坐姿条件下，驾驶员在操作时身体上部的活动一定是绕 H 点的横向水平轴线转动。因此，H 点的位置是驾驶员操作方便、乘坐舒适相关的车内尺寸的基准。

(2) 顶盖轮廓线的确定。首先将座椅放置在高度方向和长度方向的平均位置处，然后确定 H 点，并引出一条与铅垂线成 8° 的斜线，如图 3-20 所示，再确定从 H 点沿 8° 斜线方向截取 765mm 的 F 点。F 点相当于第 50 百分位驾驶员的头部最高点。从 F 点垂直向上截取

100～135mm 为车顶内饰线。车顶包括钢板、隔离层、蒙面等，厚度为 15～25mm。因顶盖轮廓是上凸的曲面，并对称于汽车的纵轴线，故再增加 20～40mm 才是汽车顶盖横剖面上的最高点。用同样方法找出后排座椅上方的最高点，前后座椅上方两点连线即为顶盖的纵向轮廓线。

（3）车身横截面。乘用车车身横截面由顶盖、车门和地板的外形来形成。将在确定顶盖纵向轮廓时求得的左右座椅乘员头部上方顶盖上的点，画到横截面图上，再加上顶盖纵向轮廓线上的点，共三点，即可画出顶盖横向轮廓线。

因乘用车车身低、车门小，在确定车身侧壁倾斜度时，应考虑上下车的方便性。当车门上下槛边缘之间的间距为零时，乘员上身需倾斜 30°左右方能入座；

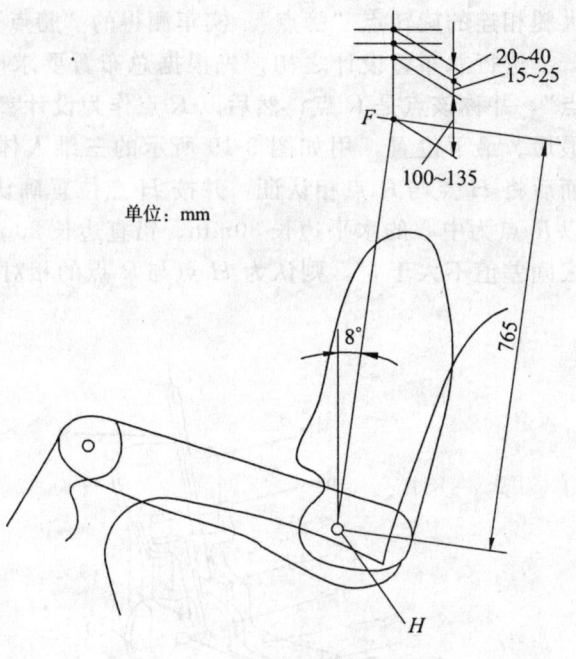

图 3-20 顶盖轮廓线的确定

当此间距为 100～50mm 时（上窄下宽），乘员上身只倾斜 0°～10°即可入座。但此间距过大会使汽车上下比例失调，影响外观，且玻璃升降占用车门内空间大，并影响肩部和玻璃之间的间隙（要求大于 100mm）、肘部和车门内表面之间的间隙（要求大于 70mm）。车门玻璃下降的轨迹、门锁和玻璃升降器的尺寸等都对车身外表面有影响。

10. 安全带的位置

因车祸不断增多，在主动安全性和被动安全性方面都要采取有效措施，以减少车祸中乘员、行人受到的伤害。汽车与汽车或汽车与障碍物之间的碰撞称为一次碰撞。一次碰撞后汽车速度迅速下降，车内驾驶员和乘员受惯性力作用继续以原有速度向前运动，并与车内物体碰撞，称为二次碰撞，并受到伤害。实践证明，驾驶员和乘员受到伤害的主要原因是他们在二次碰撞中与车身上的风窗玻璃、风窗上梁、转向盘、转向柱管、后视镜、前立柱、仪表板、前座椅靠背、顶盖等十多种部件发生接触，甚至甩出汽车而造成从轻伤到致死的各种伤害。

为了保护驾驶员和乘员，一方面客厢内不应有使人致伤的尖锐突出物，在头部可能触及的区域应尽量软化，如采用软化仪表板，前排座椅靠枕、靠背表面包装要软化；另一方面就是设置安全带。安全带对乘员的保护作用主要体现在正面撞车时，它能减小撞车瞬间人体运动的加速度值，从而降低了引起二次碰撞的相对速度和位移，使伤害指数下降。安全带能有效地保护乘员，尽管它有使用麻烦、使人体活动受到约束等缺点，但因系安全带能减轻乘员在车祸中的伤害程度，所以已使包括我国在内的越来越多的国家用法令形式强制装设和使用，特别是对前排乘员。

安全带有两点式安全带、三点式安全带和四点式安全带之分。两点式安全带能防止汽车碰撞时乘员下身有过大的相对位移，防止乘员被甩出车外，但它不能约束乘员上身的运动，因此只在后排座椅和货车中间座椅上使用。三点式安全带由腰带和肩带组合而成。它既能防止乘员下身有过大的位移,又能阻止上身向前运动。目前,乘用车前排和货车前排驾驶员座位及其相对座位均采用三点式安全带。

安全带固定装置在车内的固定点的位置,对佩带方便性和安全保护作用有重要影响。下固定点位置选择不当,汽车碰撞时乘员下半身可能向下前方滑移。肩带固定点位置选择不当,乘员上半身可能脱出安全带。因此,安全带固定点的位置十分重要,各国均有相应的规定。下面介绍日本的规定。

(1) 腰带在车体上的固定点位置。如图3-21所示,腰带固定点与H点的连线与水平线之间的夹角α在座椅各调节位置时应为$45°\pm30°$,并要求固定装置的宽度大于350mm。结构上无法实现时,宽度可减小至300mm。

(2) 肩带固定点的位置。肩带固定点的位置应在图3-21所示的阴影线范围内。

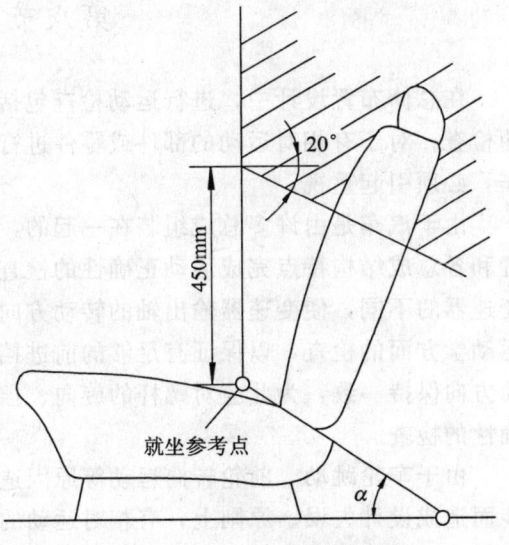

图 3-21 安全带的固定点位置

近年来,安全气囊在乘用车上得到广泛应用。安全气囊系统是辅助安全带而起到辅助防护作用的。只有在使用安全带的条件下,安全气囊才能充分发挥保护驾驶员和乘员的作用,两者共同使用可使驾驶员和前排乘员的伤亡人数减少43%~46%,达到最佳保护效果。

当汽车发生一次碰撞与二次碰撞之间的间隔时间内,在驾驶员、乘员的前部形成一充满气体的气囊。一方面驾驶员、乘员的头部和胸部压在气囊上与前面的车内物体隔开,如图3-22所示;另一方面利用气囊本身的阻尼作用或气囊背面的排气孔排气节流的阻尼作用,来吸收人体惯性力产生的动能,达到保护人体的目的。

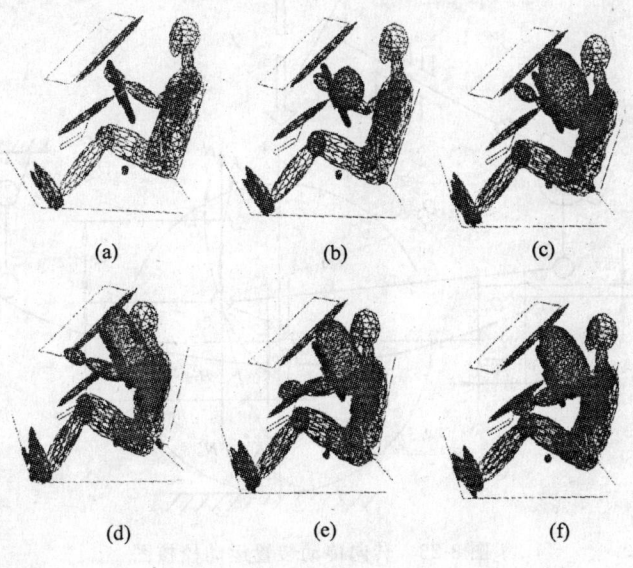

图 3-22 安全气囊的展开过程

安全气囊布置在转向盘内或者乘员前部的仪表板内。

第八节 运动校核

在总体布置设计中,进行运动检查包括两方面内容:从整车角度出发进行运动学正确性的检查;对于有相对运动的部件或零件进行运动干涉检查。上述检查关系到汽车能否正常工作,必须引起重视。

由于汽车是由许多总成组装在一起的,总体设计师应从整车角度出发考虑,根据总体布置和各总成结构特点完成运动正确性的检查。如发动机前置时,会因采用中间轴式或两轴式变速器的不同,使变速器输出轴的转动方向不同,这就影响主减速器的结构,因此必须进行运动学方面的检查,以保证有足够的前进挡数。又如,转向轮的转动方向必须与转向盘的转动方向保持一致,为此应对螺杆的旋向、摇臂的位置、转向传动机构的构成等进行运动学正确性的检查。

由于车轮跳动、前轮转向运动等原因造成零、部件之间有相对运动,并可能产生运动干涉而造成设计失误。原则上,有相对运动的地方都要进行运动干涉检查,如转向传动机构与悬架运动的校核;作转向轮跳动图,确定转向轮上跳并转向到极限位置时所占用的空间,然后据此确定翼子板开口形状、轮罩形状、减振器的最大拉伸和压缩长度,同时检查转向轮与纵拉杆、车架等之间的间隙是否足够;根据悬架跳动量,作传动轴跳动图,确定传动轴上、下跳动的极限及最大摆角,检查传动轴与横梁的间隙,以及传动轴长度的变化量;当后桥左、右轮在极限高度差位置时,决定货车车厢地板高度和后轮挡泥板位置,检查后钢板弹簧U形螺栓与车架之间的间隙。对于特种车辆,常根据结构特点不同确定检查的内容,如牵引车与半挂车作转向运动时,半挂车车厢前板与驾驶室后围之间的间隙检查等。

图 3-23 所示是检查转向传动装置与悬架导向机构运动是否协调的校核图。作图方法如

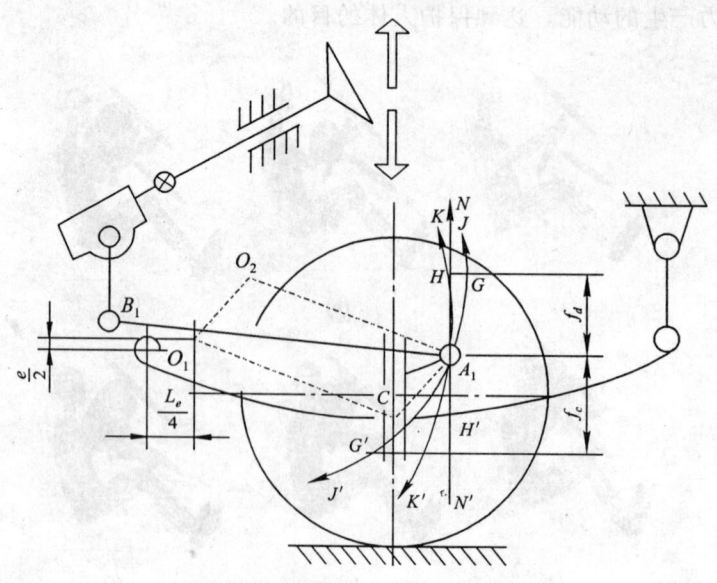

图 3-23 转向传动装置运动校核图

下：先在侧视图上画出转向器及转向杆系与纵置钢板弹簧的相对位置；当前轮上下跳动时，转向节臂球销中心 A_1 要沿着钢板弹簧主片中心 C 所决定的轨迹运动。钢板弹簧主片中心 C 的摆动中心为 O_1，其坐标位置为在纵向与卷耳中心相距 $L_e/4$（L_e 为卷耳中心到前 U 形螺栓中心的距离），在高度方向上，与卷耳中心相距 $e/2$（e 为卷耳半径）。由于 C 点与 A_1 点一起作平移运动，故有了摆动中心 O_1 后，可作出平行四边形 $O_1CA_1O_2$。点 O_2 就是 A_1 点的摆动中心，其运动轨迹为圆弧 JJ'。因为 A_1 点又是纵拉杆上的端点，所以 A_1 点又绕转向摇臂下端球头销中心 B_1 点摆动，其运动轨迹为圆弧 KK'。过 A_1 点作垂线，并从 A_1 点向上截取距离为悬架动挠度的点，向下截取距离为悬架静挠度 λ 的点。通过这两点作水平线与圆弧 JJ' 和 KK' 分别交于 G、H、G' 和 H' 四点。GH 和 $G'H'$ 即是运动不协调造成的轨迹偏差，这一偏差越小越好，偏差过大则应修正 B_1 点或 A_1 点的位置。

第九节 先进安全车辆

汽车安全性已经不仅是个技术问题，在某种程度上也是一个重要的社会问题。汽车的主/被动安全性因其定位防患于未然，所以有着广阔的发展前景，越来越受到汽车生产企业、政府管理部门和消费者的重视。应用电子技术使车辆实现的高度智能化是汽车主动安全技术能在世界范围内发生质的跃变的主要因素。美国 20 世纪 70 年代提出的试验安全车 ESV（Experiment Safety Vehicle）、日本 20 世纪 90 年代提出的先进安全车辆 ASV（Advanced Safety Vehicle），虽然是两个不同历史时期提高汽车安全性的代表作，但它们都是未来的安全汽车的雏形。对未来汽车工业的要求，首先是提高安全系数。在 21 世纪，最大限度地保证汽车驾驶者的安全，从而结束汽车不安全的年代，是汽车制造商努力研究、解决的关键问题。

车辆运行的先决条件是司机明确知道自己驾驶车辆的性能参数及将运行的道路状况信息，然后在此基础上作出正确判断并实施操作，ASV 可以从三个方面帮助司机安全驾驶车辆。

（1）ASV 上安装有预防交通事故发生的司机工作状态及性能参数检测装置和交通信息接受装置。

（2）ASV 上安装有多种自动操作装置，可以帮助司机避免交通事故的发生。

（3）ASV 安装有减缓交通事故危害的设施及善后处理装置。

ASV 上的技术研究集中体现在事故预防、事故避免、最小碰撞损伤和最小事故后损伤 4 个方面。目前的汽车安全技术涉及的领域如图 3-24 所示。

一、欧美日先进安全汽车

欧洲各国大多是由各大车厂与民间研究单位自行或合作进行有关先进安全车或智能车的开发。近几年来 VOLVO、BMW、BENZE、VOLKSWAGEN、RENAULT、FIAT 等车厂相继投入有关先进安全车的研发计划，目前在欧洲由各大车厂与研究单位正在进行（或已经完成）的相关计划有 LACOS、CARSENS、AWARE 等。日本政府运输省从 1991 年开始推动先进安全车辆计划。第一期计划从 1991—1995 年，由政府编列预算，委由各大车厂进行小客车 4 大类 20 项先进安全系统技术的研发，此阶段主要考虑的是：在车辆上安装高科技

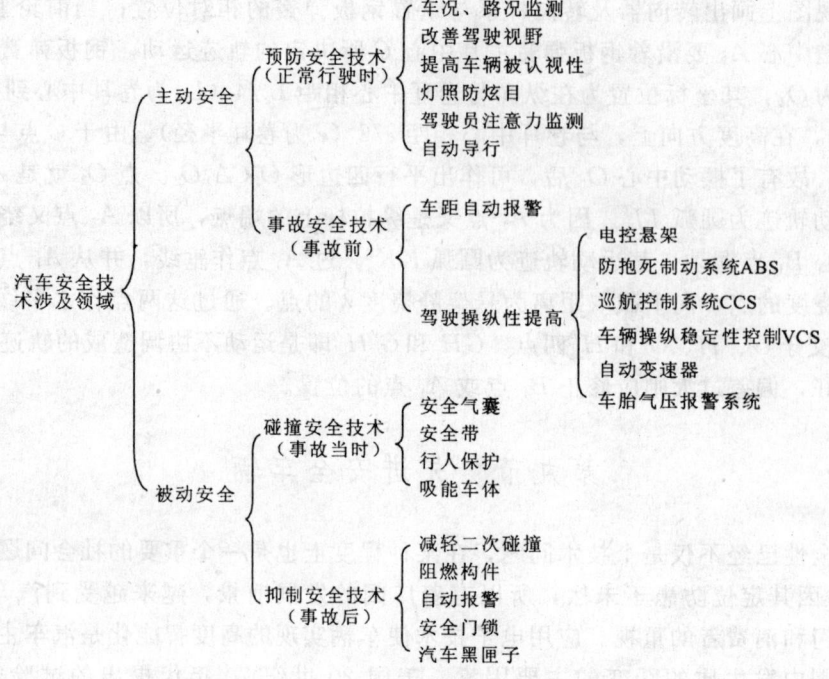

图 3-24 汽车安全技术设计的领域

配备的可能性以及这些技术该如何应用和它们能够减少交通事故的程度。第二期计划是 1996—2000 年，适用对象增加了大货车、大客车及机车，系统技术也增加到 6 大类 32 项。本期研究重点放在提供驾驶者所有信息的最适应人机接口设计的要求，以及与路外设施的一致性与兼容性。

与日本、与欧洲各国相比，美国在先进安全车辆的相关发展上起步较晚。美国从 1994 年起，由联邦高速公路局 FHWA（Federal High Way Administration）组成国家先进高速公路系统联盟 NAH-SC（National Advanced Highway System Consortium），推动为期 8 年的先进高速公路系统（AHS）计划，但在 1997 年中止之后，由 NHTSA 所主导的智能型车辆开发 IVI（Intelligent Vehicle Initiatives）计划取代，继续推动先进安全车辆的研发工作。

二、先进安全车辆设计原则

日本政府运输省在先进安全车辆计划中所提出先进安全车辆的设计原则有三点。

1. 驾驶辅助（Driver Assistance）

由知觉（Perception）辅助、决策（Decision）辅助与控制（Control）辅助所组成。所包含的功能有：增强驾驶者的知觉能力（Enhancement of Driver Perception）、信息呈现（Presentation）、警示（Warning）、事故预防控制（Accident Avoidance Control）、驾驶者负担减轻控制（Driver Load Reduction Control）。

2. 驾驶者接受（Driver Acceptance）

驾驶辅助技术必须很容易被所有驾驶人了解与操作，人机接口（Human-Machine Interface，HMI）必须很友善。

3. 社会接受（Social Acceptance）

泛指一般大众对于先进安全车辆的接受度。汽车厂必须清楚地说明系统功能与限制，使用者在使用系统时必须依照指示，小心使用。车厂也需评估先进安全车辆技术在减少交通事故上的绩效。

三、先进安全车辆的主要内容

日本先进安全车辆计划所研发之系统技术可分为 6 大类 32 项（见表 3-4 和图 3-25）。

表 3-4 日本先进安全车辆系统技术项目

类 别	项 目
安全预防	1) 驾驶者危险状态警告系统 2) 车辆危险状态警告系统 3) 提升驾驶视野及辨认支持系统 4) 夜间提升驾驶视野及辨认支持系统 5) 视线死角警告系统 6) 周边车辆信息取得及警告系统 7) 道路环境信息取得及警告系统 8) 对外传送信息及警告系统 9) 行驶负载减轻系统
事故回避	10) 提升车辆运动及操控性能系统 11) 驾驶者危险状态回避系统 12) 视线死角事故回避系统 13) 周边车辆等的事故回避系统 14) 道路环境信息事故回避系统
全自动驾驶	15) 使用现有道路基础设施的自动行驶系统 16) 使用新规格道路基础设施的自动驾驶系统
降低伤害	17) 碰撞时冲击吸收系统 18) 乘员保护系统 19) 行人伤害减轻系统
防止灾害扩大	20) 紧急时车门锁解除系统 21) 多重碰撞减缓系统 22) 火灾灭火系统 23) 事故时自动通报系统
车辆基础技术	24) 汽车电话安全对应系统 25) 高精度数位式行驶记录系统 26) 电子式车辆识别证 27) 车辆状态自动答复系统 28) 高精度 GPS 定位系统 29) 限控行驶 30) 高龄驾驶者支持系统 31) 生理疲劳量测及对策技术 32) 人机接口基础技术

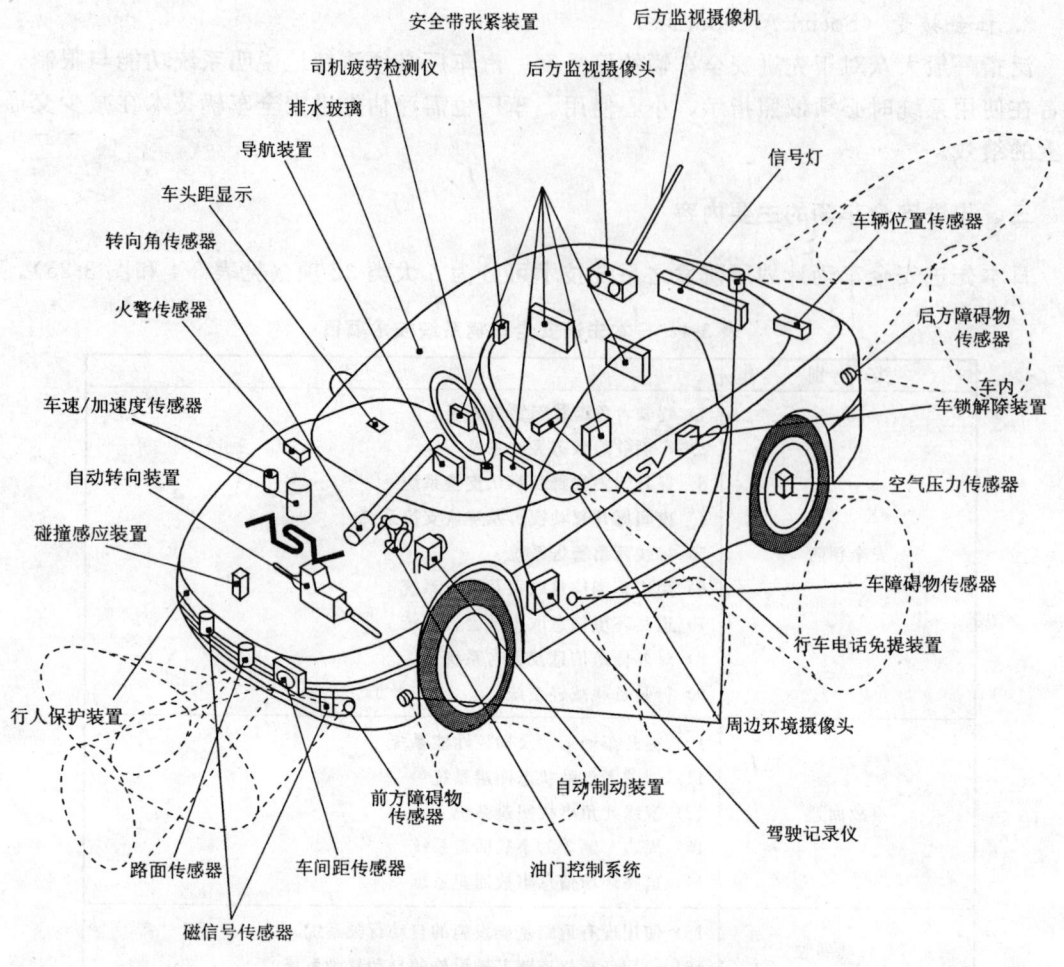

图 3-25 日本安全先进车辆系统框架

1. 小汽车行前安全系统

小汽车行前安全系统主要包括智慧型导航系统，路况、气象资讯语音接收系统，旅行前车况诊断系统等。

2. 小汽车运行过程中安全系统

运行中安全系统包括周围环境危险警告、车辆危险状态警告、驾驶者生理状态及操作不良警告、驾驶辅助四个方面。见图 3-26。

3. 小汽车紧急状况辅助安全系统

一旦出现交通事件时，先进安全车辆提醒驾驶员注意并采取相应的措施以避免事故发生，降低事故损失。

四、美国智能安全车辆设计

美国联邦运输部及 ITS-America 共同策划完成第一份 ITS 国家发展架构，共制定了 8 个群组，30 多项使用者服务单元。先进车辆控制及安全系统（AVCSS）群组的内容如下。

①纵向碰撞预防（Longitudinal Collision Avoidance）；

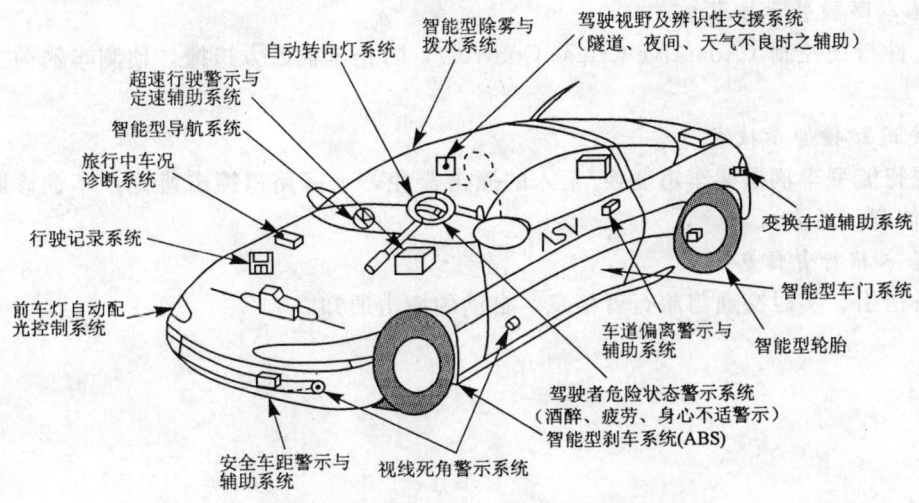

图 3-26 小汽车运行过程中安全系统示意

②横向碰撞预防（Lateral Collision Avoidance）；
③路口碰撞预防（Intersection Collision Avoidance）；
④预防车祸的视线提升（Vision Enhancement for Crash Avoidance）；
⑤安全准备（Safety Readiness）；
⑥车祸前安全防护措施的保护（Pre-crash Restraint Deployment）；
⑦自动公路系统（Automated Highway System）；
⑧"安全驾驶的支持"领域的服务系统。

"智能型车辆初始计划" IVI（Intelligent Vehicle Initiative）的研究，目标希望整合先进的车辆与道路相关设施，提供路人实时而有效的交通信息，以利旅行。在 IVI 计划中发展成 360°全方位碰撞警示系统（图 3-27）时，包含三项主要的技术与设备。

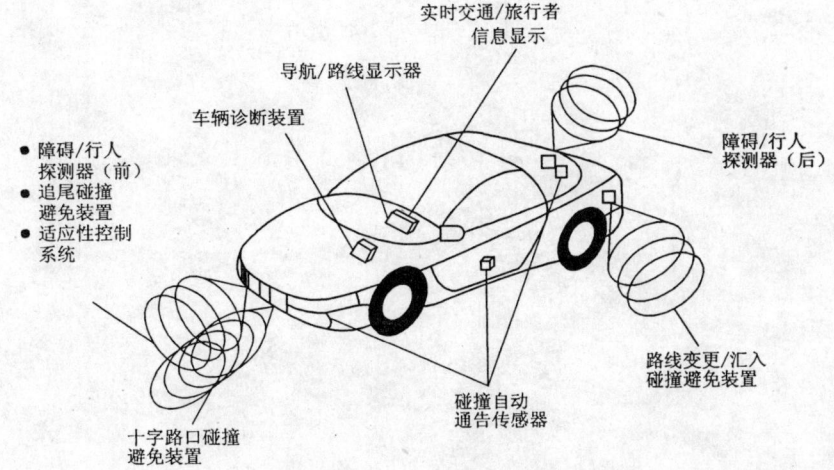

图 3-27　360°全方位碰撞警示系统示意

1. 基本防撞警示技术

适应性行驶控制（Adaptive Cruise Control），防止车辆后方追撞，侦测车辆前方障碍物与行人。

2. 先进防撞警示技术

美国智能型车辆框架车道变换/汇入的撞击避免，十字路口撞击避免，车辆诊断，障碍物/行人侦测（后方）。

3. 基本旅行者信息

设备指引、实时交通与旅行者信息，自动的撞击通知。

第四章 道路交通安全管理

第一节 城市交通现状

一、城市交通问题

1. 交通拥挤日趋严重

随着国民经济的高速发展和城市化进程的加快,我国机动车拥有量及道路交通量急剧增加。尤其是在大城市,交通拥挤堵塞以及由此导致的交通事故的增加、环境污染的加剧,是我国城市面临的极其严重的"城市病"之一,已经成为国民经济进一步发展的主要问题。交通问题已经成为影响城市功能正常发挥和城市可持续发展的一个全局性问题。

交通拥挤的加剧,不仅会造成巨额的经济损失,而且如果发展严重还会导致城市功能的瘫痪。交通拥挤的直接危害是使交通延误增大,行车速度降低,不仅造成时间损失,还会增加耗油量,导致燃料费用的增加;同时也增加了汽车尾气排污量而导致环境恶化。此外,交通拥挤使交通事故增多,而交通事故的发生又使交通阻塞加剧,形成恶性循环。

2. 城市交通与资源环境

随着我国城市化和机动化的发展,城市交通体系越来越多地需要占用大量的土地,消耗大量的燃料,造成环境污染和生态负效应的加剧;另一方面,我国现有的资源(包括土地资源)储量和能源结构,以及基于城市发展模式和可持续发展进程的环境容量限制对于城市交通的发展也有着各方面的制约作用。这种城市交通与资源环境的相互影响主要体现在以下三个方面。

(1) 城市交通用地是城市主要的用地类型之一。

城市发展模式与一定的城市经济水平、交通工具体系密切相关。过去我国城市主要是建立在以公共交通、非机动车交通和步行为主要交通方式的基础上,因而城市布局紧凑、交通用地较少。我国城市道路面积率平均不足7%(1993年),即使在机动化水平较高的城市,如北京、上海等,其道路面积率也仅为10%左右。

但是,提高我国城市的道路面积率受到一定条件的制约。首先,我国国土面积有限,人均国土面积仅为0.74ha,与世界水平相比是少地国家;我国可耕地更少,据统计,1995年,我国人均耕地只有0.08ha,沿海地区省份更少。显然,像我国这样13亿的人口大国,要解决吃饭问题,在城市化进程中,难以采用其他国家一些城市低密度发展的策略,城市模式只可能是紧凑型的。其次,由于我国是一个历史悠久的国家,城市创建的年代久远,也往往采用同心圆式的紧凑型城市结构,城市道路面积率的增加也往往集中于同心圆的外围,形成同心圆式的向外辐射,这种结构限制了城市交通对土地的开发和利用,而供求矛盾的焦点仍在城市中心,且城区道路建设往往与旧城改造项目同步进行,难度很大。所以希望在近期大幅度提高城市交通用地率是不切实际的。

(2) 城市交通是我国石油资源的最大消耗者。

据联合国统计,交通运输部门已经成为最大的燃料消耗部门。我国经济的发展、城市规模的扩大、人口的增加,刺激了人们对交通设施的需求,并相应地引起交通运输业对土地、交通工具的占用和一次性能源消耗的增加。但是,我国资源存储也存在很多不足,如人均资源占有量少,低于世界平均水平;存在资源消耗速度快,强度高,利用率低,后备不足,供求矛盾等问题;且资源的空间分布不均衡,质量差别大,劣质资源比例高。特别是能源结构不合理,一次性能源中,低效率、高污染的煤占 75%,而高效率、低污染的石油、天然气仅占 20% 左右,无污染的水力资源仅占 5%,核能利用水平低,离多元化的能源结构相距甚远。这些对生态环境的可持续能力、经济增长和交通发展的可持续性均造成不良的影响。这一矛盾将制约我国交通运输业的发展。

(3) 城市交通是我国城市的主要污染源。

近些年来,随着我国经济的发展和城市化、机动化进程的加快,我国城市的环境和生态状况质量下降得相当严重。在世界十大污染城市中,我国就占了 4 个,分别是北京、上海、广州、沈阳。在环境污染中比较严重的污染是大气污染和噪声污染。目前我国城市大气污染物主要有悬浮颗粒物、SO_2、NO_x、CO、HC 等气体,城市交通是这些污染的主要排放源。我国城市目前的机动车密度虽然较低,即使北京、上海等机动化程度较高的城市的汽车密度也远远低于世界上的一些发达城市,但由于车型、燃料、维护不善等原因,使单车尾气和噪声污染高于国外汽车,加上电气化普及率较低等因素,使得我国城市交通污染在整个城市污染排放中所占的比率较大。

城市交通引起的噪声污染也相当严重。根据 1992 年对 40 个城市的统计,有 39 个城市的道路交通噪声平均值超过 70 dB(A),我国北京、上海、广州等大城市的噪声均高于纽约、东京和巴黎。在城市噪声污染源中,交通噪声的污染分担率为 30.2%。城市交通对环境影响的一个重要方面就是城市生态环境。城市生态环境是城市生存和持续发展的前提和基础,持续发展是目标。由于城市人口密度高,生物多样性差,对外界环境的依赖性强,使得城市生态环境相对薄弱,形成倒金字塔型的生态结构。而城市交通设施的建设造成的地域隔断、城市交通发展对土地资源的占用、交通环境污染对生态环境的破坏等一系列因素使得城市有效绿地面积下降,城郊耕地减少,城市可用水源下降,生态保护区被分割和破坏,从而使人们的生存环境质量下降,城市灾害发生频度上升,严重影响了城市的可持续发展。

二、交通发展与城市结构变化

交通系统的不断发展和完善,将会大大缩短时空距离,扩大人们的活动范围。随着交通的发展,人们的生活圈不断扩大,就业圈、购物圈、娱乐圈的半径越来越大。也就是说,交通的发达将会改变城市结构和土地利用形态,使得城市中心区的过密人口向城市周围疏散,城市商业中心更加集中、规模加大,土地利用的功能划分更加明确。同时,交通的规划和建设对土地利用和城市发展具有导向作用。从就业人口分布来看,由于发达国家的大城市中心区集中了大量的金融、商贸、咨询公司以及各级政府机关等,从而形成都市中心大量就业人口集中的状况。发达国家一般形成了远离市中心居住,早晨流向市中心,晚上离开市中心的交通特征。

三、中国城市交通面临的问题

目前我国城市交通面临的形势是：城市交通基础设施建设速度跟不上迅速增长的交通需求，加之过去长期欠账过多，导致交通供给能力不足，尤其是缺少大运量的快速轨道交通系统，所以城市交通供需不平衡的矛盾十分尖锐。不少城市交通量的年增长率超过了20%，城市交通堵塞现象随之增多，车速普遍下降。一般城市干道上机动车的运行速度只有15~20km/h，大城市中心区的车速已降至10~15km/h。

如上所述，我国城市交通现状特点是：汽车增长速度快，道路建设无法满足日益增长的交通需求，常规公共交通萎缩，出租车迅速增加，轨道交通开始起步，交通管理技术水平低。上述问题导致城市交通拥挤堵塞日趋严重、交通事故频发、环境污染加剧、城市环境恶化。按照目前的交通基础设施建设和交通需求增长速度，21世纪我国城市交通供需不平衡的矛盾将会更加尖锐。交通拥挤、交通事故、环境污染以及能源问题将会日趋严重。如果我们不能及早采取综合措施，加强城市交通基础设施的规划、建设与运营管理，则交通问题将会成为影响经济发展和城市功能的主要问题。

四、城市道路特点

1. 城市道路的分类

城市道路是城市交通的主要组成部分。在城市内，由于各区域参与交通的车流量和人流量不同，以及建筑物性质、风格的不同，因而对道路的要求也各不一样。为适应不同交通需求，根据道路位置、作用及交通的性质将城市道路划分为不同类别。一般分为：快速路、主干路、次干路和支路。由于我国幅员辽阔，城市性质和大小的差异较大，为适应城市的不同规模，又将不同类别的道路分为大、中、小城市三个级别。

2. 城市快速路

当特大城市或大城市的交通特别繁忙、要求快速和连续行车时，才有必要设置城市快速路。现代许多城市的环城道路多属快速路，它是城市客货流快速运输的主要道路，其设计车速为80km/h，一般设有4个以上机动车车道，并用中央分隔带分隔对向车流。为保证安全高速行驶，尽可能减少与其他道路的平面交叉。快速路与高速公路、快速路、主干路相交时多采用立体交叉；与次干路相交时采用平面交叉，但对交通管制要求严格；快速路与支路不能直接相交。为保证机动车安全快速行驶，快速路上的人行道和自行车道与机动车道有宽阔的草地或绿带隔离，严禁其进入机动车道。

3. 城市主干路

主干路是城市道路系统的骨架，其路线经过市中心地区，联系着全市性公共活动场所、主要交通枢纽和工矿企业，并与市区内环路相连，因此，属于全市性公共干道。在路段上，机动车、非机动车和行人采取分流形式，当与次干路或支路相交时，多以信号控制平面交叉为主，特殊情况也有立体交叉。交叉口之间距离一般为800~1 200m，沿线两侧行人和车辆出入口较少。

4. 城市次干路和支路

次干路是联系主干路之间的辅助性干道，其分布在市区内各分区，常称为区域性干道。

次干道承担着分散全市性干道交通和区域内主要交通运输和客运任务，一般均有公共交通线路通过。次干道两侧公共建筑物较多，人员流动量大。支路是区域次干道，它包括居住区道路，是城市小区内主要道路的联络线，一般只有少量机动车和较多的自行车混合行驶，车流密度不大，一般严禁过境车辆穿行。

5. 高速公路

高速公路是汽车专用道路，克服了一般道路交通的弱点，具有行车速度高，道路通行能力大，行车安全性高，服务保障设施完善等优点。主要特点有四个。

(1) 限制最低行驶速度。

高速公路对行驶速度提出了要求。凡是进入高速公路的车辆，最低行驶时速不能低于60km；凡由于车速有限，可能形成危险和妨碍交通的车辆均不得使用高速公路，如行人、非机动车、轻便摩托车、拖拉机以及设计最大时速小于70km的机动车辆等。由于限制低速车辆的驶入，缩小了行驶车辆的速度差异，减少了超车次数及不必要的变速、停车等候等，降低了行驶中的纵向干扰，从而提高道路通行能力。

(2) 实行分隔行驶。

高速公路实行严格的分隔行驶措施，对向行驶的车辆，通过设置中间分隔带实行分离，从而杜绝了对向车流的干扰；同向行驶的车辆，至少设有两个以上的车道，并用标线使快、慢车辆分道行驶，以减少超车和同向车速差造成的干扰；同时，还在一些特殊地段设置加速、减速、爬坡等车道，使一些车辆在局部路段分离，从而避免了车辆行驶中的干扰。

(3) 严格控制出入。

高速公路沿线封闭，与任何铁路、道路全部立体交叉，控制车辆的出入，只允许符合规定的车辆，在规定的路口进出；由于高速公路与外界封闭、隔绝，从而形成了高速、安全、稳定的车流，降低了车辆事故率。

(4) 提供完善的安全、服务设施。

高速公路沿线设有完善的交通标志和路面标线，颜色鲜明，易于分辨，在危险路段设有护栏、护桩，增加了驾驶员的安全感；高速公路沿线设有紧急电话、维修站、加油站、停车场等设施，为车辆的维护、加油、休息等提供了便利条件。

6. 城市道路网的基本形式

城市道路网是随着城市的发展，为满足城市交通、土地利用及其他要求而形成的。城市道路网的形式，是在一定的社会历史条件下，结合各地区的自然地理环境条件和政治、经济、文化发展与交通运输需要逐步演变过来的。其结构形式并无绝对固定的格式，大致可分为方格式、放射环式、自由式和混合式四种类型。方格式、放射环式和自由式道路网是三种基本形式，混合式道路网由基本形式组合而成。

7. 方格式道路网

方格式道路网又称棋盘式道路网，最为常见。路网的几何图形多为规则的长方形，每隔一定距离设置接近平行的干道。干道间的距离通常为800～1 000km，在干道之间还布置有支路或其他道路，将城区分隔成为大小适当的街区。方格式道路网的优点是道路网的整体布局整齐，有利于道路方向识别，交通机动性好，不会形成复杂的交叉口和造成市中心交通压力过重。方格式道路网的缺点是对角线方向交通不方便，运输距离较长，我国有些城市，如沈阳、长春等为便利对角线方向的交通，加设了对角线方向的干道，形成了方格对角线形式的道路网。但由于对角线干道形成三角形街区和畸形交叉路口，增加了城市建筑布置与交通组织的复杂性。

方格式道路网适用于地势平坦的中小城市或大城市的局部地区。我国古代城市，如北京、西安等，大多采用比较严格的轴线对称的方格式道路网。近代如太原、郑州、石家庄、开封、洛阳等城市的道路网也多以方格式为主。

8. 放射环式道路网

放射环式道路网由放射形干道和环形干道所组成，一般是由城市的市中心向四周引出放射干道，并环绕市中心布置若干环形干道。放射线干道担负着对外交通联系的功能，环形干道主要担负各区域间的运输任务，并连接放射干道以分散部分过境交通。

放射环式道路网的优点是市中心与各分区、郊区及城市外围地区之间的交通联系便利，道路网的交通疏导能力强；路线曲直均有，较易适应自然地形。有一些城市将环形干道和放射干道建成城市快速路，使整个路网的交通疏导能力大大提高。

放射环式道路网的缺点是道路交通组织不如方格式道路网灵活，街道口形状不规则，有些地区的联系要绕行；市中心地区容易引起机动车交通集中。为解决这一问题，分散市中心区的交通，一般在市中心的周围规划设置两个或几个分中心，也有的将部分放射形干路起于二环或三环路上。另外，放射环式道路网对城市的地形有一定的要求，因此狭长地形的城市不会出现这一形式的道路网。

放射环式道路网比较适用于大城市和特大城市，它往往是在充分利用旧城区街道的基础上，由旧城中心引出放射形干道，并在外围敷设环城干道，组成一个连接旧城市、新发展区，并且与对外公路相贯通的干道系统，如成都、天津等。

9. 自由式道路网

自由式道路网是一种不规则的道路网形式，一般以结合地形、地貌为主布局，路线弯曲，呈不规则的几何图形。自由式道路网的优点，主要是能够充分结合自然地形布局道路，节约了道路工程投资。但自由式道路网道路路线弯曲，不宜识别方向；道路比较紊乱，不规则街区多，使道路交通不便利，也不利于道路交通安全；同时道路布局疏密不匀，增加了道路交通控制管理的难度；随着城市道路交通事业的发展，对道路网改造也十分困难。自由式道路网适用于自然地形条件复杂的城市。我国有不少山丘城市地形起伏较大，为降低道路的纵向坡度，在道路选线时常常需围绕山丘或沿河岸布置，形成自由式道路网。重庆、青岛、南宁、九江等城市的道路网都是自由式道路网。

10. 混合式道路网

混合式道路网亦称综合式道路网，是结合城市用地条件，采用几种基本类型道路网组合而成。混合式道路网如规划建设得合理，能因地制宜，很好地表现出前述几种形式的优点，避免其缺点，从而合理地组织城市交通，更好地发挥道路系统的整体作用。目前国内外大部分大、中城市多采用此种形式的道路网，像我国北京、上海、天津、南京、合肥等城市在保留了原有旧城区的方格式道路网的基础上，为减少市中心区的交通压力和提高道路网的交通疏导能力，又规划建设了一批环形道路和放射形道路。

第二节 道路交通标志

道路交通标志是用图形符号、颜色和文字向交通参与者传递特定信息，用于管理交通的设施，一般设置在路侧或道路上方（跨路式）。道路交通标志给道路使用者以确切的道路交通情报，使道路交通达到安全、畅通、低公害和节约能源的目的。

一、道路交通标志的种类与内容

我国道路上已开始实施中华人民共和国国家标准 GB5768-1999《道路交通标志和标线》。按《道路交通标志和标线》规定，道路交通标志分为主标志和辅助标志两大类。

1. 主标志

主标志又分为警告标志、禁令标志、指示标志及指路标志四类。

（1）警告标志：警告车辆、行人注意危险地点的标志。
（2）禁令标志：禁止或限制车辆、行人交通行为的标志。
（3）指示标志：指示车辆、行人行进的标志。
（4）指路标志：传递道路方向、地点、距离信息的标志。

2. 辅助标志

附设在主标志下，起辅助说明作用的标志。

二、道路交通标志的设计原则

在极短时间内易于辨别和记忆是对道路交通标志设计的主要要求，这就是所谓道路交通标志的视认性要求。决定视认性的要素有交通标志的形状、颜色和图符等。

1. 形状

不同形状的标志在其辨认过程中是有差别的。实践表明，外形面积相等的标志，容易辨识的顺序是：三角形、正方形、正五边形、圆形及正八边形等。可见棱角越多，视认性越差。矩形标志容易同广告及其他结构物相混淆。因此，联合国及许多国家的道路警告标志都采用三角形。但也有些国家，如美国、日本、澳大利亚采用菱形作为警告标志，原因是菱形有比三角形大的面积，增强了视认性。

2. 颜色

多数心理学专家认为，颜色是最能引起人们视觉注意的一种刺激物。不同颜色的刺激作用会产生不同含义的思维反应，即产生不同的视认效果，从而提高人们的视认能力。研究表明，在固定 230m 的视距下，不同颜色所对应的视觉清晰面积是不同的（见表 4-1）。

表 4-1 不同颜色的视觉清晰面积

颜色	观察距离/m	清晰面积/m²	颜色	观察距离/m	清晰面积/m²
黄		1.3	蓝		1.9
白	230	1.5	绿	230	2.0
红		1.7	黑		3.3

由表 4-1 可知，在相同视距下，标志颜色以黄色最明显，接下来依次是白、红、蓝、绿、黑等色。在视认清晰度方面，颜色的组合选择也是至关重要的。一般明亮颜色与暗色搭配，视觉的清晰度为最佳。选择道路交通标志的颜色时，除了从视距上考虑外，还应从人们的心理效果上考虑，因而各国道路交通标志颜色的选用基本上是相同的。如红色对人的视觉刺激特别强，使人产生危险感，在交通上表示停止、约束之意，故红色常用于禁令标志上；黄色比较醒目，能引起人们注意，含有警戒、警告之意，这种颜色常用于警告标志上；蓝色具有宁静之意，多用于指示标志上；绿色含有沉静、通向和平之意，富有安全感，在交通上表示安全可通行。高速道路上的指路标志，如出入口标志、起终点标志、收费处标志等都采用绿色。白色和黑色主要起颜色搭配作用，以增强色泽鲜明感。

3. 图符

图符是文字、符号及图案的简称。大量道路交通标志是以图符表示的，要求文字具有简洁性和准确性，符号具有直观性与单义性，图案具有形象性和通俗性。图符应一目了然，不易发生误解，以至外国人也能理解图符之含义。如标志"交叉路口（十字交叉）标志"一般设置在四个方向的路口上，假如设置在丁字路口或交叉路口，就容易引起误解。

图符中尽量少用文字，只有在非常必要时才用。对某些道路条件复杂地段的标志，使用简洁文字能收到准确、迅速地反映标志内容的效果。另外，在指示标志和指路标志中都应使用简明易懂的文字。

在道路交通标志中出现的数字符号，规定一律用阿拉伯数字。道路交通标志的设计原则，主要从以上几方面来考虑。它们之间既有各自的个别特征，又有结合起来统一的综合特征，总的原则是道路交通标志应易于辨认，便于记忆。

三、道路交通标志的设计规定

1. 警告标志

警告标志的颜色为黄底、黑边、黑图案，其形状为等边三角形，有一角朝上。它的尺寸边长和边宽依据道路计算行车速度按表 4-2 选取。

表 4-2 警告标志尺寸与计算行车速度的关系

计算行车速度/km·h^{-1}	100～120	71～99	40～70	<40
三角形边长/cm	130	110	90	70
黑边宽度/cm	9	8	6.5	5
黑边圆角半径/cm	6	5	4	3
衬底边宽度/cm	1.0	0.8	0.6	0.4

警告标志到危险地点的距离，依据道路的计算行车速度，按表 4-3 选取。

表 4-3 警告标志到危险地点的距离

计算行车速度/km·h^{-1}	100～120	71～99	40～70	<40
标志到危险地点距离/cm	200～250	100～200	50～100	20～50

另外，还有一种与铁道路口标志并用的叉形符号，如图 4-1 所示，表示多股轨道与道路交叉。

2. 禁令标志

禁令标志的颜色，除个别标志外，为白底、红圈、红杠、黑图案，图案压杠。禁令标志形状为圆形、八角形或有一角向下的等边三角形，标志尺寸依据道路计算行车速度按表 4-4 选取。一般地，在标志中的某种车辆或某种行为被压上斜杠，则表示这种车辆的通行将受到禁止或这种行为被认为是不允许的。

图 4-1　多股轨道与道路交叉

表 4-4　禁令标志尺寸与计算行车速度的关系

形状	计算行车速度/km·h⁻¹	100~120	71~99	40~70	<40
圆形标志	标志外径/cm	120	100	80	60
	红边宽度/cm	12	10	8	6
	红杠宽度/cm	9	7.5	6	4.5
	衬边宽度/cm	1.0	0.8	0.6	0.4
三角形标志	三角形边长/cm			90	70
	红边宽度/cm			9	7
	衬边宽度/cm			0.6	0.4
八角形标志	标志外径/cm			80	60
	白边宽度/cm			3.0	2.0
	衬边宽度/cm			0.6	0.4

3. 指示标志

指示标志的颜色为蓝底、白图案，其形状分别为圆形、长方形和正方形。它的尺寸依据道路计算行车车速，按表 4-5 选取。

表 4-5　指示标志的尺寸与计算行车速度的关系

尺寸/cm 形　状	计算行车速度/ m·h⁻¹	100~120	71~99	40~70	<40
圆形（直径）		120	100	80	60
正方形（边长）		120	100	80	60
长方形（长×宽）		190×140	160×120	140×100	—
单行线标志（长×宽）		120×60	100×50	80×40	60×30
会车先行标志（正方形）		—	—	80	60
衬边宽度		1.0	0.8	0.6	0.4

4. 指路标志

指路标志的颜色，除里程碑、百米桩、公路界碑外，对一般道路均采用蓝底、白图案；对高速公路采用绿底、白图案。其形状除地点识别标志、道路编号标志和街名标志外，为长方形和正方形。它的尺寸：汉字高度按道路计算行车速度，从表 4-6 中选取。

表 4-6　汉字高度与计算行车速度的关系

计算行车速度/km·h^{-1}	100~120	71~99	40~70	<40
汉字高度/cm	60~70	50~60	40~50	25~30

另外，还有一些指路标志，如百米桩为公路路段长 100m 的标志，每隔 100m 设置一个；里程碑为表示公路里程数的标志；公路界碑表示公路两侧用地范围的界限标志。这些标志的颜色及设置地点参考《道路交通标志和标线》(GB5768-1999)中的规定。

此外，还有一些如路栏、锥形交通路标、导向标及道口标柱等其他辅助标志和设施。路栏设在有施工作业、落石、塌方等危险路段的两端或周围。锥形交通路标设在指引车辆绕过障碍物的路段。导向标有指示性和警告性导向标两类。指示性导向标设在方向发生改变的地方，如环岛、急弯等处，颜色为蓝、白相间；警告性导向标设在施工或维修作业两端，颜色为红、白相间。导向标应采用反光材料制作。道口标柱设在公路沿线较小交叉口之两侧。

四、道路交通标志的设置原则

1. 根据客观需要设置

国标规定的各类标志，每一种都有一定的设置条件，应根据实际需要，结合具体情况合理设置，以保证交通畅通和行车安全。例如：某一道路机动车流量增加，可通过限制车速来减少交通事故，同时还可使一些车辆改道，起到分流作用。如不从实际情况考虑，一遇到道路上发生多起交通事故，不加分析研究，就在该路上连续设置警告标志，这对驾驶员是起不到警告作用的。

2. 统一性和连续性相结合

统一性是指在一定距离内，交通标志之间及交通标志和其他交通设施之间应是协调的，即是不矛盾的。总体考虑布局，避免出现标志内容相互矛盾、重复的现象，尽量用最少的标志把必需的信息展现出来。如在 50m 内有禁止停放车辆及指示停放车辆两块标志，这将使驾驶员不知所措。另外，交通标志和交通标线、隔离墩、交通信号灯应是统一的。

连续性是指交通设施的设置要使驾驶员在其观念上有时空上的连续性。一般驾驶员对城市的交通标志设置有一个从不熟悉到熟悉的习惯转变过程，然后才能形成相对稳定的观念。若交通标志的设置地点、标志内外突然变化，则驾驶员对交通标志所具有时空上的连续性观念就会中断，将造成驾驶员心理紧张，发生辨认错误。故设置交通标志时，应充分考虑驾驶员的心理特点，并作好宣传。统一性是从整体上考虑布设交通标志，连续性是从时空顺序上考虑布设交通标志，它们有联系，又有区别。

3. 设在易见位置

交通标志应设在车辆行进正面方向最容易看清的地方，根据具体情况可设置在道路的右侧、中央分隔带或车行道上方。同一地点需要设置两种以上标志时，可以安装在一根标志柱上，但同一地点最多不应超过四种。解除限制速度标志，解除禁止超车标志、干路先行标志、停车让行标志、减速让行标志、会车先行标志、会车让行标志等应单独设置。标志牌在一根支柱上并设时，应按警告、禁令、指示的顺序，先上后下，先左后右地排列。路侧式标志应尽量减少标志板面对驾驶员的眩目。在装设时，应与道路中线垂直或成一定角度。指路和警告标志为 0°~10°，禁令标志为 0°~45°（角度以道路中线与标志牌的法线之间夹角计）。

4. 昼夜性作用标志的照明或反光性

除少数交通标志在白天起作用外,大部分标志都是昼夜起作用的。故交通标志必须设置在照明条件较好的位置,或有发光或反光装置,否则将不能保证夜间行车安全。夜间交通量较大的道路,应尽量采用反光标志。选择以下反光方式可使反光标志获得最佳效果。

(1) 禁止驶入标志、禁止通行标志、停车让行标志等红、白两色组成的标志,采用全部反光;

(2) 警告标志,采用黄底反光,黑色图案和边框不反光;

(3) 其他禁令标志,采用红圈、红杠、白底反光,黑色图案不反光;

(4) 指示标志中,图案比较简单(如指示行驶方向)的标志,可采用全部反光,也可采用白色图案反光,蓝底不反光;

(5) 指路标志和图案比较复杂的指示标志,采用白色图案或文字反光,蓝底不反光;

(6) 辅助标志,采用白底反光,黑字、黑边框不反光。

交通标志照明方式可采用下列任一种:

(1) 外部照明:光源安装在标志上方的旁边或下方;

(2) 内部照明:光源安装在标志的内部或后部;

(3) 其他有效设备。

五、道路交通标志

我国从1999年6月1日起,开始实施新的道路交通标志和标线标准。凡新设的标志标线应按GB5768-1999新标准规定实施,已按老标准设置的标志和标线,应在使用期限内逐步更换。

1. 一般规定

一是道路交通标志:

道路交通标志是用图形符号、颜色和文字向交通参与者传递特定信息,用于管理交通的设施。

二是标志的颜色:

(1) 红色。用于"停车让行"、"禁止进入"等标志的底色,禁令标志的红圈、斜杠,"会车让行"、"会车先行"标志中的箭头、地点识别标志中的"急救站"用红十字,国道编号标志的底色,铁路叉形符号等。

(2) 蓝色。用于指示标志和一般道路指路标志的底色、施工标志的底色。

(3) 绿色。用于高速公路指路标志的底色。

(4) 黄色。用于警告标志的底色,"省道编号"标志、"高速公路终点提示"标志、"减速慢行"标志的底色,车距确认标志中"追尾危险"、车距确认前方200m标志的底色,施工标志的图案底色。

(5) 白色。用于辅助标志的底色及图案、文字的对比色。

(6) 黑色。用于"警告标志"、"辅助标志"及其他部分标志的图案、文字的对比色。

(7) 棕色。用于旅游标志的底色。

三是标志的形状:

(1) 正等边三角形。用于"警告"标志。

(2) 倒等边三角形。用于"减速让行"标志。

(3) 八角形。用于"停车让行"标志。

(4) 圆形。用于禁令标志和指示标志。

(5) 长方形（含方形）。用于指路标志，指示标志中"干路先行"、"会车先行"、"车道行驶方向"、"人行横道"等标志，以及辅助标志、旅游标志和施工标志。

(6) 箭头形。用于指路标志中"地点识别"标志。

(7) 菱形。用于分流、合流诱导标志。

(8) 交叉形。用于铁路道口叉形符号。

2. 警告标志

警告标志是警告车辆、行人注意危险地点的标志。警告标志的种类有 30 种。

(1) 交叉路口标志：用以警告车辆驾驶员谨慎驾驶车辆，注意横向来车相交。设在视线不良的平面交叉路口驶入路段的适当位置。

(2) 急弯路标志：向左（或向右）急弯路标志，用以警告车辆驾驶员在急转弯路上减速慢行。

(3) 反向弯路标志：用以警告车辆驾驶员在反向弯路上减速慢行。

(4) 连续弯路标志：用以警告车辆驾驶员在连续弯路上减速慢行。

(5) 陡坡标志：上陡坡（下陡坡）标志用以提醒车辆驾驶员在上陡坡（下陡坡）时小心驾驶。

(6) 窄路标志：用以促使车辆驾驶员注意前方车行道变窄或路面狭窄情况，遇有来车应予减速避让。

(7) 窄桥标志：用以警告车辆驾驶员前方桥面宽度变窄，谨慎驾驶。

(8) 双向交通标志：用以促使车辆驾驶员注意会车。设在由双向分离行驶，因某种原因出现临时性或永久的不分离双向行驶的路段，或由单向行驶进入双向行驶的路段以前适当位置。

(9) 注意行人标志：用以促使车辆驾驶员减速慢行，注意行人。

(10) 注意儿童标志：用以促使车辆驾驶员减速慢行，注意儿童。

(11) 注意牲畜：用以促使车辆驾驶员减速慢行，注意牲畜。

(12) 注意信号灯标志：用以促使车辆驾驶员注意前方设有信号灯。

(13) 注意落石标志：用以促使车辆驾驶员注意落石。

(14) 注意横风标志：用以促使车辆驾驶员小心驾驶。

(15) 易滑标志：用以促使车辆驾驶员在易滑路段注意慢行。

(16) 傍山险路标志：用以促使车辆驾驶员在傍山险路段小心驾驶。

(17) 堤坝路标志：用以促使车辆驾驶员在堤坝路上小心驾驶。

(18) 村庄标志：用以促使车辆驾驶员在村镇化道路上小心驾驶。

(19) 隧道标志：用以促使车辆驾驶员在双向通行的隧道内注意慢行。

(20) 渡口标志：用以促使车辆驾驶员在渡口路段谨慎驾驶。

(21) 驼峰桥标志：用以促使车辆驾驶员在过往驼峰桥时谨慎驾驶。

(22) 路面不平标志：用以促使车辆驾驶员在路面不平路段减速慢行。

(23) 过水路面（或漫水桥）标志：用以促使车辆驾驶员在过水路面（或漫水桥）时谨慎慢行。

(24) 铁路道口标志：用以警告车辆驾驶员注意慢行或及时停车。有人看守铁路道口标志，设在车辆驾驶员不易发现的道口以前适当位置；无人看守铁路道口标志，设在无人看守铁路道路口以前适当位置。

①叉形符号：表示多股铁道与道路交叉。设在铁路道口标志上端。

②斜杠符号：表示距铁路道口的距离。在无人看守的铁路道口，凡路面上没有标划"近铁路平交道口标线"时，应在"无人看守铁路道口"标志下设斜杠符号。斜杠符号共有三块，一道斜杠标志设在距铁路道口 50m 的位置，二道、三道斜杠标志分别设在距铁路道口 100m 和 150m 的位置。

(25) 注意非机动车标志：用以促使车辆驾驶员注意非机动车。

(26) 事故易发路段标志：用以告示前方道路为事故易发路段，促使驾驶员谨慎驾驶车辆。

(27) 慢行标志：用以促使车辆驾驶员减速慢行。设在前方需要减速慢行的路段以前适当位置。

(28) 注意障碍物标志：用以告示前方道路有障碍物，车辆应按标志指示减速慢行，绕行通过。

(29) 施工标志：用以告示前方道路施工，车辆应减速慢行或绕道行驶。

(30) 注意危险标志：用以促使车辆驾驶员谨慎慢行。

警告标志见图 4-2。

3. 禁令标志

禁止或限制车辆、行人交通行为的标志。禁令标志的种类如下：

(1) 禁止通行标志：表示禁止一切车辆和行人通行。

(2) 禁止驶入标志：表示禁止车辆驶入。

(3) 禁止机动车通行标志：表示禁止各类机动车通行。

(4) 禁止载货汽车通行标志：表示禁止载货汽车通行。

(5) 禁止三轮机动车通行标志：表示禁止三轮机动车通行。

(6) 禁止大型（或小型）客车通行标志：表示禁止大型（或小型）客车通行。

(7) 禁止汽车拖、挂车通行标志：表示禁止汽车拖、挂车通行。

(8) 禁止拖拉机通行标志：表示前方禁止各类拖拉机通行。

(9) 禁止农用运输车通行标志：表示前方禁止农用运输车通行。

(10) 禁止二轮摩托车通行标志：表示前方禁止二轮摩托车通行。

(11) 禁止某两种车通行标志：表示前方禁止标志上所示的两种车辆通行。

(12) 禁止非机动车通行标志：表示禁止各类非机动车通行。

(13) 禁止畜力车通行标志：表示禁止畜力车通行。

(14) 禁止人力（客、货）三轮车通行标志：表示禁止人力（客、货）三轮车通行。

(15) 禁止人力车通行标志：表示禁止人力车通行。

(16) 禁止骑自行车下坡（或上坡）标志：表示禁止骑自行车下坡（或上坡）。

(17) 禁止行人通行标志：表示禁止行人通行。设在禁止行人通行的路段。

(18) 禁止向左（或向右）转弯标志：表示前方路口禁止一切车辆向左（或向右）转弯。

(19) 禁止直行标志：表示前方路口禁止一切车辆直行。

(20) 禁止向左向右转弯标志：表示前方路口禁止一切车辆向左向右转弯。

| 十字交叉 | T形交叉 | T形交叉 | T形交叉 | Y形交叉 | 环形交叉 |

| 向左急弯路 | 向右急弯路 | 反向弯路 | 连续弯路 | 上陡坡 | 下陡坡 |

两侧变窄　　右侧变窄　　左侧变窄　　窄桥　　双向交通　　注意行人

注意儿童　　注意牲畜　　注意信号灯　　　注意落石　　　注意横风

易滑　　　　　傍山险路　　　　　　堤坝路　　　　　村庄

隧道　　　　渡口　　　　驼峰桥　　　路面不平　　过水路面　　有人看守铁道道口

50米　100米　150米

无人看守铁路道口　　叉形符号　　　　　斜杆符号　　　　注意非机动车　　事故易发路段

慢行　　a 左右绕行　　b 左侧绕行　　c 右侧绕行　　施工　　注意危险
　　　　　　　　　　　注意障碍物

图 4-2　警告标志

(21) 禁止直行和向左转弯（或直行和向右转弯）标志：表示前方路口禁止一切车辆直行和向左转弯（或直行和向右转弯）。

(22) 禁止掉头标志：表示禁止机动车掉头。

(23) 禁止超车标志：表示该标志至前方解除禁止超车标志的路段内，不准机动车超车。

(24) 解除禁止超车标志：表示禁止超车路段结束。

(25) 禁止车辆停放标志：表示在限定的范围内，禁止一切车辆临时或长时停放。设在禁止车辆停放的地方。该标志为蓝底红圈红斜杠，包括禁止车辆临时或长时停放标志和禁止车辆长时停放标志、临时停车不受限制。禁止车辆停放的时间、车种和范围可用辅助标志说明。

(26) 禁止鸣喇叭标志：表示禁止机动车鸣喇叭。

(27) 限制宽度标志：表示禁止装载宽度超过标志所示数值的车辆通行。设在最大容许宽度受限制的地方。

(28) 限制高度标志：表示禁止装载高度超过标志所示数值的车辆通行。设在最大容许高度受限制的地方。如装载高度超过 3.5m 的车辆禁止进入。

(29) 限制质量标志：表示禁止总质量超过标志所示数值的车辆通行。设在需要限制车辆质量的桥梁两端。

(30) 限制轴重标志：表示禁止轴重超过标志所示数值的车辆通行。设在需要限制车辆轴重的桥梁两端。

(31) 限制速度标志：表示该标志至前方解除限制速度标志的路段内，机动车行驶速度（单位为 km/h）不准超过标志所示的数值。设在需要限制车辆速度的路段的起点。如限制速度为 40km/h。

(32) 解除限制速度标志：表示限制速度路段结束。

(33) 停车检查标志：表示机动车必须停车接受检查。

(34) 停车让行标志：表示车辆必须在停止线以外停车瞭望，确认安全后，才准许通行。

(35) 减速让行标志：表示车辆应减速让行，告示车辆驾驶员必须慢行或停车，观察干道行车情况，在确保干道车辆优先通行的前提下，认为安全时方可通行。

(36) 会车让行标志：表示车辆会车时，必须减速或停车让对方车辆先行。

部分禁令标志见图 4-3。

4. 指示标志

指示车辆、行人行进的标志。指示标志的种类如下：

(1) 直行标志：表示只准一切车辆直行。

(2) 向左（或向右）转弯标志：表示只准一切车辆向左（或向右）转弯。

(3) 直行和向左转弯（或直行和向右转弯）标志：表示只准一切车辆直行和向左转弯（或直行和向右转弯）。

(4) 向左和向右转弯标志：表示只准一切车辆向左和向右转弯。

(5) 靠右侧（或靠左侧）道路行使标志：表示只准一切车辆靠右侧（或靠左侧）行使。

(6) 立交行驶线路标志：表示车辆在立交处可以直行和按图示路线左转弯（或直行和右转弯）行驶。

禁止通行　禁止驶车　禁止机动车通行　禁止载货汽车通行　禁止三轮车通行　禁止大型客车通行

禁止小型客车通行　禁止拖、挂车通行　禁止拖拉机通行　禁止农用运输车通行　禁止二轮摩托车通行　禁止某轮两种车通行

禁止非机动车通行　禁止畜力车通行　禁止人力货运三轮车通行　禁止人力客运三轮车通行　禁止人力车通行　禁止骑自行车下坡

禁止骑自行车上坡　禁止行人通行　禁止向左转弯　禁止向右转弯　禁止直行　禁止向左向右转弯

禁止直行和平向左转弯　禁止直行和向右转弯　禁止掉头　禁止超车　解除禁止超车　禁止车辆临时或长时停放

禁止车辆长时间停放　禁止鸣喇叭　禁止宽度　限制高度　限制质量　限制轴重

限制速度　解除限制速度　停车检查　停车让行　减速让行　会车让行

图 4-3　部分禁令标志

(7) 环岛行驶标志：表示只准车辆靠右环行。
(8) 单行路标志：表示一切车辆单向行驶。
(9) 步行标志：表示该街道只供步行。
(10) 鸣喇叭标志：表示机动车行至该标志处必须鸣喇叭。
(11) 最低限速标志：表示机动车驶入前方道路的最低时速限制。
(12) 干路先行标志：表示干路车辆可以优先行驶。
(13) 会车先行标志：表示车辆在会车时可以优先行使。
(14) 人行横道：表示该处为人行横道。
(15) 车道行驶方向标志：表示车道的行驶方向。设在导向车道以前适当位置。需要时，图中箭头可以反向使用。
(16) 专用车道标志：用以告示前方车道专供指定车辆通行，不准其他车辆及行人进入。
①公交线路专用车道标志：表示该车道专供本线路行驶的公交车辆使用。
②机动车行驶标志：表示该道路只供机动车行驶。
③机动车车道标志：表示该车道只供机动车行驶。
④非机动车行驶标志：表示该道路只供非机动车行驶。
⑤非机动车车道标志：表示该车道只供非机动车行驶。
(17) 允许掉头标志：表示允许机动车掉头。
指示标志见图 4-4。

机动车车道　　机动车行驶　　非机动车行驶　　非机动车车道　　允许掉头

图 4-4　指示标志

5. 指路标志

指路标志是指传递道路方向、地点、距离信息的标志。包括一般道路指路标志（见图 4-5）和高速公路指路标志（见图 4-6）两类。

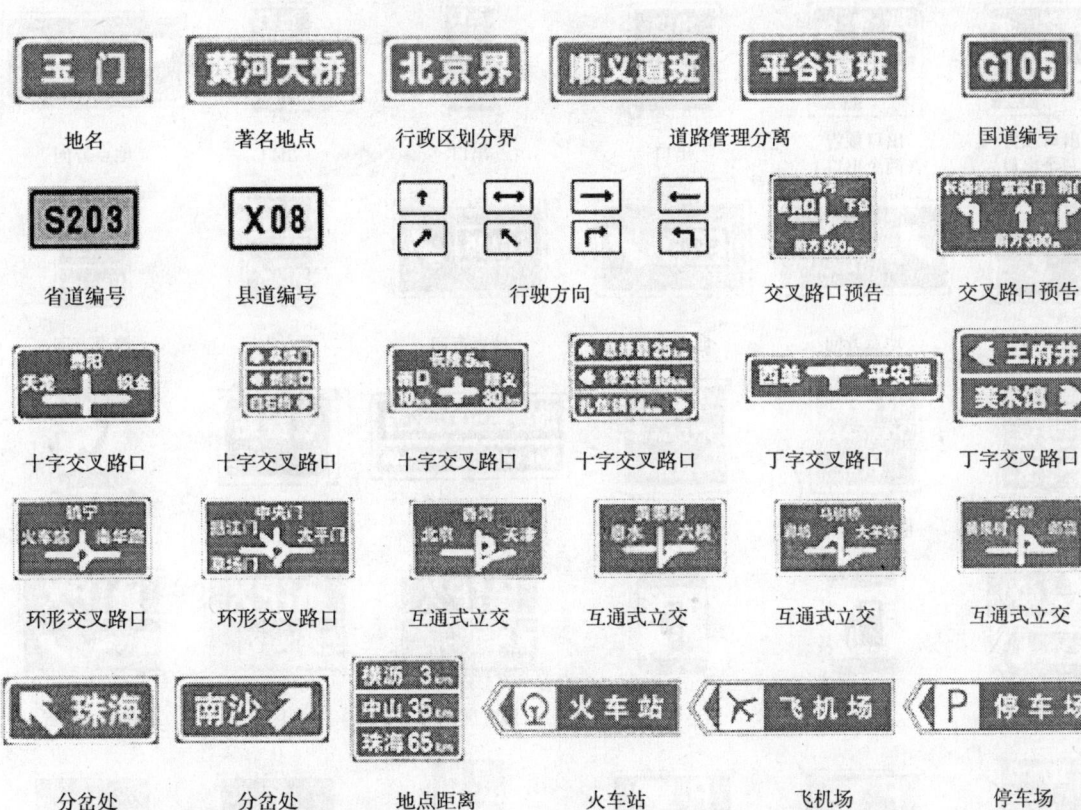

图 4-5　一般道路指路标志

起点　　　　入口预告　　　入口预告　　　入口预告　　　入口预告　　　入口预告

入口预告　　入口　　终点预告　　终点提示　　终点　　下一出口

下一出口　　出口编号预告　　出口预告　　出口预告　　出口预告（两个出口）

出口预告（两个出口）　　出口预告（两个出口）　　出口　　出口　　出口　　地点方向

地点方向　　地点方向　　地点方向　　地点方向　　地点方向　　地点方向

地点距离　　收费站预告　　地点距离　　收费站预告　　收费站　　紧急电话

电话位置指示　　加油站　　紧急停车带　　服务区预告　　服务区预告　　服务区预告

服务区预告　　停车区预告　　停车区预告　　停车区预告　　停车场预告　　停车场预告

停车场预告　　停车场　　爬坡车道　　爬坡车道　　爬坡车道　　爬坡车道

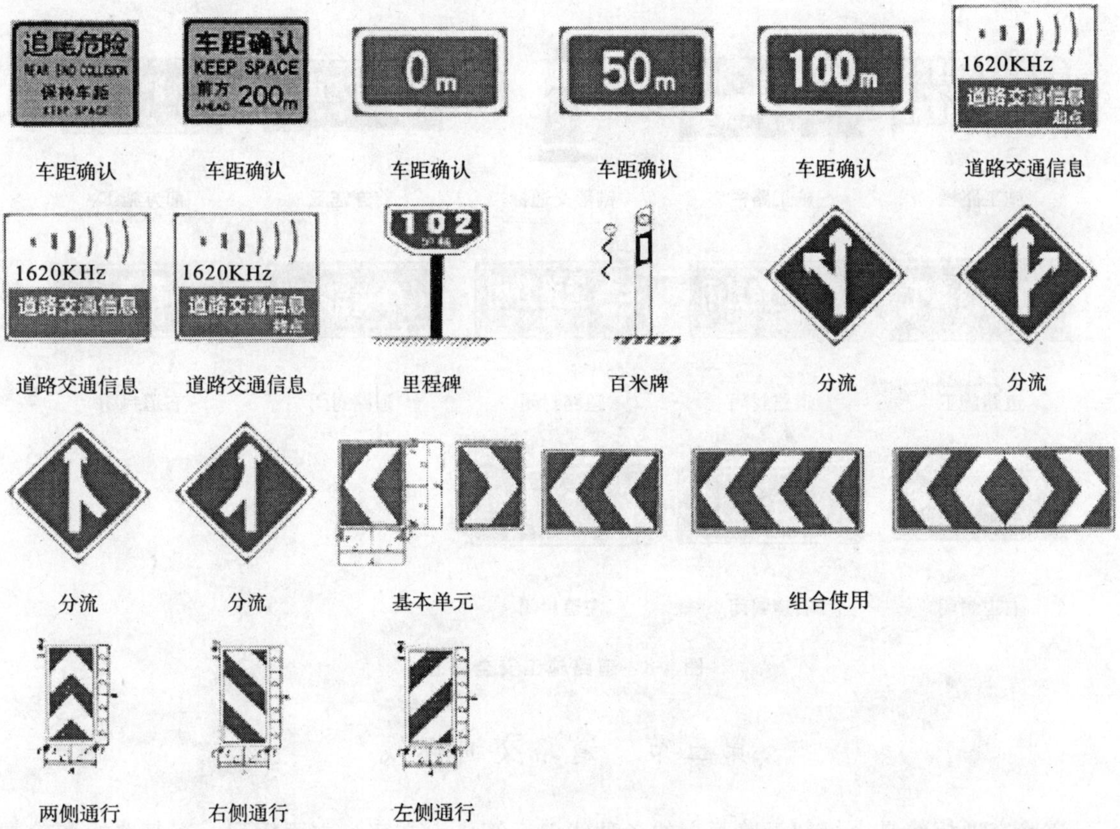
追尾危险
REAR END COLLISION
保持车距
KEEP SPACE
车距确认
车距确认
KEEP SPACE
前方
AHEAD
200m
车距确认
0m
车距确认
50m
车距确认
100m
车距确认
1620KHz
道路交通信息
起点
道路交通信息
1620KHz
道路交通信息
道路交通信息
1620KHz
道路交通信息
终点
道路交通信息
102
里程碑
百米牌
分流
分流
分流
分流
基本单元
组合使用
两侧通行
右侧通行
左侧通行

图 4-6　高速公路指路标志

6. 旅游标志

指提供旅游景点方向、距离的标志，如图 4-7 所示。

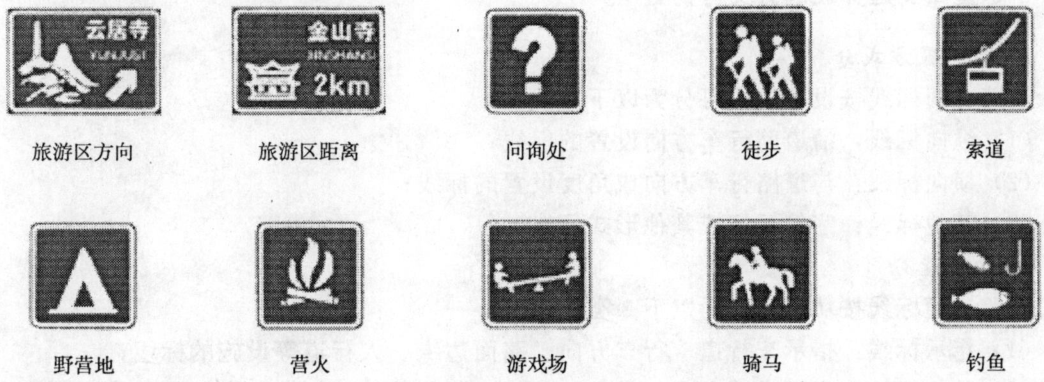
云居寺
YUNJUSI
旅游区方向
金山寺
JINSHANSI
2km
旅游区距离
问询处
徒步
索道
野营地
营火
游戏场
骑马
钓鱼

图 4-7　旅游标志

7. 道路施工安全标志

指通告道路施工区通行的标志，如图 4-8 所示。

图 4-8 道路施工安全标志

第三节 道路交通标线

道路交通标线是由标划于路面上的各种线条、箭头、文字、立面标记、突起路标和轮廓标等所构成的交通安全设施。它的作用是管制和引导交通,可以与标志配合使用,也可单独使用。高速公路,一、二级公路和城市快速道路、主干道路应按《道路交通标志和标线》规定设置交通标线,其他道路可根据需要按此标准设置反光或不反光标线。

一、道路交通标线的分类与内容

1. 按设置方式分

道路交通标线按设置方式可分为以下 3 类：
(1) 纵向标线：沿道路行车方向设置的标线；
(2) 横向标线：与道路行车方向成角度设置的标线；
(3) 其他标线：字符标记或其他形式标线。

2. 按功能分

道路交通标线按功能可分为以下 3 类：
(1) 指示标线：指示车行道、行车方向、路面边缘、人行道等设施的标线；
(2) 禁止标线：告示道路交通的遵守、禁止、限制等特殊规定,车辆驾驶员需严格遵守的标线；
(3) 警告标线：促使车辆驾驶员及行人了解道路上的特殊情况,提高警觉,准备防范应变措施的标线。

3. 按形态分

道路交通标线按形态可分为以下 4 类：

（1）线条：标划于路面、缘石或立面上的实线或虚线；

（2）字符标记：标划于路面上的文字、数字及各种图形符号；

（3）突起路标：安装于路面上用于表示车道分界、边缘、分合流、弯道、危险路段、路宽变化、路面障碍物位置的反光或不反光体；

（4）路边线轮廓标：安装于道路两侧，用以指示道路的方向、车行道边界轮廓的反光柱（或反光片）。

4. 标划区分

道路交通标线的标划区分如下：

白色虚线：划于路段中时，用以分隔同向行驶的交通流或作为行车安全距离识别线；划于路口时，用以引导车辆行进。

白色实线：划于路段中时，用以分隔同向行驶的机动车和非机动车，或指示车行道的边缘；划于路口时，可用作导向车道线或停止线。

黄色虚线：划于路段中时，用以分隔对向行驶的交通流；划于缘石上时，用以禁止车辆长时间在路边停放。

黄色实线：划于路段中时，用以分隔对向行驶的交通流；划于路侧或缘石上时，用以禁止车辆长时间或临时在路边停放。

双白虚线：划于路口时，作为减速让行线；划于路段上时，作为行车方向随时间改变的可逆向行车道线。

双黄实线：划于路段中时，用以分隔对向行驶的交通流。

黄色虚实线：划于路段中时，用以分隔对向行驶的交通流。黄色实线一侧禁止车辆超车、跨越或回转；黄色虚线一侧在保证安全的情况下准许车辆超车、跨越或回转。

双白实线：划于路口时，作为停车让行线。

二、指示标线简介

因篇幅有限，不能对所有标线类型进行介绍。这里仅就道路交通渠化用量较大的指示标线进行较为详细的介绍。

指示标线又分为纵向标线，其中包括双车道路面中心线、车行道分界线、车行道边缘线以及左转弯待转区线；横向标线，其中包括人行横道线和距离确认线；其他标线，其中包括高速公路出入口标线、停车位标线、港湾或停靠站标线、收费岛标线、导向箭头以及路面文字标记。

1. 双车道路面中心线

双车道路面中心线为黄色虚线，用来分隔对向行驶的交通流。一般设在车行道中线上，但不限于一定设在道路的几何中心线上。在保证安全的情况下，允许车辆越线超车或向左转弯。凡路面宽度可划两条机动车道的双向行驶的道路，应划黄色中心虚线，用于指示车辆驾驶员靠右行驶，各行其道、分向行驶。

2. 车行道分界线

车行道分界线为白色虚线，用来分隔同向行驶的交通流，设在同向行驶的车辆分隔线上。在保证安全的情况下，允许车辆越线并变换车道行驶。凡同一行驶方向有两条或两条以上车行道时，应划车道分界线，如高速公路、一级公路和城市快速道路。

3. 车行道边缘线

车行道边缘线为白色实线，用来指示机动车道的边缘，或用来划分机动车道与非机动车道的分界。高速公路、一级公路和城市快速道路，应在机动车道的外侧边缘或在路缘带内侧划实线边缘线，同向且同一断面上的机动车道与非机动车道的分界线（有实物隔离者除外）应视为机动车道的边缘线，应划白色实线。

4. 停止线

停止线表示车辆等候放行信号的停车位置，其划设于有交通信号控制的交叉路口，铁路交叉道口及左转弯待转区的前端。停止线为白色实线。双向行驶的路口，停止线应与车行道中心线连接；单向行驶的路口，其长度应横跨整个路面。停止线的宽度可根据道路等级、交通量、行驶速度的不同选用 20cm、30cm 和 40cm。停止线应设置在最有利于驾驶员瞭望的位置，一般可设在主干道缘石的延长线上。设有人行横道时，停止线应距人行横道 150~300cm。

5. 让行线

让行线分为停车让行线和减速让行线。停车让行线表示车辆在此路口必须停车让干道车辆先行；设有"停车让行"标志的路口，应设停车让行标线。减速让行线表示车辆在此路口必须减速让干道车辆先行；设有"减速让行"标志的路口，应设减速让行标线。

6. 人行横道线

它是准许行人横穿车行道的白色标线。它的设置应根据行人横穿道路的实际需要来确定。视距受限制的路段，急弯、陡坡等危险的路段和车行道宽度渐变路段，不应设置人行横道线。当横穿道路的行人较多，且路面宽度在 30m 以上时，可设安全岛。

7. 导流线

表示车辆需按规定的路线行驶，不得压线或越线行驶。主要用于过宽、不规则或行驶条件比较复杂的交叉路口、立体交叉的匝道口等，其颜色为白色。

8. 车行道宽度渐变段标线

用以警告车辆驾驶员路宽缩减或车道数减少，应谨慎行车，并禁止超车。本标线的颜色应与中心线的颜色一致。渐变段的长度 L 一般应由路线设计确定。路面宽度由宽到窄的变化，应以渐变段过渡。

9. 接近路面障碍物标线

它表示车辆需绕过路面障碍物。障碍物标线的颜色，应根据障碍物位置，与中心线或车道分界线的颜色一致。障碍物两边的倾斜线应宽出 30cm，在高速公路、一级公路和城市快速道路上，倾斜线的斜度宜采用 1/50；在其他道路上，斜度采用 1/20。

10. 停车位标线

停车位标线表示车辆停放的位置，可在停车场和路边空地、车行道边缘或道路中央设置，应和停车场标志配合使用。停车位标线的颜色为白色。这种标线可分为平行式（车辆停放平行于通道方向）、倾斜式（车辆停放与通道方向成 30°~60°角）、垂直式（车辆垂直于通道方向停放）3 种，选择何种形式需综合考虑车行道宽度、停车种类及交通量等因素。

11. 港湾式停靠站标线

港湾式停靠站标线表示公共客车通向专门的分离引道和停靠位置。包括公共客车进出引道的横向标线和斑马线。港湾式停靠站标线的颜色为白色。

12. 出入口标线

出入口标线是为驶入或驶出匝道车辆提供安全交汇，减少与突出部缘石碰撞的标线，包括出入口的横向标线及三角地带等标线，主要用于高速公路和其他采用立体交叉并有必要划这种标线的道路（如城市快速道路）上。这种标线设置时有直接式和平行式两种情况。标线设置应结合出入口匝道的具体地形进行设计布置。

13. 导向箭头

导向箭头表示车辆的行驶方向，主要用于交叉道口的导向车道内。

14. 左转弯导向线

交叉口中间表示左转弯的机动车与非机动车之间的分界线，主要用于畸形平面交叉口。导向线为虚线，实线段长度与间隔长度的比例为1∶1，一般可用2m∶2m。虚线应从两相邻路口的左转弯车道与相邻车道分界线处用圆曲线连接。左转弯的机动车在导向线的左侧行驶，非机动车在右侧行驶。

15. 路面文字标记

路面文字标记是利用路面文字，指示或限制车辆行驶的标记。路面文字标记的高度应根据计算行车速度确定，计算行车速度小于40km/h时，字高为3m；计算行车速度为60～80km/h时，字高为6m；计算行车速度大于等于100km/h时，字高为9m。

图4-9所示为主要交通指示标线。

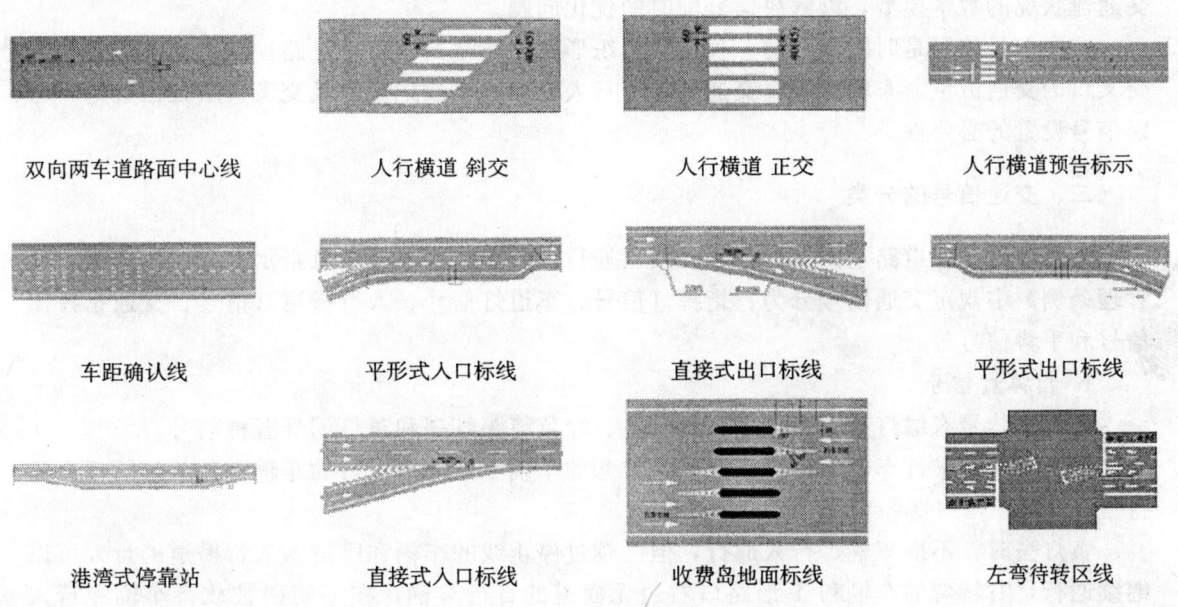

图4-9 主要交通指示标线

三、道路交通标线的设置原则

设置道路交通标线应考虑交叉口的形式、交通量、车行道宽度、转弯车辆的比率、非机

动车的混入率等因素,并遵循下列原则:

(1) 平行路口驶入段的机动车车道数,不能少于与其相连路段上的车道数。而驶入段的车道宽度可以小于与其相连路段的车道宽度,但不宜小于 3m。

(2) 要积极开辟附加车道,特别是左转弯车道。左转弯附加车道可利用削去中央分隔带的方法,也可利用缩窄车道宽度和偏移车行道中心线的方法开辟。

(3) 平交路口驶入段的导向车道线与停止线连接,其最小长度为 3m。导向车道线应划白色或黄色单实线,表示不准车辆变更车道。

(4) 平交路口驶入段的车道内,应有导向箭头标明各车道的行驶方向。导向箭头重复设置的次数和距离,应根据平交路口驶入段的具体情况决定。一般计算行车速度大于 60km/h 的道路,导向箭头重复三次;计算行车速度小于 60km/h 的道路,导向箭头重复两次。

第四节 交通信号

一、交通信号控制系统

早在 19 世纪,人们就开始研究交通信号:用信号灯指挥道路上的车辆交通,控制车辆进入交叉口的次序。1868 年,在英国伦敦 Westminster 的街口出现了最早的交通信号灯,它不同于现在的三色信号灯,只有红绿两种颜色。1918 年,在纽约街头出现了手动操作的三色信号灯。1926 年,英国人在 Wolver Hampton 安设了第一座自动交通信号机。到 20 世纪 60 年代,世界各国开始研究控制范围较大的信号联动协调控制系统,建立模拟各交叉口交通流状况的数学模型,以解决信号配时的优化问题。

交通信号控制是时间分离的一种交通组织形式,通常是在停车让路控制的基础上,根据交叉口的交通流量、车辆延误、交通冲突、行人安全和事故记录以及交叉口所处位置等,考虑信号设置的必要性。

二、交通信号的分类

交通信号是在道路上向车辆和行人发出通行、停止或停靠等信息指示。我国《道路交通管理条例》中规定交通信号分为:指挥灯信号、车道灯信号、人行横道灯信号、交通指挥棒信号和手势信号等。

1. 指挥灯信号

指挥灯信号有绿灯亮、黄灯亮、红灯亮、绿色箭头灯亮和黄灯闪烁五种信号。

绿灯亮时,准许车辆、行人通行,但转弯的车辆不准妨碍直行的车辆和被放行的行人通行。

黄灯亮时,不准车辆、行人通行,但已越过停止线的车辆和已进入人行横道的行人可以继续通行,右转弯的车辆和 T 形路口右边无横道的直行车辆,在不妨碍被放行车辆和行人通行的情况下,可以通行。

红灯亮时,不准车辆、行人通行,遇此种信号车辆应停在停止线以外,没有停止线的,应停在路口或人行横道线以外,右转弯的车辆和 T 形路口右边无横道的直行车辆,在不妨碍被放行车辆和行人通行的情况下,可以通行。

绿色箭头指示灯亮时，准许车辆按箭头所示方向通行。黄灯闪烁是一种警告信号，一般设在有危险的路段或路口使用。黄灯闪烁时，车辆、行人须在确保安全的原则下通行。

2. 车道灯信号

车道灯信号是一种设置在车道上方仅指挥本车道车辆的信号，车道灯信号有绿色箭头灯亮和红色叉形灯亮两种。绿色箭头灯亮时，本车道准许车辆通行；红色叉形灯亮时，本车道不准许车辆通行。

3. 人行横道灯信号

人行横道灯信号是设置在人行横道两端，专门指挥行人的一种交通信号。人行横道灯信号有绿灯亮、绿灯闪烁和红灯亮三种。绿灯亮时，准许行人通过人行横道。绿灯闪烁时，不准许行人进入人行横道，但已进入人行横道的，可以继续通行；红灯亮时，不准行人进入人行横道。

4. 交通指挥棒信号

交通指挥棒信号是交通警察在岗台上用交通指挥棒指挥交通的一种交通信号，交通指挥棒信号有直行信号、左转弯信号和停止信号三种。

直行信号，右手持棒举臂向右平伸，然后向左曲臂放下，准许左右两方直行车辆通行；各方右转弯的车辆在不妨碍被放行车辆通行的情况下，可以通行。

左转弯信号，右手持棒举臂向前平伸，准许左方的左转弯和直行车辆通行；左臂同时向右前方摆动时，准许车辆左小转弯；各方右转弯和T形路口右边无人行横道的直行车辆，在不妨碍被放行车辆通行的情况下，可以通行。

停止信号，右手持棒曲臂向上直伸，不准车辆通行，但已越过停止线的，可以继续通行。

5. 手势信号

手势信号是交通警察用规定的手势指挥交通的一种交通信号。手势信号有直行信号、左转弯信号和停止信号。

直行信号，右臂（左臂）向右（向左）平伸，手掌向前准许左右两方直行车辆通行；各方右转弯车辆在不妨碍被放行车辆通行的情况下，可以通行。

左转弯信号，右臂向前平伸，手掌向前准许左方的左转弯和直行的车辆通行；左臂同时向右前方摆动时，准许车辆左小转弯；各方右转弯车辆和T形路口右边无人行横道的直行车辆，在不妨碍被放行车辆通行的情况下，可以通行。

停止信号，左臂向上直伸，手掌向前，不准前方车辆通行；右臂同时向左前方摆动时，车辆须靠边停车。

车辆和行人遇有灯光信号与交通警察的指挥不一致时，应服从交通警察指挥。

6. 通过有信号指挥的交叉路口

车辆通过有信号或标志控制的交叉路口时，必须遵守以下要求：

（1）机动车须在距路口100～30m的地方减速慢行，转弯的车辆须同时打开转向灯，夜间须将大灯远光变为近光；

（2）在划有导向车道的路口，须按行进方向分道行驶；

（3）遇放行信号时，须让先被放行的车辆行驶；

（4）向左转弯时，机动车须紧靠路口中心点小转弯；

(5) 向右转弯遇有同车道前车正在等候放行信号时,机动车须依次停车等候,非机动车在本车道内能够转弯时,可以通行;

(6) 遇有行进方向的路口交通阻塞时,不准进入路口;

(7) 遇有停止信号时,须依次停在停止线以外;没有停止线的,停在路口以外。

7. 灯光信号与警察指挥、交通标志不一致时的遵循原则

当灯光信号与警察指挥、交通标志不一致时,应遵循以下原则:

(1) 以交通警察的指挥为准。车辆通过路口时,遇到警察的指挥与信号灯和交通标志、标线等指示内容不一致时,应以警察的指挥为准,因为这是发生交通管制的特殊情况,应按警察的指挥通行。

(2) 以交通标志为准。在没有交通警察指挥的路口,或者虽有交通警察但其没有指挥行为时,遇有交通信号灯和交通标志所指示的内容不一致时,应以交通标志所指示的内容为准。

第五节 高速公路交通安全管理

一、高速公路的概念及特点

高速公路是指经国家公路主管部门验收认定,符合高速公路工程技术标准,并设置完善的交通安全设施、管理设施和服务设施,专供机动车高速行驶的公路。其特点如下:

(1) 高速公路是专供机动车高速行驶的公路,这是高速公路区别于一般公路的一个显著特点。高速公路不仅限制非机动车通行,按规定:行人、拖拉机、农用运输车、电瓶车、轮式专用机械车、全挂牵引车以及设计最高时速低于 70 km/h 的机动车辆,均不得进入高速公路行驶(高速公路养护等作业人员和专用的机动车除外);实习驾驶员亦不准驾驶车辆进入高速公路行驶。机动车在高速公路上正常行驶时,最低时速不得低于 60 km/h。因此在高速公路上行驶的机动车比在一般公路上行驶的车辆速度高。日本有关资料表明:高速公路的平均时速比一般公路高 62%~70%。速度是交通运输的一个重要因素,高速公路上由于车辆行驶速度较高,使得行驶时间缩短,从而带来巨大的社会效益与经济效益,对经济、军事、政治都有重大的意义。

(2) 高速公路设有完善的交通安全设施、管理设施和服务设施。为了保证交通安全和充分发挥高速公路的效益,高速公路采用全封闭、全立交,完善的中央分隔设施分离对向行驶的交通流,并设有完善的交通标志、标线。在运政管理上,有引导员,设有完善的收费系统。隔离栅、路边护栏等道路设施齐全。沿线按行政区县设置服务区,内有加油站、旅馆、餐厅、修理厂、商店、休息室等。这些完善的交通安全设施、管理设施和服务设施是一般公路所无法相比的。

(3) 符合高速公路工程技术标准。高速公路是专供机动车分向、分道行驶并全部控制出入的干线公路,四车道高速公路设计年平均昼夜交通量为 25 000~55 000 辆。《公路工程技术标准》(JTJ001-97)规定了我国高速公路的各种技术指标,如表 4-7 所示。

(4) 高速公路须经国家公路主管部门验收认定。为保证工程质量,高速公路在修建时不仅需工程监理,竣工时,还需投资方、工程质检及公路主管等部门验收认定,才可通车。

表 4-7　高速公路主要技术指标汇总表

公路等级		高速公路					
计算行车速度/km·h⁻¹		120			100	80	60
车道数		8	6	4	4	4	4
行车道宽度/m		2×15.0	2×11.25	2×7.5	2×7.5	2×7.5	2×7.0
路基宽度/m	一般值	42.50	35.00	27.50 或 28.00	26.00	24.50	22.50
	变化值	40.50	33.00	25.50	24.50	23.00	20.00
极限最小半径/m		650			400	250	125
停车视距/m		210			160	110	75
最大纵坡/%		3			4	5	5
车辆荷载	计算荷载	汽车——超 20 级					
	验算荷载	挂车——120					

二、高速公路发展概况

高速公路是社会经济发展的必然产物,它的产生和发展,是与整个社会的政治、经济、军事的发展相关的。

20 世纪 20 年代,由于汽车的迅速增长,人们逐渐认识到混合交通对道路交通十分不利,欧美一些国家就提出建设汽车专用高速公路的设想。德国是最早修建高速公路的国家。早在 1919 年通车的一条高速公路主要用于军事目的,是世界上最早设有上、下行车道,中间设有分隔带的公路,是现代高速公路的雏形。从 1933 年到 1942 年,德国共建成 3 859km 高速公路,平均每年修建 582km。意大利也是修建高速公路较早的国家。1924 年建成的米兰至瓦雷泽汽车专用公路,长 48km。1942 年又修建了米兰至都灵汽车专用公路,长 126km,到 1984 年已有高速公路 5 902km。日本自 1957 年颁发了《高速公路干道法》后,1958—1965 年 7 月修建了第一条高速公路——名神高速公路,平均每年修建 200km,到 1988 年止,已有 3 910km,初步形成以东京为中心,纵贯南北的高速公路网。美国是高速公路最多、路网最发达、设备最完善的国家。1937 年,美国在加州建成第一条高速公路,长 11.2km,从 1956—1980 年,平均每年增加 3 000km,到 1983 年,美国已建成 83 956km 高速公路。高速公路密度最大的国家是荷兰,每 1 000km² 面积国土有 43.97km 高速公路;其次是比利时。按百万人口平均的高速公路密度最高的是美国,为 380.61km,其次是加拿大。

中国台湾在 20 世纪 60 年代开始修建一条从基隆到高雄的高速公路,全长 373.4km。全路耗资 470 亿台币,平均 1.2 亿台币/km(约 300 万美元/km)。全线按美国国家公路标准及加州公路设计标准设计施工,历时近 10 年竣工。之后因运输量迅速增长,又兴建了一条平行的高速公路。随着国民经济的发展,我国大陆从 1985 年起开始兴建高速公路,已建成的有沈大、京津塘、京深、京九等十几条高速公路,到 2003 年底,已建成高速公路通车总里程 3 万 km,高速公路总长度居世界第二位。

三、高速公路交通事故的特点及预防

1. 事故的特点

（1）由于行驶速度较高，一旦发生事故往往是重大或特大事故。有时一次事故相撞车辆达几十辆，有的国家甚至出现过上百辆汽车相撞的事故。其主要原因是由于雨雾天气、车速高、道路滑、制动性能降低，一旦前车发生事故，后车尾随连续相撞，使交通事故在很短的时间内逐步升级。

（2）长时间在高速公路上高速行驶，轮胎与路面高速摩擦，轮胎温度升高很快，夏季更为严重，因而老旧轮胎极易爆胎，使车辆失去控制而发生交通事故。

（3）高速公路视线好、无干扰，再加上轮胎与路面单调的摩擦声、行车有节奏的轻微振动，会产生催眠作用，长途行驶容易产生困倦、打瞌睡等疲劳现象，致使安全行车意识下降，稍有疏忽就会造成事故。

2. 事故的预防

为保证安全行驶，驾驶员除要严格遵守高速公路行车规定外，还要做好以下几项预防工作。

（1）进入高速公路前，检查车辆发动机、转向、制动等部件，使车况处于最佳状态。

（2）检查燃料、润滑油、冷却水是否足够。

（3）检查灯光是否齐全，蓄电池充电是否充足。

（4）检查装载货物是否牢固，封盖是否严密；装载高度、宽度、载质量是否符合规定。

（5）检查是否带好紧急停车用的警告标志。

（6）检查驾驶员和前排乘车人是否系好安全带。

（7）为预防疲劳，驾驶员应有充足的睡眠，以保持精力充沛。

（8）为防止发生爆胎事故，驾驶员应检查轮胎是否完好，轮胎气压是否符合标准；行驶中不可超速行驶；行车中不能用放气的方法降温，轮胎温度高时，要适当停车休息一下再行车。

随着国民经济的发展，高速公路在交通运输中的作用日渐突出。高速公路运输具有快速、舒适、便捷、经济等特点，因而各国十分重视发展高速公路，其通车总里程在不断增加。如何用好、管好高速公路，用最优的高速公路交通控制，发挥高速公路运输的最佳效益是摆在交通管理者面前的一个重要课题。我们本着借鉴国外发达国家高速公路管理的经验，结合我国实际，阐述高速公路交通控制的基本理论。

四、高速公路进、出口匝道的控制

1. 入口匝道控制概述

入口匝道控制的基本目标是控制高速公路的交通需求。它以高速公路主线交通流为控制对象，以匝道入口流量为系统的输入控制量，通过计算匝道上游交通需求与下游道路容量差额来寻求最佳入口匝道流量控制，从而使高速公路本身的交通需求不超过它的容量，使高速公路主线交通流处于最佳状态。这样一来，一些期望使用高速公路的车辆，在被允许进入高速公路之前将要在入口匝道上等待。如果不想在入口处等待，则可以选择不走高速公路，或者从另一个入口进去，或者另选一个时间再进入。可以预料，入口匝道控制的结果是通过把

高速公路上的延误因素转移到入口匝道，从而在高速公路上维持一个既不间断也不拥挤的交通流，也就是把超量的车辆转移到其他可替换道路上，或者转移到需求较低的其他时间，或者采用其他运输方式。

(1) 入口匝道控制作用。

入口匝道控制的作用可以是下述作用的一个、几个或全部。

其一，减少高速公路主线上所有车辆的行程时间；

其二，减少通道内全部行驶车辆的行程时间；

其三，消除或减少车辆汇合中的冲突和事故；

其四，由于改善了交通流的平稳性，因此减少了车辆运行的不舒适感和对环境的干扰。

(2) 入口匝道控制的条件。

由于入口匝道的控制所获得的高速公路的运行效益是以通道内其他替换道路上交通问题的加剧为代价取得的，前者必须比后者代价大，入口匝道控制才是值得的。因此，实施入口匝道控制的成功与否取决于下列条件是否得到满足。

第一，在通道上应该有可供使用的额外的容量（即可替换的路线、时段或运输方式）。它们不仅能容纳从高速公路上转移来的交通量，而且也能容纳原来就使用它的正常交通量。如果在通道内没有可供使用的额外容量，尽管入口匝道控制可以防止高速公路上发生拥挤，但在别的地方将会发生拥挤，拥挤还有可能扩展，从而在可供使用的替换道路和高速公路入口匝道附近地区都可能发生拥挤。拥挤的扩展减少了高速公路控制取得的效益，甚至完全抵消它，使控制的最终总效果急剧下降。交通控制方法并没有创造新的容量，因此，为了防止拥挤，必须为通道增加附加容量。

必须注意，还可能有这样的情况，汽车驾驶员由于考虑舒适、个人的安全或其他因素，对可替换道路或其他运输方式不感兴趣，可能只喜欢选用高速公路。此外，为了充分利用入口匝道控制的潜力，应该使用入口匝道控制的优先系统，使交通转移到公共运输和合用车方面。这种系统要求对公共车和合用车提供优先处理，使这类车辆进入高速公路时无延误或少延误，而要求其他车辆在匝道上等待。

第二，在入口匝道上应有足够的停车空间（每辆小客车需用的存贮空间约为7m，依次可计算出匝道排队容量）。在实施匝道控制时，使匝道上的排队车辆不致延伸到堵塞引道或平交街道的程度，保证等待的排队车辆不会严重影响非高速公路的交通。

第三，交通模式必须合适。例如，如果从主车道上来的交通量已经等于高速公路该路段的容量，那么允许从入口匝道进入该路段的车辆数就等于从出口匝道离开该路段的车辆数。因此，如果这时交通模式是没有车辆离开该路段，那么就不允许车辆从入口匝道进入高速公路。但是，在大多数情况下，这样做一般都是不能被公众所接受的，将受到强烈反对。如果短途旅行和地区性交通的比例很小，把入口匝道控制作为鼓励人们使用通道上可替换道路的一种手段，那么意味着这种交通转移将会很少。

第四，为节省行程时间，在高速公路下游出口处必须有可能利用的容量，否则，仅仅使交通瓶颈向下游移动，这样用匝道进行控制是有益的。

第五，由于匝道汇合不充分、视距不良，因而在高速公路上会发生常发性拥挤或严重交通事故的情形。

(3) 入口匝道控制方法。

入口匝道控制包括匝道调节和匝道关闭两种形式。匝道调节是在匝道上使用交通信号灯对进入车辆实行计量控制，也可通过收费站的收费车道开放数来调节进入高速公路的车辆数。单位时间内允许进入的车辆数称为匝道调节率。匝道关闭可通过自动路栏、交通标志、人工设置隔离墩，把某些入口匝道关闭。

入口匝道调节方法很多，如可按照调节率相对时钟是固定的还是变动的，是单匝道调节还是多匝道调节，是用于消除高速公路上的拥挤还是改善汇合运行安全来分类。入口匝道调节方法可分如下几类：

一是入口匝道定时调节；

二是入口匝道感应（动态）调节；

三是入口匝道汇合控制；

四是入口匝道整体定时控制；

五是高速公路入口全局最优控制。

2. 入口匝道关闭

匝道关闭就是对所有交通都实行关闭，不允许车辆进入高速公路，维持高速公路不拥挤。匝道关闭可以是永久性关闭，或者是在高峰期以及偶发性拥挤期短期关闭。永久性关闭主要用在与立交桥非常接近、交织问题十分严重的地方，但公众的反对可能与日俱增，是一种没有办法的办法。永久性关闭方法一般缺点多于优点。下面讨论临时关闭匝道。

（1）临时关闭匝道的条件。

由于入口匝道关闭的局限性，只在下述几种情况下可以考虑使用匝道关闭。

第一，在入口匝道上没有足够的停车空间，为防止等待进入高速公路的排队车辆妨碍平交街道交通，此时关闭匝道能消除车队积存问题。

第二，入口匝道上游的高速公路的交通需求已达到下游道路容量，而可替换道路上还有足够的容量可供使用。关闭入口匝道就能防止下游路段上交通需求超过容量，并且能把匝道上的交通需求转移到可替换道路上。

第三，虽然理论上应该是匝道的进入交通量等于下游容量和上游交通需求之差。但在实施调节控制时，如允许进入高速公路的车辆很少，会使驾驶员以为匝道调节信号灯已坏，致使违章事件发生，即不经允许闯入高速公路。在这种情况下，用关闭匝道的方法来防止交通拥挤更实际一些。

关于第二种情况，应该指出的是，非重复性情况和重复性情况一样，也能产生要求的需求容量关系。因此，在高速公路发生偶然事件时也可以使用关闭。

（2）关闭匝道的方法。

匝道关闭有人工设置路栏、自动路栏、设置标志三种方法。

经验表明，单独的标志不能有效地关闭入口匝道，所以一般不采用这种方法。自动路栏能自动关闭和打开一个入口匝道，作为一种控制手段，它还能增加关闭的灵活性。人工设置路栏是很辛苦的，它最适合于短期的或试验性控制研究。

最后必须强调指出，一般匝道控制将采用调节法，而不是关闭法，这是因为关闭法将引起公众的强烈不满。

3. 入口匝道定时调节

调节是一种限制交通流的方法。当用于入口匝道控制时，就是在入口匝道上使用信号灯,以限制进入高速公路的交通流量,保证高速公路以较高的服务水平运行或改善车流汇合时的安全。

定时调节是指调节率预先给定,在某一段时间的运行是固定不变的。这种控制方式的特点是它对入口匝道的交通流量变动不是考虑这一分钟与下一分钟有什么不同,而是根据历史情况的调查所掌握交通流的统计情况,把一天划分为若干时段。假定每个时段内,交通流状况近乎不变,以此作为依据来确定每个时段内一组不变的入口调节率,使某项性能指标最优。显而易见,这种控制方式不能适应交通流的随机变化。但是,当交通流在一段时间内波动不大时,这种控制是十分有效的,而且定时调节很容易实现多个匝道口协调控制。此外,这种控制运行安全可靠,使用设备少,是目前应用最广的匝道控制形式。

(1) 用于消除拥挤现象的定时调节。

如果采用入口匝道定时调节来消除高速公路上的交通拥挤现象,那就必须保持整个交通需求量小于高速公路的交通容量,所以匝道调节率 r(辆/h)的计算应立足于匝道上游交通需求 q_d(辆/h)、匝道下游交通容量 C_a(辆/h)和匝道处期望进入高速公路的交通流量 q_r(辆/h)这三者的相互关系上,当 $C_a \geqslant q_d + q_r$ 时,不需进行调节,因为不会发生拥挤;如果不满足上式并且 $q_d > C_a$,此时进行匝道调节也无法消除拥挤,可短时关闭匝道,并设法使上游入口匝道减少调节率,减少上游交通需求;当 $q_d < C_a < q_d + q_r$,可进行匝道调节,调节率为:$r = C_a - C_d$。

(2) 用于增进汇合运行安全的定时调节。

如果定时调节仅仅是作为一个改善汇合运行的办法,那么只须按照那个特定匝道的汇合条件将调节率设定为最大值。这种情况下的调节率是为了分解匝道上的车队并强迫它们单车进入,以保证在后面的车辆接近汇合区之前,每辆车都有应有的汇合时间。其目的是防止匝道上的车队争夺高速公路交通流的"可插车间隙"而引起的尾撞和变车道碰撞等安全问题的发生。

车辆汇合需要的时间依赖于下面的几个因素:①匝道的车辆停车地点(停车线)到高速公路汇合区的距离;②匝道的几何参数(坡度、视距、加速道的长度);③车型;④高速公路交通流中可插间隙的利用率。

这种调节方式可能过分限制交通,只适于几何设计存在严重问题(如加速车道不适当)、交通量小的地方。它能大幅度降低匝道尾端碰撞事故次数。

4. 出口匝道控制

在高速公路的交通控制中,很少对出口匝道进行控制。从理论上说,出口匝道的控制可用两种方法,即调节离开高速公路的交通量的方式和完全关闭出口匝道的方式来实现。出口匝道的调节控制不是一种有效的方法,唯一有利之处也许是解除了接近高速公路干线的交叉口和某些街道的交通拥挤。但这和高速公路交通控制的主要目标是背道而驰的。其原因是:

(1) 驶出匝道的车辆为在信号灯前停车而急剧减速,存在着向前滑行和造成尾端碰撞的危险。

(2) 等待驶出高速公路的车辆从信号灯向后延伸到高速公路干道,干扰干道的交通。出口匝道的关闭可以大大减少该处的车辆交织以及随之造成的交通拥挤和安全问题。特别是当连接着一个大型互通式立交的沿街道路或出口匝道距平交街道较短(800m左右)时,关闭该匝道是一种很实用的解决办法。

关闭出口匝道的缺点是：

第一，可能大大增加每个驾驶人员的行车时间和距离。

第二，如果使用人工控制的栅栏或某种形式的自动门，那么，高峰期间关闭匝道的费用相当高。如果出口匝道设有收费站，关闭匝道的费用则是很小的。

第三，在这些地区，尾端碰撞事故的可能性增加。

第四，由于限制了出口，可能会引起公众的强烈反对。所以出口匝道控制很少作为高速公路的一种交通控制手段。

第五章　驾驶员与行车安全

汽车安全取决于人、车、环（境）、法（规）四大要素，这几者统称为人机系统。驾驶员通过各种感觉获得交通情报，其过程是感知→思维→判断→动作，使车辆按自己的意志在道路上运行，人机系统中人是主体，驾驶员的反应、判断、动作中有一项错误都可能导致事故的发生。所以交通安全取决于人、车、环、法综合系统的协调和配合及每个要素的协调程度。

对于提高道路和车辆的可靠性，无论是国际和国内的研究和应用都有了飞跃的发展。如在公路研究上，改善线形，使平曲线与竖曲线协调配合，消灭易发生事故的危险路段；增设安全设施，加强道路照明；提高路面质量和抗滑性能；规定分道行驶；建设立交桥，变平面交通为立体交通；修建高速公路等。

在车辆研究上，提高制动系统的效能和工作可靠性，采用盘式制动器和多管路制动系统，安装防止车辆抱死的电子装置；安装制动气压电能报警器；提高挡风玻璃的质量，改进车灯照明，保证一定的光束强度和照射距离；改善视野；提高驾驶室和车身的强度，使撞车时也保留一定的空间和安装防止撞车的设备，设置安全带和膨胀气囊以减轻伤亡，加强对车辆的保修和安全检查等。

驾驶员与行车安全最为密切，驾驶员的可靠性是综合系统中最重要的组成部分。

驾驶员的可靠性，一般理解为在具体条件下，在给定的时间内，按预定的准确度，完成所要求职能的能力。一般取决于三组因素：驾驶员的技术熟练程度、心理生理特性以及这种特性随时间变化的关系。

技术熟练程度取决于驾驶员的专业知识水平、经验和工作时间的长短。

人的高级神经活动是严格按照心理生理学法则进行的。它取决于通过感官（如视觉、听觉）等而获得交通情报，通过大脑进行信息加工，再支配手脚进行操作。因此，对驾驶员进行心理、生理的研究，对交通安全有着重要的意义。

当然，我们对此特性定量研究得很不够，例如，可靠性的最重要特征之一——驾驶员的反应特性，还很难定出量值，只能作出一般的研究和估计。驾驶员在实际道路交通环境中，经常会遇到形式完全不同的情报，因此，研究驾驶员的活动结构，确定接受情报的数量和时间的关系以及处理这种情报的时间对交通安全都具有独特的价值。

为了保证道路交通综合系统的可靠性，交通监理机关要加强对驾驶员的技术培训、技术考核和技术教育，尤其更要加强对驾驶员进行法制和法规及职业道德的教育。还要对驾驶员的心理特性做进一步的研究。根据驾驶员的生理条件，扬长抑短，合理安排，既提高工作效率，又保障行车安全。另外，严格驾驶证管理，制定适合于管理现代交通的交通法规条例等。

下面仅就驾驶员管理、教育和与交通安全有关的人的因素分别叙述如下。

第一节 与驾驶有关的人的因素

一、驾驶员的心理和生理因素

国外有人做过统计,与交通事故有关的原因分为三大类:

由驾驶员有关因素引起的事故占 84.5%(其中美国占 90%,原西德 81%,日本 84%);

由行人引起的事故占 14%;

由车辆引起的事故只占 1.5%。

由此可见,交通事故绝大多数是由人的因素引起的,其中驾驶员因素比重最大。

汽车交通事故是在人、车、环、法这个系统中产生不稳定因素或不平衡状态时发生的,在这个系统中人的可靠性能最差。因此,有人专门研究了人的生理节律,并制做了"人体生物钟推算盘",使之用于交通运输管理,并收到了较好的效果。现简要介绍如下。

众所周知,人类是靠体内平衡系统保持某种程序的生理稳定状态,体内平衡又是不断变化着的。人体生物钟是控制人的生长发育、行为动态、机能代谢、成熟衰老、生殖繁衍的时间结构,由于人体的复杂性,其时间属性规律也是复杂多样的,主要有日生物钟、月生物钟、年生物钟等。人的体力、情绪、智力三节律,是人类特有的生命节律,是呈现近似月周期变化的。

人体自出生起,体力、情绪、智力就进行着相当于正弦曲线的周期性节律变化,其周期是:体力为 23 天,情绪为 28 天,智力为 33 天。每一周期分成均等的两个起伏阶段:高潮期和低潮期,两者的转换日称为"临界日"。表 5-1 和曲线图 5-1 说明了它们的意义和关系。

表 5-1 人体三节律在高潮期、临界日、低潮期的表现状态

时 期	体 力	情 绪	智 力
高潮期	体力充沛、生机勃勃、不易得病	情绪高涨、乐观向上、心情愉快	思维敏捷、记忆力强、注意力集中
临界日	易于患病	易出差错	判断力差
低潮期	耐力下降、易于疲劳、做事拖拉	情绪低落、意志沮丧、喜怒无常	思维迟钝、记忆减退、反应缓慢

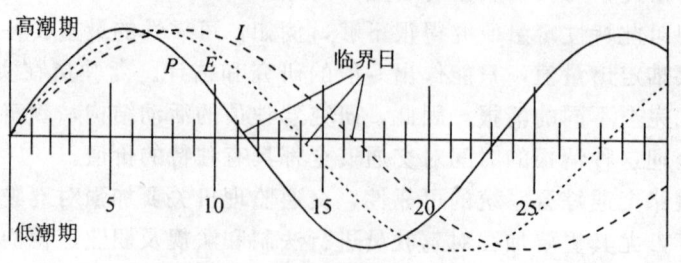

图 5-1 人体的体力、情绪、智力节律
P—体力;E—情绪;I—智力

由中国地质大学设计制造的"人体生物钟推算盘"就是根据以上原理设计出来的,其是

指导人们尽量避开"临界日"和"低潮期",充分利用"高潮期"的一种科学计算工具。它对人们发挥自己的生理(体力)、心理(情绪)和心智(智力)潜力,将起到积极的指导作用。

美国一家保险公司调查表明,事故肇事者约有70%处于临界日和低潮期。根据生物节律状况提醒机动车驾驶员加强这期间的注意力,车祸减少三分之二。

××地矿局用生物节律回归分析的29起事故中,体力、情绪、智力三者有两个处于低潮期的占25人,占总数的86%。他们利用此理论用于交通运输管理方面已取得明显效果,7年来避免发生重大汽车交通责任事故,开创了无重大汽车责任死亡事故的新记录。而一般肇事与前一年同期相比:肇事次数由25起下降为10起,直接经济损失由99 000元下降为33 000元。当然,运用生物节律和严格按各项规章制度办事是相辅相成的,只有把两者有机地结合起来,才能够充分发挥规章制度在推行利用生物节律中潜移默化的作用。

据统计,以驾驶员为主引起的交通事故中,表面看,好像是只因违反交通管理法规,如超速行驶、注意力不集中等,而实际上,是由于直接原因(驾驶员认识迟缓、判断错误、操作错误)及间接原因(有关人的特性,如性格、心理特征、烦恼及刺激等,即驾驶员的精神因素和身体因素)综合造成的。如表5-2所示。

表5-2 驾驶员违章与直接原因和间接原因的关系

表面原因	直接原因				间接原因	因素	
分类项目	人对车 /%	车对车 /%	车单独 /%	高速公路级别	认识迟缓 占50%	精神因素	性格、心理特征、要求得不到满足、烦恼有心事、刺激过多、刺激过少
违反安全速度	29.9		15.3	Ⅰ	判断错误 占40%		
注意不够	22.4	21.4	14.3				
抄近驾驶	15.2	12.6					
行人挡车	14.5				操作错误占5%	身体因素	视觉、疲劳、有病
违反交叉路口慢行及指定场所停车的规定		10.2					
不保持车间距离		8.2		Ⅲ			
转向盘操作不正确			20.9	Ⅱ	其他占5%		
酒后开车			11.7				
制动器操作不正确				Ⅳ			

由此可见,交通事故的原因是从人的心理、生理因素的深部派生出来的,它们之间有复杂的联系,为保证道路交通安全,对人的因素采取正确对策是极为重要的。

现在世界上兴起了一门为提高警惕,防患事故于未然的新学科——"防卫驾驶"(Defensive Driving),对减少交通事故起到了积极的作用。本书介绍道路交通安全技术的出发点,好多就是以"防卫驾驶"与"预防为主"为基准的。

二、驾驶员的行为特性

1. 自我为中心倾向

(1)驾驶员驾驶车辆都具有尽快达到目的地的潜在欲望,只是有的人强烈,有的人稍弱，从本质上看还具有排他性。

（2）对横过马路的行人、停车信号、半路拦车等，驾驶员具讨厌和心烦的心理，总是觉得一路顺利地不遇阻拦才觉得惬意和理所当然。

（3）驾驶员超车时对被超车辆不及时礼让，尤其是超半截对面来车的情况下，且多次超车而未超过时，容易腻烦（尤其有旁人和领导坐在车里时），有不超过誓不罢休的心理，这些都是于交通安全十分不利的以自我为中心行为，应坚决杜绝。

2. 驾驶员多具模仿性

以自我为中心的反面是模仿性。驾驶员容易对别的车辆的行为和行动表示强烈关心，追随模仿，这种倾向性在不熟悉的道路上愈加明显，有时甚至是不自觉地盲目追随。

如1979年7月11日，日本一条隧道失火，在距隧道口2km的电子显示牌上已显示"禁止进入火灾"的警告，可还是有173辆汽车尾随进入隧道而着火，致使7人死亡。2003年意大利北部隧道失火亦造成几十辆车被烧毁。

美国曾有一条河，大水漫桥冲毁了桥梁，可汽车仍一辆接一辆地往前开，致使十辆汽车葬身河底。

3. 判断能力

驾驶员对见惯的或预知的对象物，其认识距离缩短25%～45%，而对突然发现的障碍物或行人，其制动反应时间增加2倍以上，这就如黑夜走路遇熟道可以自摸家门和在一群人中很容易认出自己的家人一样。

遇行人突然横过马路或小孩窜出里巷捡球或追逐，发生交通事故是屡见不鲜的，这都是驾驶员遇突然事件判断力下降的缘故。

4. 应急能力

与判断能力有关的应急能力低下，甚至紧急情况下全然不知怎么办或忘记采取措施的人大有人在。据统计，不采取任何措施的约占23.5%。如有的司机因超载刹车制动距离延长，突然遇到人或车时刹不住车，手足无措，只知喊刹车失灵，而不知采取其他补救措施。

三、驾驶员的性格及心理特性

缺乏协调性，情绪不稳定，感情易冲动的人，容易发生事故。而顺应性强，性格稳定，不容易急躁的人，就不容易发生事故。

前一种类型的人，据统计，某一单位约占3.9%，但他们发生的事故却占该单位事故总数的36.4%。

下面谈谈心理特性与事故的关系。

心理波动，急躁的感情变化会产生思维迟钝和判断混乱，从而妨碍动作的平衡性。

自己的愿望得不到满足、人际关系不和——烦恼和不安均会使注意力不集中，这时驾驶员容易对应观察的物体和车辆产生似见似不见的状况。

随着驾驶人员年龄的增长，经验逐渐丰富，技术逐渐熟练，精神集中性格会进一步稳定，对打击的承受力也逐步加大，驾车也进一步求稳求安全。据统计，30岁以下的年轻驾驶员占总事故率的71%。甚至婚姻状况也影响驾驶员对安全的重视程度，结婚有小家庭的驾驶员远比未婚者出汽车事故少得多。

所以驾驶员心理状态一定要稳定，要具较强的适应性，即能根据时刻变化的交通环境，时刻平衡自己的身心状态,不受外因刺激和人际关系的影响,而进行正确驾驶,达到交通安全的目的。

四、注意力与安全

目前很多交通事故是由于驾驶员的注意力不集中引起的。众所周知,驾驶员遇到的环境变化大部分首先被眼睛感知,接着注意力起作用,到达知觉,被大脑认识,再由神经中枢发出有意志的动作指令。这一过程中注意力起了所谓催化的作用,如果注意力不起作用,人就处于"心不在焉,视而不见,听而不闻"的状态,对危险就全无防备能力了。

由不注意而产生的认识、判断、操作错误互相之间有密切的联系,它们又作为事故的内在原因而起作用,再以违反安全速度、思想开小差等表面原因表现出来。

防止这些错误的对策是:

(1) 驾驶员保持身心健康,经常维持高度的意识水准;

(2) 遵守安全驾驶的基本要求,熟练操作,把操作顺序熟记于心,形成条件反射等;

(3) 整修好道路设施和标志,使之容易被正确认识和判断,既提高了驾驶员的预知能力,又增强了其注意力。

五、视力

驾驶员的视力是十分重要的,驾驶时 80% 以上的信息是由视感得到的。据统计,在事故多发者中,某单位被认为有视力原因的 40 人进行检查后发现,有潜在性斜视、左右眼折射率不平衡以及眼镜不合适者共有 36 名。对这些人采取适当措施后,40 人有 26 人成为无事故者,10 人减少了事故,只有 4 人没有变化,事故的减少效果达 90%。

另外,我们体检时的视力是静止视力,是在人和目标都处于静止状态下的检查结果,判断的时间也没有限制。可是我们在驾驶过程中,对需判别的物体的视力识别时间极短,与静止视力相比,人的视力是随车速的提高而降低的,特别是达到 80km/h 时降低得更明显。

照度对视力也有很大影响。夜间事故占事故总数的 33.1%,死亡人数则占 48.6%。白天事故的致死率为 12.4%,而夜间事故达 33.7%。夜间驾驶员视力仅为白天的 50%。据统计,1 亿千米夜间死亡人数,在城市夜间比白天高出 1.5 倍,在郊外公路上要高出 2 倍。

夜间事故中约有 50% 发生在没有照明设施的黑暗道路上,道路照明越差,事故发生的可能性越大。夜间事故的多发和致死率高的主要原因就是驾驶员的视力与白天相比约降低 1/2。此外,雨和雾也会使视力下降。前窗玻璃脏污和水滴不但使视力降低,还会使距离感失真,必须引起驾驶员的注意。

事故多发的交叉点、人行横道、弯道、高架桥等必须有高的照度。另外交通标志,如形状、大小、色彩等,应尽量能使驾驶员容易、迅速、正确地认识其所表示的信息。改善道路的照明设备和交通标志以后,对减少事故的发生有极大效果,也使伤亡事故大幅度减少。

此外,驾驶员的疲劳或打瞌睡等可以招致感觉的钝化和知觉的下降,引起认识的不全面或迟缓、判断的失误。克服疲劳最有效的对策就是休息和睡眠。睡眠是中断外界刺激,休止神经中枢活动,排除疲劳,补给能量的过程。对驾驶员来讲,充足的睡眠是安全驾驶的前提条件。饮酒也会使驾驶能力、反应速度显著下降。饮酒后反应迟钝,动作明显变慢,事故率明显增加,因此《道路交通安全法》中明令禁止酒后开车。

第二节 驾驶员的管理和培训

一、驾驶员的管理

1. 驾驶员与行车安全的关系

前面谈过，国外统计，由驾驶员有关因素引起的事故占到 84.5%，但具体到责任事故，据统计，约占全部交通事故的 70%左右，见表 5-3。

表 5-3 驾驶员责任占全部事故的百分比

时间	驾驶员责任占全部事故百分比/%	时间	驾驶员责任占全部事故百分比/%
1977 年	71.62	1981 年	70.11
1978 年	70.95	1982 年	67.51
1979 年	70.18	2000 年	68.60
1980 年	70.19	2001 年	66.30

通过对驾驶员责任分析，大部分驾驶员是先违章后肇事，违章是肇事的前因。分析表明，在安全行车中，机动车驾驶员是重要因素。因此，要对驾驶员进行安全教育、法制教育、职业道德教育。通过严格的技术考核，提高驾驶员的操作技术水平，养成良好的驾驶作风和遵章守纪的自觉性，确保人民生命和国家财产的安全。

2. 管理的主要内容

（1）研究驾驶员在道路交通环境中的心理和生理特征，从而为确定驾驶员及其行车安全提供依据。在道路交通人、车、环、法系统中，人是主体，人的心理、意识、反应、判断、处理情况等心理和生理特征，都直接关系到行车安全。安全管理的一个任务就是从人的心理、生理特性出发，研究驾驶员的交通行为，为行车安全服务。

（2）研究和制定机动车驾驶员技术考核办法、方针和政策。

（3）对驾驶员进行教育。通过技术教育提高驾驶员的技术水平，通过法制教育，使驾驶员养成遵章守纪的自觉性，维护交通秩序，保障行车安全；通过职业道德教育，使驾驶员树立良好的道德品质，做到文明优质服务，安全礼貌行车。

（4）对驾驶员培训单位的培训质量进行检查。

（5）对驾驶员技术档案进行管理，对易出现交通事故的驾驶员帮助分析事故原因，总结教训，并采取适当措施，以保证交通安全。

二、驾驶员的驾驶许可条件和申领驾驶证的规定

1. 驾驶许可条件

驾驶机动车，应当依法取得机动车驾驶证。

申请机动车驾驶证，应当符合国务院公安部门规定的驾驶许可条件；经考试合格后，由公安机关交通管理部门发给相应类别的机动车驾驶证。

驾驶人应当按照驾驶证载明的准驾车型驾驶机动车。

驾驶机动车时，应当随身携带机动车驾驶证。

申请机动车驾驶证的年龄条件和身体条件见第二章第三节。

2. 受理机动车驾驶证申请的机关

对于符合条件申领机动车驾驶证的，应按规定向车辆管理所提出申请，包括：

(1) 在户籍地居住的内地居民，应当在户籍地提出申请；

(2) 在暂住地居住的居民，可以在暂住居住地提出申请；

(3) 现役军人（含武警），应当在居住地提出申请；

(4) 申请增加准驾车型的，应当在机动车驾驶证核发地提出申请。

3. 初次申领机动车驾驶证的有关规定

初次申领机动车驾驶证的，应当填写机动车驾驶证申请表，并提交申请人的身份证明以及县级或者部队团级以上医疗机构出具的有关身体条件证明。申请增加准驾车型的，还应当提交所持机动车驾驶证。

4. 申请增加准驾车型的条件

已持有机动车驾驶证，申请增加准驾车型的，应当在申请前最近一个记分周期内没有满分记录。申请增加中型客车、大型客车准驾车型的，还应当符合下列规定：

(1) 申请增加中型客车准驾车型的，已取得驾驶小型汽车、小型自动挡汽车、三轮汽车准驾车型资格3年以上，并在申请前最近连续两个记分周期内没有满分记录；或者取得驾驶城市公交车、大型货车准驾车型资格1年以上，并在申请前最近一个记分周期内没有满分记录。

(2) 申请增加大型客车准驾车型的，已取得驾驶中型客车或者大型货车准驾车型资格5年以上，并在申请前最近连续三个记分周期内没有满分记录；或者取得驾驶牵引车准驾车型资格两年以上，并在申请前最近一个记分周期内没有满分记录。

申请增加大型客车、中型客车准驾车型的，不得有在造成人员死亡的交通事故中承担全部责任或者主要责任的记录。

5. 其他

申请机动车驾驶证并不以申请人是否参加了机动车驾驶培训学校或者机动车驾驶培训班作为条件。只要申请人具备上述条件就可以按照程序进行申请，如果申请可以通过车辆管理机构组织的考试，便可以获得机动车驾驶证。

驾驶培训学校、驾驶培训班应当严格按照国家有关规定，对学员进行道路交通安全法律、法规、驾驶技能的培训，确保培训质量。一是保证办学条件，如教学计划和大纲、驾驶场地、教室、教材、设备等；二是保证教学时间，大型客车、无轨电车150小时；其他汽车120小时；公安机关交通管理部门对持大型客车、大型货车、小型汽车、其他机动车学习驾驶证的，自发证之日起60、40、30、20天以后考试；三是保证教练车不超员，如小型教练车不超过6人；四是严把考试关，并严格审查培训时间，对考试合格率、新驾驶人在实习期内的安全驾驶情况进行跟踪。

第三节 驾驶员的审验及教育

在道路交通人机系统中,驾驶员是主要的和决定的因素,对驾驶员进行经常性的教育工作,即技术教育、法制教育、职业道德教育,是非常必要的。

一、道路交通对驾驶员的一般要求

(1) 要求驾驶员在思想上必须树立生产必须安全,预防为主,安全第一的思想,严格遵守交通管理条例和驾驶操作规程,确保人民生命和国家财产的安全。

(2) 在行车中能根据道路条件,车马行人动态和气候条件,掌握相应的驾驶方法,做到目测准确,动作迅速,反应敏捷,操作平稳,安全行驶。

(3) 应知应会汽车或所驾机动车的技术性能构造,独立进行所驾机动车的例行保养和排除常见的故障。

(4) 应知所驾汽车保养、修理分级的基本知识和燃、润料性能并能根据不同季节换用不同牌号燃、润料。

(5) 熟悉本部门、本企业的安全制度和一般监理业务。应知并能执行车辆运行业务,积极完成运输生产任务,提高车辆利用率,降低运输成本,延长车辆使用寿命。

二、驾驶员的审验

公安监理机关对所辖区内持有中华人民共和国机动车驾驶证者,每年(或每两年)进行一次审核考验的制度称为驾驶员年度审验。

驾驶证定期审验是道路交通安全管理的重要组成部分,是维护道路交通秩序、对驾驶人进行遵章守纪教育的一种重要措施。实践证明,驾驶员审验是对驾驶员进行安全教育,提高技术,端正驾驶作风的重要方法。同时也是驾驶员进行自我总结、自我教育的有力措施。

公安机关交通管理部门依照法律、行政法规的规定,定期对机动车驾驶证实施审验。

1. 审验的主要内容

(1) 对驾驶人进行身体检查;

(2) 审核违章、事故是否处理完毕。

2. 审验间隔期限

(1) 对持有准驾车型 A、B、N、P 驾驶证的和持有准驾车型 C 驾驶证从事营业性运输的和年龄超过 60 周岁的,每年审验一次;

(2) 对持有其他准驾车型驾驶证的,每两年审验一次,免身体检查。

定期审验按驾驶证的有效期起始年、月、日的月份进行。

3. 签章或记载

对审验合格的,在驾驶证上按规定格式签章或记载。持未记载审验合格的驾驶证不具备驾驶条件。

4. 审验机关

驾驶证审验可在车辆管理所、或具备条件的县级车辆管理机构、或城区交警支(大)队办理。对在外地因故不能返回接受审验的,可由车辆管理所委托外地车辆管理所代审。

5. 延期审验

驾驶员因故不能如期办理审验的,应事先申请延期办理。对未申请延期办理的,车辆管理所给予批评教育。连续两次不办理审验的,应注销驾驶证。

三、驾驶员的教育

管理交通的安全部门要以交通安全为中心,配合各级领导机关和有关部门,结合驾驶员工作分散、流动性强的特点,抓好抓紧驾驶员队伍的教育工作,尤其要抓好技术教育、法制教育和职业道德教育。

我国的交通事故原因构成中,驾驶员责任事故一般在70%左右。对驾驶员责任事故的进一步分析发现,这些事故与他们的技术水平、组织纪律和责任心有着密切的和直接的关系。以北京市发生的2 532次由驾驶员负主要责任的交通事故为例,大多数是由于思想麻痹、违反交通法规、缺乏职业道德和技术低劣造成的。见表5-4。

表5-4 机动车事故原因分析

原因	次数	比率/%	原因	次数	比率/%
思想麻痹	1 047	41.35	侵占慢车道	42	1.66
违章超车	306	12.09	技术不良	26	1.03
逆行	265	10.47	通过路口时车速过快	17	0.67
开快车	264	10.43	超载	15	0.59
制动不灵	145	5.73	酒后开车	11	0.43
非驾驶员开车	140	5.53	开车打盹	11	0.43
跟前车过近	132	5.21	总计	2 532	100
抢行	111	4.38			

开展驾驶员教育工作,是一项长期的、细致的、艰苦的工作,安全管理部门要认真研究,做好远景和近期规划,做好基础工作。

1. 技术教育

新中国成立五十多年来,我国交通运输事业发展突飞猛进,但由于多年来,尤其在文革期间,对智力投资、人才开发上重视不够,使我国职工队伍的技术水平、文化水平偏低,与和谐社会建设的要求极不适应。据查,某企业中80%的职工文化水平在初中以下,其中文盲、半文盲占职工总数7.8%,小学程度占30.6%,工人实际操作技术水平很低。近年来,随着汽车的普及,驾驶员数量增加,其文化水平亦有所提高,大学生学习开车也不在少数,但总体结构变化不大。在这种情况下,不用很大的气力,不下很大的决心,不做周密细致的计划,要想提高我国职工队伍的技术、文化水平,挖掘他们最大的劳动热情和积极性、创造性是不可能的。某省交通主管机关和劳动部门互相配合对全省驾驶员进行全员培训和技术考核,通过培训,实际应考的64 000余人中,及格率达到97.21%,使广大驾驶员在技术上得到了提高,促进了全省的交通安全工作。经过技术教育,在促进驾驶员精神文明的同时,注重促进物质文明的建设,收到了一定的社会经济效果。据五个地区的统计,在培训、考核中共有11个县杜绝了死亡事故,一般事故也有所减少。湘西汽车运输公司在全员培训、技术考核中，客货运输周转量完成下达计划的 104.6%，事故起数比上年同期下降 35.7%，大事故下降 75%，经济损失下降 35.7%，安全间隔里程比上年同期提高 77.44%，全公司报考驾驶员及格率达 97.8%。

2. 职业道德教育

什么是道德？道德是调整人们之间以及个人和社会之间关系的一种行为规则。道德属上层建筑，为一定的经济基础所决定，并反过来为这个基础服务。在阶级社会里，道德具有阶级性。

道德有三个特点：第一，道德是在一定物质生活条件的基础上，在人们思想意识中自然形成的；第二，道德的行为，要靠社会舆论，人们的信念、习惯、传统和教育的力量来维持。人们以善和恶、正义和非正义、公正和偏私、诚实和虚伪、正确和错误等观念来评价人们的行为，进而调整人们之间的关系；第三，在一定阶级社会里，道德是多种多样的，被统治阶级不可能有自己的法律，但可以有自己的道德。

职业道德是社会道德的重要方面，反映了社会道德的要求和水平。作为职业道德，它有自身的特点，有某些具体的内容，不可避免地受职业传统的影响，沿袭某些职业习惯。在社会主义社会里，共产主义道德规定了职业道德的性质与发展方向，指导人们去正确处理职业中的国家、集体和个人之间的关系，不断提高职业道德修养的自觉性，全心全意为和谐社会建设服务。因此，加强职业道德教育，是当前一个极为重要的课题。

职业道德是同职业活动紧密相连的。它是从事一定职业的人在职业活动的整个过程中，必须遵循的职业行为规范。因此，一定的职业道德总是与一定的职业对社会所负的特殊责任联系在一起的。

机动车驾驶员应具备什么样的职业道德呢？要从驾驶员这个职业对社会所负的特殊责任来考虑。机动车驾驶员的工作特点：一是分散作业，单车作业；二是肩负人民生命和国家财产的安危。正因为如此，驾驶员离不开全心全意为人民服务的宗旨。由于运输工作的特殊性和复杂性，载运旅客和国家财产，公路交通环境复杂多变，要求驾驶员必须时刻把人民生命和国家财产牢记心头，安全、准点、经济、舒适地把旅客和货物送到指定地点。对旅客要保证人身安全，对货物要文明装卸。保障安全，提高服务质量。

行车中，要经常会车、超车、让车等，要求驾驶员要有礼貌。即会车时先慢、先停、先让，把好的路面让给对方，为对方来车提供方便；超车时，要示意，决不能强行超车，待前车让路后，从左边超越，并致谢；遵守《交通规则》中的让车规定，宁停三分不抢一秒。总之，要把"礼貌"二字记在心中。

分析驾驶员职业工作的特殊性，总结出驾驶员职业道德的主要内容应是：文明优质服务，安全礼貌行车。

仅仅知道什么是职业道德还是不够的，安全管理机关和人员还应教育驾驶员将职业道德作为行动的规范。

3. 法制教育

社会主义法制国家按照工人阶级劳动人民意志建立起来的法律制度，总结了人民群众在社会主义革命和建设中的经验，保护人民的民主权利和合法利益，打击敌人，惩罚犯罪，是巩固人民民主专政，建设社会主义的重要工具。

前面讲到，道德在社会生活中起着很大作用，影响着人们的行为。但是由于道德没有法律上的强制作用，要想维护社会生活的健康发展，单靠道德是不够的，还必须依靠法律。要加强社会主义法制，严格执行纪律，同一切违法乱纪和犯罪现象做斗争，以利社会主义建设事业的顺利进行。

我们的法律是人民自己的法律，守法是每个公民应履行的光荣义务。只有人人自觉守法才会有良好的社会秩序。要做到自觉遵守国家法律，需要正确认识几个关系。

（1）正确认识和处理权利和义务的关系；

（2）正确认识和处理自由和纪律的关系；

（3）正确认识和处理小局和全局及个人、集体和国家的关系。

认识了以上关系，我们就能理解要求驾驶员必须遵守交通法规的目的。交通法规是交通管理方面的根本法。它是维护交通秩序的一种"带强制性的行政命令"，是维护交通秩序、便利交通运输、保障人民生命财产安全的规则。遵守交通法规是每一个驾驶员的起码要求，确保人民生命和国家财产的安全是每个驾驶员的神圣职责。

在教育广大驾驶员遵纪守法中，监理机关创造了很多好形式，好办法，取得了较为显著的效果。主要有以下几种形式：

（1）坚持"安全活动日"。"安全活动日"活动，一般每周一次。传达贯彻上级有关安全生产的文件，分析交通事故案例，交流交通安全行车的经验，研究、制定安全措施等。管理人员与广大驾驶员一起活动，既密切了关系，又得到了提高。

（2）举办违章肇事人员的学习班。安全管理人员把违章肇事者集中在一起，帮助他们分析发生违章肇事的原因，组织他们学习交通管理条例，用血的教训帮助他们提高认识，并结合肇事者违章肇事的行为查原因、论危害、找差距、定措施，提高对交通安全的认识。举办违章肇事人员学习班时，一定不要歧视他们，要找一些与他们十分谈得来的人与他们谈心，分析事故原因，找出发生事故的内因、外因等潜在因素，并帮他们维修好破损车辆，尽早走出事故阴影。

（3）办初级驾驶员学习班。针对学习驾驶员、实习驾驶员年轻、经验少，对交通安全和交通法规认识不深，给他们举办学习班，学习交通管理条例，组织交通执勤，使他们养成遵守交通规则的自觉性。

（4）召开各种会议，对广大驾驶员进行正反两个方面的教育。如经验交流会、先进表彰会、违章肇事处理会、事故现场会等。

第四节　驾驶员的处罚规定

（1）机动车驾驶人违反道路交通安全法律、法规关于道路通行规定的，处警告或者20元以上200元以下罚款。其违反道路交通安全法律、法规是指《道路交通安全法》中第四章第一、二节和第五节关于机动车通行的规定及其行政法规、规章或者地方法规规定的其他通行规定。

（2）饮酒后驾驶机动车的，处暂扣1个月以上3个月以下机动车驾驶证，并处200元以上500元以下罚款；醉酒后驾驶机动车的，由公安机关交通管理部门约束至酒醒，处15日以下拘留和暂扣3个月以上6个月以下机动车驾驶证，并处500元以上2 000元以下罚款。

一年内有上款规定醉酒后驾驶机动车行为，被处罚两次以上的，吊销机动车驾驶证，五年内不得驾驶营运机动车。

（3）公路客运车辆载客超过额定乘员的，处200元以上500元以下罚款；超过额定乘员20%或者违反规定载货的，处500元以上2 000元以下罚款。

货运机动车超过核定载质量的，处200元以上500元以下罚款；超过核定载质量30%或者违反规定载客的，处500元以上2 000元以下罚款。

有前两款行为的，由公安机关交通管理部门扣留机动车至违法状态消除。

（4）有下列行为之一的，由公安机关交通管理部门处200元以上2 000元以下罚款：①未取得机动车驾驶证、机动车驾驶证被吊销或者机动车驾驶证被暂扣期间驾驶机动车的；②将机动车交由未取得机动车驾驶证或者机动车驾驶证被吊销、暂扣的人驾驶的；③造成交通事故后逃逸，尚不构成犯罪的；④机动车行驶超过规定时速50%的；⑤强迫机动车驾驶人违反道路交通安全法律、法规和机动车安全驾驶要求驾驶机动车，造成交通事故，尚不构成犯罪的；⑥违反交通管制的规定强行通行，不听劝阻的；⑦故意损毁、移动、涂改交通设施，造成危害后果，尚不构成犯罪的；⑧非法拦截、扣留机动车辆，不听劝阻的、造成交通产生阻塞或者较大财产损失的。

行为人有第②项、第④项情形之一的，可以并处吊销机动车驾驶证；有第①项、第③项、第⑤项至第⑧项之一的，可以并处15日以下拘留。

（5）违反道路交通安全法律、法规规定，发生重大交通事故，构成犯罪的，依法追究刑事责任，并由公安机关交通管理部门吊销机动车驾驶证。

造成交通事故后逃逸的，由公安机关交通管理部门吊销驾驶证，且终生不得重新取得机动车驾驶证。

（6）对违反道路交通安全法律、法规关于机动车停放、临时停车规定的，可以指出违法行为，并予以口头警告，令其立即驶离。机动车驾驶人不在现场或者虽在现场但拒绝立即驶离，妨碍其他车辆、行人通行的，处20元以上200元以下罚款，并可以将该机动车拖移至不妨碍交通的地点或者公安机关交通管理部门指定的地点停放。公安机关交通管理部门拖移不得向当事人收取费用，并应当及时告知当事人停放地点。

机动车安全技术检验机构实施机动车安全技术检验超过国务院价格主管部门核定的收费标准收取费用的，退还多收取的费用，并由价格主管部门依照价格法的有关规定给予处罚。

机动车安全技术检验机构不按照机动车国家安全技术标准进行检验，出具虚伪检验结果的，由公安机关交通管理部门处所收检验费用5倍以上10倍以下罚款，并依法撤销其检验资格；构成犯罪的，依法追究刑事责任。

上道路行驶的机动车未悬挂机动车号牌，未放置检验合格标志、保险标志，或者未随车携带行驶证、驾驶证的，公安机关交通管理部门应当扣留机动车，通知当事人提供相应的牌证、标志或者补办相应手续，并可以依照《中华人民共和国道路交通安全法》第90条的规定予以处罚。当事人提供牌证、标志或者补办相应手续的，应当及时退还机动车。

伪造、变造机动车登记证书、号牌、行驶证、检验合格标志、驾驶证或使用其他车辆的机动车登记证书、号牌、行驶证、检验合格标志、保险标志的，由公安机关交通管理部门予以收缴，扣留该机动车，并处200元以上2 000元以下罚款；构成犯罪的，依法追究刑事责任。当事人提供相应的合法证明或者补办相应手续的，应当及时退还机动车。

自2004年5月1日《中华人民共和国道路交通安全法》实施以来，全国公路交通安全形势正在逐步好转，该法对保障全国道路交通安全、畅通发挥了积极作用，为道路交通管理工作奠定了良好的基础。

尤其是对驾驶员的要求更严格了，违章处罚也更严厉了，但其中也对于情节轻微，未影响道路通行的，指出违法行为，给予口头警告后放行。这既体现了法律严肃的一面，也体现了教育、关心和人文关怀的一面。其目的：一方面在于及时纠正道路交通安全违法行为，消灭事故隐患，防患于未然，尽量保证道路交通的安全与畅通；另一方面，让道路交通违法行为人及时改正自己的违法行为，了解自己的行为对道路交通的危害性。对于其违法行为，可以当场改正的，责令当事人立即改正；对于不能当场改正的，则可以责令当事人限期改正。罚款只是手段，不是目的，其目的就是通过此手段，让广大人民遵纪守法，从而保障交通秩序良好和人民的生命及财产安全。

总之，自新的《道路交通安全法》实施以来，大家普遍认为新的比过去的交通法规全面多了、规范多了、严格多了，它总结了我国解放后50多年交通管理之经验，也汲取了一些外国的先进做法，可以说是具有中国混合交通特色的一部交通管理的基本法规。作为交通安全管理人员和驾驶人员都应认真贯彻执行，防患于未然，把"提前科学"的机制引入到交通管理方面来，贯彻预防为主的方针，以收到最大的预期效果。××地矿局应用生物节律搞好交通安全工作就是很好的例子。从我国国情出发，我们应当做好群众的宣传教育工作，使广大群众增强交通安全意识，人人自觉遵守《道路交通安全法》。只有从管理安全工作的领导、车管干部、驾驶人员和广大群众诸方面重视起来，使交通管理法规人人重视，层层落实，群策群力，预防为主，在人、车、环、法四个方面狠下工夫，才能把事故大幅度地降下来。

第六章 机动车运行管理

第一节 装 载

一、一般装载

(一) 机动车载质量的规定和依据

车辆的载质量不准超过行驶证上核定的载质量,即机动车载物应当符合核定的载质量,严禁超载。载物的长、宽、高不得违反装载要求,不得遗洒、飘散载运物。机动车载人不得超过核定的人数,客运机动车不得违反规定载货。禁止货运机动车载客,货运机动车要附载作业人员的,应当设置保护作业人员的安全措施。

载质量一般是按车辆制造厂规定的额定载质量,如果是改装车可与同类车进行比较核定,有条件时最好进行验算和试验确定之。载质量的规定主要考虑以下诸因素。

1. 车辆行驶的安全

(1) 装载超重会使轮胎负荷加大,变形加重,容易发生爆胎现象,特别是在车速较快的情况下,万一发生前轮爆胎,其危险性更大。因前轮是转向轮,爆胎后的两轮滚动半径不同,会使车辆立刻偏向爆胎的一侧行驶,常常发生事故。

(2) 影响车辆的转向性能。超载可以造成转向非常沉重,转弯时离心力增大,操纵困难。

(3) 影响车辆的制动性能。车辆超载会使制动效能降低,在正常情况下运输车辆载质量增加 1t,制动距离大致增加 0.5~1m,而超载的影响还要大几倍。

2. 车辆的使用寿命

车辆在运输中超载,可使发动机的负荷增大,容易发生过热现象,加剧机件磨损,同时也增大耗油量。装载超载还会使汽车钢板弹簧负荷增大,容易折断。超载会使车架负荷加大,特别是在山区崎岖不平的路面上行驶时,最容易发生车架变形,铆钉松动、折断,甚至有可能改变一些总成的相互位置。如客车载人超载常发生后桥移位,影响车辆的正常行驶。这些都影响车辆的使用寿命和行车安全。

(二) 装载高度的依据

重型、中型载货汽车、半挂牵引车载物装载高度一般应从地面算起不得超过 4m,载运集装箱车辆的高度不得超过 4.2m,这主要考虑两个因素。

1. 车辆行驶的稳定性

车辆抗翻倾稳定性是指车辆在行驶中不致发生纵向或横向翻倒的能力,它直接影响车辆的行车安全。

车辆在行驶过程中，随运动状态的改变，上坡、下坡、转弯，作用在前后车轮、左右车轮上的法线反作用力也要随着改变。两前轮、两后轮或两左轮、两右轮法线反作用力为零（附着力因而也为零）时，均会使车轮行驶稳定性遭到破坏，并导致车辆的纵、横向翻车，造成严重事故。

从车辆对上、下坡时的受力和在侧向坡道上转向时的受力分析可知，车辆抗纵向翻车稳定性的关系式是：

$$L/h > \varphi \tag{1}$$

式中：L 为车辆的重心至后轮着力点的距离（m）；h 为车辆的质心至地面的高度（m）；φ 为道路的附着系数。

车辆抗横向翻车稳定性的关系式是：

$$B/(2h) > \varphi \tag{2}$$

式中：B 为车辆的两轮距。

从式（1）、式（2）中可以看出，车辆的重心高度提高，对车辆行驶的稳定性和抗翻倾性有着极大的影响，装载高度提高，质心高度必然提高，所以，为保证车辆行驶安全，必须限制装载高度来降低车辆的质心高度。

2. 建筑物和架设线路对装载高度的影响

车辆在运输过程中所经过的路线是复杂的，有时必须通过门楼、隧道和架设的各种线路，如果装载过高往往会碰坏货物和车辆本身，甚至碰坏建筑物，造成重大事故。如××石油局运送石油钻机，经过××铁路铁路桥时，因钻机装载高度超高18cm，碰到铁路桥桥面，造成五块面板损坏，影响火车通行3个多小时，造成经济损失57万多元。因此，也必须对车辆装载高度予以限制。

（三）装载宽度的规定

机动车的装载宽度不得超过车厢宽度，这个规定主要是考虑到我国现有公路水平和多车道的情况，在车辆交会时必须保证留有最小侧向安全距离，以保证行车安全。

（四）装载长度的规定

机动车装载长度的规定，如大型货车，其装载长度亦不得超出车厢长度，即载物长度是指货物不论是往前装还是往后装，其超出车厢部分不准超过规定的总长度，且货物必须拴牢。这样规定，主要是考虑车辆行驶中的纵向稳定性和转弯时所扫过的空间面积。

根据车辆抗纵向翻车稳定性的关系式 $L/h > \varphi$，如装载长度前后伸出车厢过长，势必影响车辆重心在前后方向的变化，随之车辆行驶中的纵向稳定性也会遭到破坏，如伸出车厢前面过长，那么易发生机动车转向过重，且在下坡时易造成纵向前翻的危险，尤其是下坡紧急制动时更易如此。伸出车厢后面过长，上坡时易触地，也可能造成向后翻倾。另外，由于装载时前后伸出过长，车辆在转弯时，扫过空间面积过大，容易与其他车辆、行人、固定物相碰或刮擦，这对安全也是极不利的。

二、禁止货运机动车载客

货运机动车指主要用于运输货物的汽车，也可牵引挂车。《道路交通安全法》第50条对货运机动车载人提出了严格的要求。首先，货运机动车载人不得超过行驶证上核定的人数。其次，不准载客。载客是指在车厢内搭乘除作业人员以外的任何人员，车厢内不准乘坐任何非作业人员。与客运机动车相比,货运机动车在车身安全性、乘车舒适性、使用方便性上都不具备搭载乘客的要求。由于一般没有特别的安全防护设施,在上下车、急转弯以及颠簸时,极易发生交通事故。另外,货运机动车载客在主管部门的监管之外,一旦发生意外,乘客的合法权益得不到保障。比如,发生纠纷时,没有主管部门解决;发生交通意外时,由于不可能购买乘客座位险,往往得不到保险公司及时合理的赔偿。

货运机动车附载作业人员应有安全措施。附载,是指货运机动车根据运输货物的需要,在车厢内附载有关人员。作业人员是指为了保护货物和行车安全的押运人员或者装卸人员。安全措施,指车厢内保证作业人员安全的固定或可移动的座位,加固的车厢栏板、车扶手、密闭车厢等。

货运机动车禁止载客,但是可以附载作业人员。附载作业人员有两个条件:一是运输货物需要押运或装卸人员;二是必须在有安全措施的情况下。两个条件缺一不可。

三、特殊货物运输安全

(一) 特殊货物的概念

特殊货物主要是指货物在运输过程中,其长、宽、高和质量超过了规定的限制,即指的是超高、超宽、超长和超质量的货物。

(二) 特殊货物装载的要求

在特殊情况下,有上述所指的特殊货物必须进行运输时(如常见的大型机床、钻机等,高度超过规定)须事先报请公安机关交通管理部门,写明超长、超宽、超高或超质量的具体情况,由公安机关交通管理部门批准,签发车辆通行证,凭证按指定的时间、指定的路线、规定的内容进行装载运输。其超高、超宽、超长部分应挂有标志,白天可挂 5cm×20cm 的红布条,在特殊情况下,为确保交通安全,还可以实行交通管制。必要时还应有公安机关沿途指挥、疏导交通。

四、危险货物运输的安全

运输危险货物时,一定要十分注意运输过程中的安全,什么为危险货物呢?

(一) 危险货物的概念

危险货物是指运输或保管中,可能会使人受伤或中毒的物资,或使车辆、建筑物和道路遭到破坏的那些货物。经常用车辆运输的有以下几种:爆炸品(炸药、雷管等)、易燃品(汽油、酒精、丙酮等)、毒品、腐蚀品(酸、碱等)、压缩气体以及放射性物资等。

(二) 办理危险品运输通行证

通过公路运输危险货物的,托运人应当向目的地的县级人民政府公安部门申请办理危险货物公路运输通行证。提交有关危险货物的品名、数量、运输始发地和目的地、运输路线、运输单位、驾驶人员、押运人员、经营单位和购买单位资质情况的材料。运输车辆必须遵守公安部门规定的行车时间和路线。

运输危险货物途中需要停车住宿或者遇有无法正常运输的情况时,应当向当地公安部门报告。

(三) 危险品货物装运的要求

运输危险货物时,必须遵守以下规定:

(1) 驾驶人员一定要选择责任心强，技术水平较高，熟悉道路情况的人担任，还应懂得处理危险货物的方法。车辆技术状况要完好。

(2) 危险品要包装牢固、严密，不得与其他货物混装。

(3) 货物上面应附有专门标记（爆炸品、有毒品、易燃品）。车上要有明显的标志符号（写字或插旗）。要降低载质量，运输时应有非常熟悉处理危险品的人员押运，不准搭乘其他人员。押运人员、驾驶人员在货物没卸完之前不准离开现场。

车辆驾驶人员除应遵守以上规定外，还应注意以下事项：应了解清楚所运危险品的性质，在装载、卸货和运输途中应注意的规定；行车时要开得平稳，转弯减速时不准使用紧急制动，防止剧烈震动；车速要降低，一般不要超过 20～30km/h；在设有限速标志的地段，车速一定要低于限速的规定，不准超越机动车辆，以免发生意外；行车间距要加大，通常要大于 50m，在坡道上行车要增大到 300m 左右；泥泞道路和冰雪路面附着条件差，车距更应加大；车队行驶中需要临时停车时，车间距离也要保持在 50m 以上。

在运输危险货物的过程中，不准在车内或靠近车辆的地方吸烟，更不准驶近火源地带。途中需要休息停车时，应远离居民点，更不准在发动机工作时向油箱内加油。运输易燃品时，车辆的消音器要引到散热器附近，或者在原处不动而加上保险罩。运输燃料的油罐车，在停驶、装油、放油时都应插好地线，行驶中油罐外壳的"接地线"也要触地，并要在车上备设灭火器具（如灭火器、砂箱、铁锹等），一旦出现火情，应立即灭火，以防危险货物引燃或爆炸。

第二节　车辆行驶

一、右侧通行的规定

我国交通法规中规定是右侧通行制。目前世界上有右侧通行制，也有左侧通行制，难言谁优谁劣，二者各有利弊。主要由各国人们的习惯不同而形成的。

(一) 两种通行制的形成

目前世界上基本上是海岛国家（如日本、英国及西欧一些国家等）执行左侧通行制，据说是从海上航行沿用下来的。15 世纪英国海军部为了减少进入泰吾士河的船只的相撞事故，规定进入泰吾士河的船只，将太阳运行方向让给驶出泰吾士河的船只，泰吾士河的流向是先由北向南再转向东流，经伦敦入海，太阳运行的方向是由东向西，即由东向西进入泰吾士河的船只应给出泰吾士河进入海口的船只让路。即出泰吾士河的船只靠东岸（后靠北岸）行驶。这便形成了左侧通行制。

而大陆国家（中、美、俄等）大都是右侧通行制。据说是因有军队后，两支军队路上相遇时，采用靠右侧行进的规则是因为士兵是右手持矛或剑，免得碰到对方军队，后来这一规则沿用到道路交通运输上，形成了右侧通行制。

(二) 我国右侧通行制的确定

鸦片战争之后，英帝国主义侵入中国。当时英国在我国势力较强，进入的车辆也较多，所以采用左侧通行制。后来日本军国主义侵入我国，继续采用左侧通行。第二次世界大战后，美国与国民党政府结为友好国家，美国汽车大量输入，因美国实行右侧通行制，这样国民党政府通令全国，从 1946 年 1 月 1 日 0 点起改为右侧通行制，一直沿用到现在。

但是，直到现在我国在航海、河运、铁路运输中仍采用左侧通行制。

二、车辆最小安全距离

车辆之间应保持多大行车距离，这是一个经常遇到的问题。因为行车间距太小，容易发生撞车事故，而行车间距过大会使道路通过能力下降，平均运输率降低。所以行车中，必须有一个适当的距离，这个间距的大小取决于车辆的制动非安全区的范围。驾驶员采取紧急制动措施时，因为车辆在行驶中所储存的动能不能立即、全部转化为其他能量，而总是要有一个过程会使车辆继续行驶一段距离。在这段距离内随时都有发生事故的可能，因此，称它为制动非安全区。

制动非安全区的范围与驾驶员的反应时间、操作熟练程度有关，也与车辆的行驶速度、路面状况（附着能力）、载质量及车辆本身的制动系统的技术状况等有关。行车中的安全距离应充分考虑以上诸影响因素，前后跟随的车辆，其间距的大小必须按前车突然停车，后车随之制动能保证不撞上前车为原则，这个安全距离即为车辆行驶的最小安全距离。

（一）安全距离的确定

从车辆行驶的安全距离的概念中可知，安全距离主要取决于制动非安全区。为了搞清影响制动非安全区的诸因素，首先应弄清车辆制动的减速过程。

车辆制动减速过程可用图 6-1 表示。

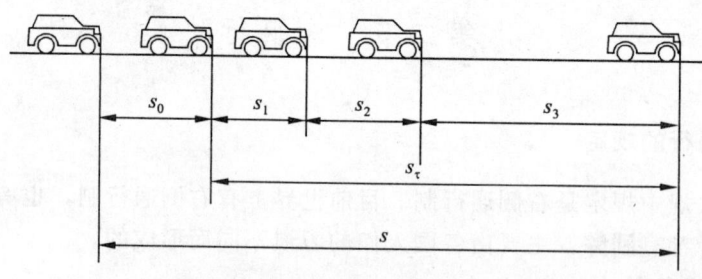

图 6-1 汽车制动的非安全区

$$s = s_0 + s_1 + s_2 + s_3$$

式中：s 为驾驶员从发现目标到车辆完全停下来走过的距离（m）；s_0 为驾驶员反应时间 t_0 车辆所走过的距离（m）；s_1 为制动系的反应时间 t_1 车辆所走过的距离（m）；s_2 为制动系（或减速度）增长时间 t_2 车辆所走过的距离（m）；s_3 为制动持续时间 t_3 车辆所走过的距离（m）。

车辆各段时间行驶的距离可用下列各式近似计算：

$$s_0 = v_0 t_0$$
$$s_1 + s_2 = [t_1 + (1/2)t_2]v_0$$
$$s_3 = v_0^2/(2j_1)$$
$$s = v_0 t_0 + [t_1 + (1/2)t_2]v_0 + v_0^2/(2j_1)$$

式中：v_0 为车辆行驶速度（m/s）；j_1 为制动减速度（m/s²）。

从上式可以明显看出，影响制动非安全区大小的主要因素是：车辆行驶速度、驾驶员的反应时间、车辆的制动性能（制动系的反应时间和制动减速度）、路面的附着性能（因 $j_1 = g\varphi$）等。

（二）行车时对安全距离的一般要求

同车道行驶的机动车，后车必须根据行驶速度、天气和路面情况，同前车保持适当的安全距离。

应在保证行车安全的前提下，考虑道路的车辆通过能力，综合考虑各因素的影响，在大于制动非安全区的情况下，分别对各种情况规定出行车的安全距离。

《城市和公路交通管理规则（试行）》第 10 条规定：同方向行驶的车辆，前、后两车之间的距离，在公路上保持 30m 以上，在市区保持 20m 以上，在繁华街道地段保持 5m 以上，在冰雪道路上保持 50m 以上。原《道路交通管理条例》第 37 条规定：同车道行驶的机动车，后车必须根据行驶速度、天气和路面情况，同前车保持必要的安全距离。

三、车辆的侧向安全间距

车辆运行中，相互交会的机会很多，道路的宽窄、视线的好坏、行车的速度等，都对车辆交会有一定影响。因此在会车和超车的过程中，两车侧面的间距也不同，如表 6-1。

表 6-1 在不同车速下的侧向最小安全间距和车辆至路边的最小距离

两车车速相同/km·h^{-1}	两车最小安全间距/m	车辆至路边的最小距离/m
20	0.5	0.5
30	0.57	0.6
40	0.64	0.7
50	0.69	0.8
60	0.74	0.9
70	0.79	1.0
80	0.84	1.1
90	0.89	1.2
100	0.94	1.3

车辆的侧向间距到底应该保持多大，在我国一般认为：行车速度在 40~60km/h，车辆侧面最小安全间距应为 1.0~1.4m，行车与人行道的距离为 0.5~0.8m。所以凡是在窄路上会车，应降低车速，驾驶员都应把车向右靠行驶，如果路边土质松软，注意不要因让车而翻车，如在 5m 道路上会车，车速要降至 15km/h。

四、弯道行驶的安全

车辆在转弯时的轨迹对行车安全有着重要影响，现代汽车都是前轮转向，在转向的每一时刻都是围绕一个中心点做圆弧行驶，这个中心称为瞬时转向中心。将方向盘向左（右）转到底的时候，车绕圆周行使其半径最小，对此称为车辆最小转弯半径。它表明车辆能否安全地通过狭窄弯曲路段，能否绕开障碍物的能力。

如解放 CA10B 型汽车最小转弯半径为 9.2m，内轮差为 1.5m。（内轮差是车辆转弯时内前轮和内后轮转弯半径之差）。

车辆转弯时的轨迹，从安全上要考虑两个问题：一是车轮不能离开路面的正常轨迹，以防脱离道路而掉沟；二是车体在运行中不要撞及其他车辆、行人或建筑物。总之，车辆在转弯时，车轮轨迹、车体宽度都要比直线行驶时增宽，应做到心中有数。

车辆转弯时前轮和后轮的轨迹不重合，这种内轮差往往被人忽视，只顾前轮通过，忘记了内轮差，那么就可能造成内后轮掉沟或撞及建筑物而发生事故。

在弯路行驶时车辆要产生离心力，在车速高而转弯半径小的情况下，离心力是很大的。车速越高产生的离心力越大（成平方比例增长），所以车辆在高速转弯时容易出现侧滑、翻车事故。

另外，弯曲山路和傍山转弯处，因地形（或建筑物）的障碍可形成视线盲区。其大小与弯道半径、地形情况有关。如图 6-2 所示。

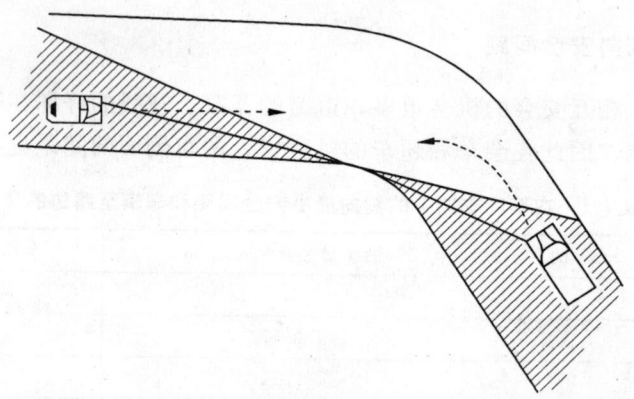

图 6-2　山道弯路视线盲区

为了保证弯道行车安全，应注意以下几点：

(1) 道路设计时，弯道的外侧要高于内侧，形成横向坡度（一般要求在 8%～10%）。

(2) 从弯道行驶特点中可知，路面的横向附着系数对产生侧滑影响极大，因此弯道在管理上要特别注意，应及时养护，保持路面平整，不积水，不积雪，不结冰。

(3) 弯道行驶存在视线盲区，这些视线盲区的形成原因，主要是地形地物或人为的堆放物所造成的。因此应拆除影响行车视距的障碍物，保证弯道视距符合规定的要求。

(4) 通过弯道时驾驶更应十分注意，必须要减速、鸣号、靠右行，注意内轮差及车辆宽度。从特点分析中可知，通过弯道车速过高，对车辆侧滑、横向翻倾、制动非安全区等都有极大的影响，因此在弯道上应低速行车。但减速应在进入弯道之前开始，进入弯道减速不要使用制动器，因为制动时更易产生侧滑。

(5) 在弯道驾驶车辆时，转动方向盘不宜过急。

(6) 车辆的质心高度是影响车辆在弯道上行驶时横向翻倾的重要因素之一，因此，车辆装载不要过高，也不要偏向一侧，否则横向稳定性会受到严重影响。

(7) 道路转弯处，应按规定设置交通标志。

(8) 在急转弯地段应按规定设置路面标线或采用其他分割车道的措施，必要时应有照明装置和护栏。

五、交叉路口行驶的安全

首先，交叉路口行驶因交叉点多，要碰到不同方向行驶的车辆；其次，行人密度大，情况十分复杂；另外，视距受地形、建筑物等因素影响，使驾驶员视线受到限制，出现观察不到的视线盲区，如图6-3所示。

所以通过交叉路口时要保证安全，必须：

（1）注意瞭望，听从交通民警的指挥，绝不可抢行。

（2）降低车速，以便细心瞭望清楚其他车辆和行人的活动情况。行车速度应保证在万一发生突然情况时，可以采取紧急措施，保证安全。

（3）靠右侧通行，如转弯车辆也应遵守弯道行驶的要求，一定要注意内轮差，防止事故。

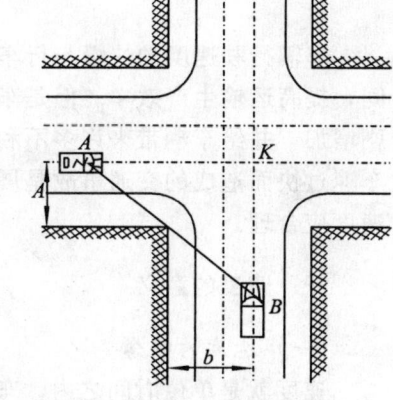

图6-3 交叉路口视距三角形

六、车辆通过铁路与公路交叉口时的安全

（1）驾驶汽车通过铁路与公路交叉口时，要提高警惕，降低车速，看清信号和服从管理人员的指挥。当遇栏杆放下，发出禁止通行的声光信号或管理人员示意火车即将通过时，各种车辆必须依次停在停止线以外，无停止线的应停在距铁轨5m以外。允许通过时再行通过。

（2）通过没有信号设施或无人管理的路口时，要提前查看清楚是否有火车来往，确认安全后再行通过，切不可冒险。

（3）过交叉口时，不要熄火滑行；要避免在交叉口上换挡，以防造成发动机熄火；万一熄火开不动时，要设法尽快将车辆拖（推）离铁路，以防与来往火车发生碰撞事故。

七、通过傍山险路的安全

傍山险路，弯多道窄，视线不好，往往一边是陡峭的山崖，另一边是深沟或河川，十分危险。通过时要提高警惕，时刻注意道路和对面来车情况。会车时，靠山壁一侧的车辆要尽量靠近山壁行驶，以给对面来车尽量多留出一些路面，同时还要时刻注意车上人员、货物、篷杆不要与山石、树木相挂碰。遇有危险路段，应停车查看清楚，做到心中有数，谨慎通过。

八、车辆过渡和通过漫水路、桥时的安全

（1）车辆经过渡口，必须服从渡口管理人员指挥，按指定地点依次待渡。

（2）机动车上下渡船时，车轮要对正跳板，低速缓行。上船后，慢行至指定位置停好车，拉好手制动，熄火后将变速杆放入一挡或倒挡，前后车轮用三角垫木塞住，以防车辆移动。

（3）大小客车或执行任务的特种车可优先过渡，所有车辆过渡时，乘员一律下车，但驾驶员不得离开驾驶室。

（4）车辆行经漫水路、桥时，必须停车察明水情，确认安全后，低速通过，通过时前面应有人引路指挥，不准盲目通行。过漫水路、桥后，为避免刹车鼓、制动蹄片进水打滑，应慢踩制动，使刹车鼓与制动蹄片摩擦至发热，将水蒸发掉能正常制动。

第三节 行驶速度

车辆行驶速度的快慢与行车安全有着重要关系。增加车辆的行驶速度，可以缩短运输时间，提高运输生产效率。但是车速过快往往使车辆失去操纵性和稳定性，使制动非安全区急剧增加，并给车辆带来许多不利影响。因此车速的快慢直接影响到交通安全。实践证明，因车速过快而造成的交通事故是屡见不鲜的，十次事故九次快，就是这个道理。所以车辆行驶速度应合理。

一、速度的意义

（一）速度的概念

速度就是单位时间之内，车辆的行驶距离，可用下式表示：

$$v = s/t$$

式中：v 为车辆的行驶速度（km/h）；t 为车辆行驶时间（s）；s 为在 t 时间内车辆行驶的距离（m）。

若把行驶时间 t 缩小到非常短，则在一瞬间内通过某一非常短的距离时的速度称为瞬时速度（$v = ds/dt$）。车辆上车速表指示的车速、交通规则中规定的车速、交通标志中限制的车速等，均为瞬时速度。

（二）速度与成本的关系

对一些车辆的调查表明，载货汽车的速度提高到 30～40km/h 时，运输成本最低，此为经济车速。因为低于 30km/h 时，运输生产效率很低，而相对耗油量很大。而 40～60km/h 的范围，成本下降缓慢，因为这段速度间隔里，运输效率有明显提高，而相对耗油量和车辆保修费用也随之提高，两者相抵就显出成本下降缓慢。当速度超过 60～70km/h 时，运输成本几乎不变，这是因为随车速提高，运输生产率也提高，但相对耗油量增加，车辆使用寿命降低（零件磨损加剧、变形和破损产生），保修费用明显提高。综上所述，单从经济观点来看，速度在 60～70km/h 是合理的，而速度在 30～40km/h 应是最低允许速度（经济车速），也是比较合适的。

（三）行驶速度与交通安全的关系

图 6-4 是行车速度与交通事故的调查统计曲线，说明速度在 50～60km/h 时交通事故最少，而当速度低于 50km/h 和大于 90km/h 时交通事故增加很快。据国外资料介绍，交通事故死亡人数最少时，其速度为 30～70km/h，而 85～90km/h 时，因交通事故而死亡的人员迅速增多，其关系

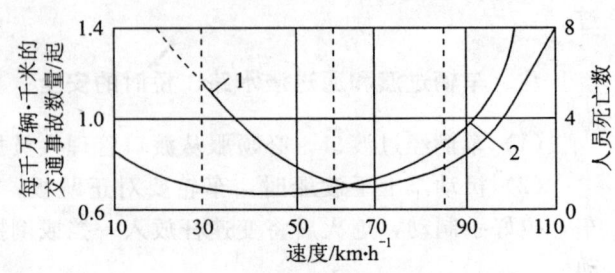

图 6-4 速度对交通安全影响曲线

1—交通事故数；2—人员死亡数目

见图 6-4。

总之，可以这样理解，即车辆的行驶速度越低，反映出"人、车、道路、环境"诸要素综合功能效率越差，因而就容易发生交通事故。而超高速行驶时，交通事故猛增的原因是：

(1) 超高速行驶，使车辆形成冲突点和交织点的机会增多。

(2) 超高速行驶往往会破坏车辆的操纵性和稳定性。

车速越快，车辆转向时产生的离心力越大。使车辆所受的横向力加大，有时使车轮离开正常行驶路线，跑到沟里，有时使车辆产生侧滑，碰到障碍物或直接滑到沟里而造成翻车事故。

(3) 超高速行车扩大了车辆制动非安全区。

超高速行车还会使车辆冲击力猛增，驾驶人员动视力下降等等，这样往往就容易发生交通事故。凡是超高速行驶发生的交通事故，其后果都比较严重。

二、速度的确定

随着机动车行驶速度的加快，因高速行驶而带来的危险也日益增加。尤其是驾驶人的超速行驶，更是机动车违章造成交通事故的主要原因。据 2004 年 2 月份交通事故分析，在机动车驾驶人违章行为造成的事故中，超速行驶造成死亡人数高达 1 564 人，占重点违章导致死亡人数的 50%。而且，比 2003 年同期因超速造成死亡人数增加 492 人，上升了 45.9%。总之，超速行驶可谓是马路"第一杀手"，必须对机动车行驶速度进行严格规范和管理。

(一) 影响行驶速度的主要因素

1. 驾驶员的技术性能及生理特征差异

一个技术条件好的驾驶员，由于操作技能熟练，熟知自己所驾车辆的结构性能及技术状况，在各种道路上和较复杂的交通条件中驾驶，都可以正确地进行驾驶操作和处理所遇到的交通问题，一般车速高一些也可以安全行车。但与此相反，一个技术条件较差的驾驶员，以同样的速度行驶，当遇到突然情况时，就往往会手忙脚乱，不知所措，而造成交通事故。

驾驶员的生理特性，如反应灵敏度、视觉机能不同，驾车行驶速度也应不同。要根据自己的能力，留有余地，更不要在有人随车检查时，任性逞能，而造成不应有的事故。

2. 车辆的技术性能

车辆的技术性能好坏，对行驶速度有很大的影响，对行车安全有着重要的作用。如 CA10B 型汽车的最高行驶速度是 75km/h，指的是发动机节流门全开，变速器挂最高挡拉的情况下，汽车满载（不带挂车）在平坦而坚硬的路面上做稳定行驶时的速度。而北京 BJ212 型汽车设计最高行驶速度为 80km/h。

3. 道路条件

道路条件对车辆行驶速度影响极大。如在平原、微丘地带和山岭地带、重丘地带行驶速度有很大的不同，一、二、三、四级公路行驶速度规定也不尽相同。目前我国三、四级公路占的比例较大，这样公路本身就限制了车辆最高时速。如果强行提高行驶速度，自然对行车安全不利，甚至造成严重的行车事故。

4. 交通环境

交通环境主要是指车辆所经过的道路周围的情况（如地形、地貌）；所行驶道路上其他使用者（同向和异向行驶的各种车辆、行人）对车辆行驶的影响程度；气象条件等。所以交通管理条例中对不同的交通环境，分别作出了限速的规定。

（二）我国对机动车行驶速度的规定

1. 行驶速度的一般规定

机动车在道路上行驶不得超过限速标志、标线标明的速度。在没有限速标志、标线的道路上，机动车不得超过下列最高行驶速度：

（1）没有道路中心线的道路，城市道路为30km/h，公路为40km/h；

（2）同方向只有一条机动车道的道路，城市道路为50km/h，公路为70km/h。

对于机动车行驶速度的限制，《道路交通安全法》规定：机动车上道路行驶，不得超过限速标志标明的最高时速。在没有限速标志的路段，应当保持安全车速。

但是机动车遇有高于或低于上述规定的限速交通标志和路面文字标记时，高于上述规定的，准许按所示时速行驶，低于上述规定的，应按所示时速行驶。

2. 限速规定

机动车行驶中遇有下列情况之一时，最高时速不准超过30km，拖拉机不准超过15km。

（1）进出非机动车道、通过铁路道口、急弯路、窄路、窄桥时；

（2）掉头、转弯、下陡坡时；

（3）遇雾、雨、雪、沙尘、冰雹，能见度在50m以内时；

（4）在冰雪、泥泞的道路上行驶时；

（5）牵引发生故障的机动车时。

《道路交通安全法》取消了最高时速和最低时速的具体规定，但不是取消车速限制。具体车速规定体现在限速标志上，或在相关配套法规中解决。俗话说："十次事故九次快。"大量的交通事故都是与行车时没有按规定时速行驶有关，超速行驶可以说是"隐形杀手"。一是超速行驶，视力下降，判断不准。驾驶人在行车中的视力为动视力，动视力比静视力低10%～20%。动视力与速度成反比，车速越快，视力下降越多。当时速达72km时，原视力为1.2的驾驶人，动视力会下降到0.7。此外，时速为60km的车辆，其前方约240m的标志可以看清，而时速80km时，前方160m的物体才能看清。并且车速越快，视野越窄，这就是所谓的"隧道形视野"。当时速为40km时，视野为100°，时速为100km时，视野仅为40°，这时两边的景物无法看清。二是超速行驶，反应距离延长。研究表明，人眼看到的信息传递给大脑，大脑再向肢体传递指令平均要1s，这就是反应时间。这段时间，车辆行驶的距离称为反应距离。反应距离可用以下公式表示：

$$s = \frac{vt}{3.6}$$

式中：s 为反应距离（m）；v 为车辆行驶时速（km/s）；t 为反应时间（s）。

假如时速为60km时，反应距离为16.7m；时速为100km时，反应距离为27.8m。由此可见，车速越快，反应距离越长，危险越大。三是超速行驶，制动距离延长，发生事故可能性陡增。四是超速行驶，干扰正常车流，超车变道形成交织点增多，增加事故隐患。五是超速行驶，加重事故后果，动能与速度平方成正比，车速越大，动能越大，冲击力越大，后果越严重。

因此，规定不得超过限速标志标明的最高时速。同时对没有限速标志的路段，也应当根据路面情况、天气、车流量以及路面的复杂程度等因素保持安全的车速。

3. 其他有关车辆行驶速度的规定

(1) 在交通复杂地方的行驶速度。

有些地方交通情况复杂，车辆和行人来往频繁，一些车辆和行人突然出现在车辆面前，然而驾驶员又很难观察到每个人的动态，这样，车速较快就容易发生事故。所以通过繁华的街道、交叉路口时的车速每小时不能超过 20km。在道路较窄，视线受限的情况下，车速也要降低。车场、装卸场地的车辆进出较多，又受地形条件限制，所以速度要降低，车速一般应在 5km/h 左右。当车辆驶到学校、俱乐部、百货商店门口和其他一些行人较多的场所附近时，车速要控制在最低限度，防止出现突然情况，确保行车安全。

(2) 特种车的行驶速度。

执行特殊任务的消防车、警备车、救护车、工程救险车和交通监理车，在执行任务时，车速不受限制。但是必须是在保证安全的前提下行驶，其他车辆要主动给其让路。

(3) 高速公路行驶的一般规定。

行人、非机动车、拖拉机、轮式专用机械车、铰接式客车、全挂拖斗车以及其他设计最高时速低于 70km 的机动车，不得进入高速公路。高速公路限速标志标明的最高时速不得超过 120km。机动车在高速公路上发生故障时，警告标志应当设置在故障车来车方向 150m 以外，车上人员应当迅速转移到右侧路肩上或者应急车道内，并且迅速报警。

(4) 高速公路最高时速的规定。

机动车在高速公路上正常行驶时，最低时速不得低于 60km。最高时速，小型客车时速不得高于 120km；大型客车、货运汽车和摩托车时速不得高于 90km。但遇有限速交通标志或者限速路面标记所示时速与上述规定不一致时，应当遵守标志或者标记的规定。

(5) 机动车在高速公路通行时，应当在行车道上行驶。①设计时速高于 130km 的小型客车在第二条车道上行驶；大型客车、货运汽车和设计时速低于 130km 的小型客车在第三条车道上行驶。②机动车在高速公路上正常行驶时，同一车道的后车与前车必须保持足够的行车间距。正常情况下，当行驶时速为 100km 时，行车间距为 100m 以上；时速 70km 时，行车间距为 70m 以上。③遇大风、雨、雪、雾天或者路面结冰时，应当减速行驶。

第七章　机动车的技术检验和行驶车的检查

机动车的技术检验是车辆技术管理的重要部分。机动车是人们必不可少的现代化的交通运输工具，虽然给人们带来了很多方便及好处，但如技术管理不严，会给现代社会带来莫大灾难。连绵不断的"交通战争"直接威胁着人民生命财产安全。世界卫生组织曾做过统计，20世纪70年代，全世界每年由于交通事故而死亡的人数达30万人，伤1 000万人。进入21世纪，每年因交通事故死亡人数增为120万人，受到交通事故伤害的人数多达5 000万人。

机动车技术管理是关系到国计民生、千家万户的大事。机动车技术管理如何，与城乡交通秩序和人民生命财产安全息息相关，紧密相连。

机动车技术管理还可以提高运输效率，发展国民经济，加速社会主义现代化建设步伐。

机动车技术管理的内容，包括机动车辆注册、登记；牌证的核发与补换，机动车的技术检验、监督等内容。

第一节　机动车的技术检验

机动车的技术检验对提高车辆技术状况、充分发挥效能、延长车辆使用寿命、避免机械事故发生、确保行车安全，起着积极的促进作用。机动车安全技术检验由机动车安全技术检验机构实施。

机动车安全技术检验机构应当按照国家机动车安全技术检验标准对机动车进行检验，对检验结果承担法律责任。

质量技术监督部门负责对机动车安全技术检验机构实施资格管理和计量认证管理，对机动车安全技术检验设备进行检定，对执行国家机动车安全技术检验标准的情况进行监督。

一、检验的分类与内容

机动车技术检验可分为初次检验、年度检验、临时检验三类。

（一）初次检验

机动车申请领取正式号牌、行驶证时的检验为初次检验，主要是指对机动车内外轮廓尺寸及轮距、轴距的丈量。

（二）年度检验

机动车在使用过程中，随着行驶里程的增加，技术状况不断发生变化，有的磨损严重，致使汽车的动力性能降低，经济性、制动系统可靠性下降，并相继出现种种外观症状，如转向沉重、制动迟缓、失灵、跑偏或行驶出现摇摆以及异常声响等。交通监理机关为了全面掌握机动车的技术状况，督促车属单位加强车辆的维修保养，使车辆经常处于完好的技术状态，确保行车安全，通常对在用车辆每年或两年检验一次，称为年度检验。

1. 年度检验的主要内容

（1）检验机动车发动机、底盘、车身以及附属设备是否齐全有效，主要总成是否更换；

（2）检查制动性、转向操作性、灯光、排放等是否符合国家标准的要求；

（3）检验改造、改装的机动车是否办理了审验和变更登记手续；

（4）检验机动车行驶证、号牌与车辆技术档案等所有登记是否相符；

（5）检查号牌、行驶证有无损坏、涂改、字迹不清等情况；

（6）机动车转籍、过户、入户等是否办理了规定手续，在册车辆与实有车辆数是否一致；

（7）对提供机动车行驶证和机动车第三者责任强制保险单的，机动车安全技术检验机构应予以检验，任何单位不得附加其他条件。合格的，应发给检验合格标志。

2. 年度检验的有关规定

《道路交通安全法》规定，对登记后上道路行驶的机动车，应当依照法律、行政法规的规定，根据车辆用途、载客载货数量、使用年限等不同情况，定期进行安全技术检验。对提供机动车行驶证和机动车第三者责任强制保险单的，机动车安全技术检验机构应当予以检验，任何单位不得附加其他条件。

机动车定期检验是属于国家法定检验。做好定期检验工作，对于保证车辆安全行驶具有重要意义。

（1）检验间隔时间的规定。

①法律依据。对车辆检验的间隔时间设定权在法律和行政法规，地方性法规、规章、部门规章以及规范性文件无权设定。

②管理依据。根据车辆用途、载客载货数量、使用年限等不同情况规定。原则上新车、载客载货数量少或者非营运性车辆检验的间隔时间长，反之就短。目前，实行的是一年一检。但小型、微型非营运载客汽车在登记之日起6年内为两年一检。达到报废标准后要求继续使用的，根据车辆用途、载客载货数量增加检验次数。

③年度检验合格的车辆，由交通管理机关分别在行驶证、机动车检验异动登记表以及机动车年度检验表上签章。

④因故不能按期参加年检的车辆，可事先向交通监理机关申请延期。驻外地车辆由车主单位报请原籍监理机关委托所在地监理机关代办年度检验工作。代办机关应将有关检验材料寄给原籍监理机关。

⑤年检不合格的车辆和未经年检的车辆，不准继续行驶，也不准转籍、过户。

（2）检验合格证的发放。

机动车安全技术检验应当在符合规定的检测场检验或人工检验。不论在任何检测场检验或人工检验的，符合机动车安全技术标准，都应由公安机关交通管理部门发给检验合格标志。

（3）机动车安全技术检验实行社会化。

检测站依照规定，受公安机关车辆管理部门的委托承担检测工作，是公安机关车辆管理部门行使国家行政职能的场所。

（4）年度检验合格的车辆，由交通管理机关分别在行驶证、机动车检验异动登记表以及机动车年度检验表上签章。

（5）因故不能按期参加年检的车辆，可事先向交通监理机关申请延期。驻外地车辆由车主单位报请原籍监理机关委托所在地监理机关代办年度检验工作。代办机关应将有关检验材料寄给原籍监理机关。

（6）年检不合格的车辆和未经年检的车辆，不准继续行驶，也不准转籍、过户。

（三）临时检验

交通监理机关对临时申请号牌、遭受严重损坏修复的车辆以及车身设备、主要部件变更的车辆等进行的检验称为临时检验。

二、检验的技术要求

1. 发动机部分

（1）要求发动机随时能够启动，机油压力正常，在高、中、低转速时，运转均为稳定，不自动熄火；加速性能良好，无异响；

（2）无漏油、漏电、漏气、漏水现象；

（3）要求发动机能够发出足以保证车辆具有正常牵引性能的功率。

2. 底盘部分

（1）要求传动机构不论空、重车在高、中、低速行驶时，不得发生震抖、拖滞、异响；离合器不得打滑；变速器不得跳挡。

（2）前后桥的技术状况，应能保证在行驶时正确转向，传动灵活可靠，并不可弯曲、断裂。

（3）转向机构，在各种道路条件下和以任何速度行驶时，应转动轻便，操纵灵活，安全可靠。

（4）行车制动器和停车制动器应保证作用迅速有效，制动力和制动距离符合要求。

（5）车架和悬挂机构的装置应牢固、可靠和正确，并使车辆行驶平稳。

（6）轮胎气压适度，前轮不准装用翻新、内垫的外胎，钢圈完好，无裂损变形，轮胎螺栓和螺母应齐全，装置要牢固可靠。

（7）拖带挂车的车辆，其连接装置应牢固可靠；挂车必须安装有效制动器、防护网、保险链、尾灯及显著标志。

3. 车身部分

（1）车身的技术状况，应能保证驾驶员的正常劳动条件和载运客货安全。

（2）车身的门窗、货箱、发动机及水箱外壳以及各种附件均应安装齐全，联系紧固，启闭轻易，作用正确，并保持外貌整洁。

（3）客车必须有旅客乘坐的座位及拉攀扶手等必备设备。

4. 附属设备

（1）仪表、喇叭、刮水器等设备必须齐全有效。

（2）各种照明、灯光、信号应齐全有效，安装位置要适当，光亮适度。大灯远光照射距离不得小于100m，近光照射距离不得小于30m，并不得眩目。

5. 其他

（1）机动车噪声不超过机动车噪声标准。

(2) 发动机排放的废气应符合标准要求。

三、交通环境的保护

(一) 概述

人类与环境是息息相关的，这个环境是指大气层、水、土地、矿藏、森林、草原、野生动植物、水生生物、生活栖地区等人类赖以生存的而且经过人类长期改造过的自然环境，还包括社会环境。

如果环境遭到破坏，生态失去平衡，对人类的健康和生存也必然产生严重的影响。就是说，人类活动引起环境质量的变化也必然以其反作用而影响人类。所以保护环境，维护生态平衡是保障人类健康发展的长远之计。

所谓环境保护就是防止自然界和人类对环境生态的破坏，特别是人类对环境生态的破坏。人类对环境生态的破坏是与工农业生产以及交通运输活动分不开的。这种破坏称之为公害。一般说的公害包括：大气污染、噪声、振动、水质污染、土壤污染、恶臭、妨碍日照、电波危害以及地面下沉等。交通危害包括：大气污染、噪声、振动、妨碍日照和电波危害等。交通危害在公害中是一个相当严重的问题。

(二) 大气污染

1. 大气的组成与大气的污染

大气是大气层或大气圈的简称。是指包围着地球的一层混合气体层（一般称为空气）。它受地球的引力作用，随地球一起运转，并在地球表面做各种运动。大气的99%质量存在于离地表29km以下空间里，其中一半又存在于离地表5.6km以下的空间里。清洁的空气主要由氮、氧、氩所组成，约占空气总量的99.9%，其他含量极少。

如果在空气中混入少量的物质，其浓度和在空气中的滞留时间对人们的健康以及动植物的正常生长有一定的影响时，则认为大气受到了污染。这些物质在大气中的浓度越高，滞留的时间越长，大气被污染的程度就越严重。

引起大气污染最主要的原因是来自人类的活动。如人们为取得能量，燃烧各种燃料所放出的烟尘污染物及生产过程中排放的有害污染物，等等。燃料燃烧放出的污染物，因燃料的种类和燃烧的方式不同而不同；生产过程中所排放的污染物也因其性质不同而异。

汽车所排放的污染物，就其个体而言与工厂相比是小型的、分散的和流动的。但因汽车数量多，往来频繁，所以其排放出来的污染物的总量是十分惊人的。

当污染物进入大气后，如果污染物在大气中被扩散稀释，空气就会逐渐恢复到原来的状态；反之，如果污染物在近球面的大气层中被聚积起来，就会造成污染。聚集的污染物的浓度越高，所造成的污染程度就越严重。

影响污染物运动的环境因素主要是气象、地形和地物。在气象中主要是指风、湍流和大气的稳定度。空气的水平运动叫风，地表污染的浓度一般随风速的加大而降低。但风速不能太大，太大时飘浮的污染物会发生泻沉作用使近地面的污染浓度增加。湍流是指风向、风速经常变化的不规则的旋涡状的空气运动。污染物在大气中的扩散主要受湍流所左右。大气的稳定度是指气层在垂直方向的相对稳定的程度。这无疑与污染物的扩散有一定的关系。

地形影响着空气的运动，从而也就影响着大气污染的程度。比如带有污染物的空气在运行中遇到丘陵和山地，在迎风面污染物会发生下沉作用，使其附近地区受到污染；如丘陵不太高,污染物越过时,就会在背风面发生下滑使该地区受到污染。

在山区,污染物的运行受山风和谷风的影响,白天风沿谷地向上吹(谷风),晚上风由山上往下吹(山风)。在背风坡上,由于气流做螺旋运动,污染物容易聚积而造成污染。在夜间,由于谷底平静,暖气流上升,冷气下降,使污染物不容易扩散,从而形成烟雾。

地物的影响主要是城市。建筑物高低起伏,阻碍着气流的运动,污染物不易扩散,所以污染严重,特别是大城市和工业城市。

另外,污染物进入大气层之后,在大气的特定条件下会发生一系列的化学变化,生成新的污染物。特别是光化学反应。由光化学反应所产生的 NO_2、CO 和碳氢化合物(HC)形成的光化学烟雾,对人体的健康危害极大。

2. 汽车与大气污染

(1) 汽车排气对大气污染的严重性。

汽车的发动机在工作时,不仅要消耗大量的氧气,而且要排放出大量的有毒废气污染着大气,这种废气对大气的污染随着汽车交通量的增加而增加。目前世界上约有 6 亿辆机动车,其中美国约有汽车 1 亿 8 千万辆。其大气污染物的 60% 来自汽车的排气。日本有汽车 2 100 万辆,仅次于美国,它每年排放的一氧化碳(CO)约有 1 000 万 t,碳氢化合物(烃类)约有 200 万 t。瑞典也是一个汽车相当多的国家,汽车废气占大气污染物总量的 47%。

汽车废气中包含有 150~200 种不同的污染物质,其中危害最大的主要有一氧化碳(CO)、碳氢化合物(烃类)、氮氧化合物和铅的化合物等。据美国 11 个城市区域的调查,大气中一氧化碳含量的 92% 以上、碳氢化合物的 67%(其中有四个城市达到 90% 以上)、氮氧化物含量的 88% 以上是由于汽车排放所形成的。

(2) 污染物的危害。

汽车排放的污染物对生物尤其是对人体有着多方面的影响。它是引起支气管炎、肺气肿、心脏病、癌症等的主要原因之一。美国洛杉矶对吸收 CO 的驾驶人员进行了检查,其心脏机能普遍恶化。另外,大气污染能使农作物减产,还对桥梁、建筑物等造成腐蚀危害,由于大气污染而影响视线使交通事故增多。据估算,大气污染对美国造成的经济损失每年约为 160 亿美元。

① 一氧化碳。俗称煤气。据统计,CO 差不多占了大气中有害气体总和的 1/3,并且在大气中要停留二三年之久,这就更增加了它的危害性。汽车在空挡行驶和减速时,产生的 CO 量最大,因此在城市的交叉路口和繁忙的道路上,容易出现高浓度的 CO 污染。

CO 非常容易与人体血液中的血红素(Hb)结合成一氧化碳血红素(CO-Hb),CO 与血红素结合的亲和力比氧气与血红素结合的亲和力大 210 倍。当一氧化碳血红素占人体内总血红素的 10% 时,能给学习和工作带来影响;占 20% 时会出现头痛、头晕等中毒现象;占 60%~65% 时会使人死亡。

血液中 CO-Hb 的多少,与大气中的 CO 浓度和人的吸入时间之积成正比。这个乘积的大小与症状的关系如表 7-1。

人如果在 8h 都生活在含有 30×10^{-6}(空气中的 CO 浓度)的大气中,则人体内的 CO-Hb 将达到 5% 左右,8h 生活在含有 50×10^{-6} 的大气中,则人体内的 CO-Hb 将达到 9% 左右。

② 烃类。烃是碳氢化合物的总称。在汽车排气中,含有没有燃烧的燃料分解出来的甲烷

和乙烷以及燃料中本身存在的烃类化合物；另外由于燃烧时发生裂化而生成碳化氢。汽车在减速时，产生的碳氢化合物较多。烃在不很高浓度的情况下，对人和动物一般没有直接影响。但是低分子烃能破坏植物叶的组织，妨碍植物的正常生长。烃对人的影响主要是烃与氮的氧化物起光化学作用，生成的物质对人的眼睛有刺激作用。

表 7-1 CO 浓度与吸入时间对人体的影响

空气中的 CO 浓度（$\times 10^{-6}$）$\times$ 吸入时间（h）	症 状
300 以下	没有特别症状
600	在劳动时出现气喘现象
900	头痛、恶心
1 500	有生命危险

不过在碳化氢中，有一种叫"3，4-苯骈芘"即 $C_2 \cdot H_{12}^m$ 的多环芳香族化合物，是一种致癌物质，而且可引起支气管通气阻力增大等病症。这种物质通常附着在汽车排出的气体微粒上。在汽车排气中，"3，4-苯骈芘"的浓度一般为每立方米 $2.5 \sim 12 \mu g$。

③氮的氧化物。氮的氧化物有很多种，有害的只有 NO 和 NO_2。NO 在空气中容易氧化而生成 NO_2。汽车高速运行时，产生氮的氧化物最多，汽车速度越快，温度越高，氧气越足，氮的氧化物的污染越严重。

NO 与血红素的结合力比 CO 大 100 倍，是一种非常有害的气体。NO_2 在大气中的含量为 5×10^{-6} 时就感到有臭味，在 $10\times10^{-6} \sim 20\times10^{-6}$ 时，则对人体的眼、鼻、呼吸道粘膜有刺激作用，在 50×10^{-6} 以上时使人感到咽喉剧痛和剧烈咳嗽，在 500×10^{-6} 以上时，几分钟内可以严重地侵害肺部以致短期内致人死亡。

④铅的化合物及其他。铅的化合物四烷基铅（包括四甲基铅和四乙基铅）是一种剧毒的物质，它是作为汽油的抗爆剂而加入汽油中的（2000 年起我国已逐步淘汰含铅汽油）。由于四乙基铅抗爆效果好，所以用得最多，这种物质燃烧后生成氧化铅等无机铅化物排放到大气中。无机铅妨碍红血球的生长，对肝、肾都有害。另外，铅对消化系统、肌肉、神经系统及大脑等都有害。

臭氧（O_3）是二氧化氮和烃结合的二次产物，它对呼吸系统危害较大。

二氧化硫（SO_2）。在狄塞尔柴油机的排出气体中含有 SO_2 气体，这种气体刺激性较强，能刺激粘膜引起支气管炎和气喘等病。

3. 防止汽车污染的措施

（1）控制汽车的排污量。

①减少 CO 排放量。汽车运行时 CO 产生的多少与汽油（主要是烃类）燃烧时氧气供给是否充足有很大的关系。最理想的燃烧条件是空气与燃料的重量比（即空燃比）在 14.6 左右。空燃比越小，排放出的 CO 就越多。但目前的发动机的空燃比一般为 12～13，这就必然增大了 CO 的排放量。改进汽车发动机，提高空燃比是减少 CO 发生的重要措施。当发动机使用液化石油气时，液化气与空气混合得就好，使空燃比增大，发生的 CO 就少。如采用狄塞尔内燃机，空燃比非常大，CO 的发生则很少很少。

如上所述，汽车在空挡行驶和减速时产生的 CO 量最大。汽车在匀速运行时所排出的

CO 浓度约为空转时的 30%。在城市中，如采用"缘波带"交通信号控制可减少停车次数，从而可使 CO 的排放量减少。

②减少烃的排放量。烃类是石油燃料的成分。汽车排气中的烃来源于没有燃烧或没有充分燃烧的燃料；来源于烃的逸漏和烃的蒸发等。

提高空燃比可减少烃的排放量。空燃比达到 16 时，烃的排放量明显减少。使用液化石油气可同时减少 CO 和烃的产生，特别是在空转、加速和匀速运行时。采用柴油发动机可减少烃的排放量，特别是在空转和减速时排出的烃只是汽油发动机的 1/10。采取排气再循环的办法也可达到减少排出烃的目的。

③减少氮氧化合物的排放量。氮氧化物是在燃烧时的高温高压下而生成的；是形成光化学烟雾的主要污染物。氮氧化物主要指 NO 和 NO_2。NO 的生成与空燃比有关。选取适当的空燃比是很重要的，既可使排气中的氮氧化物下降，又不致使其他有害气体增加。几种气体的排放量与空燃比的关系如图 7-1 所示。

日本采用推迟点火时间的办法以减少氮氧化物排放和烃的逸散，但这时发动机的燃料消耗量却增加了。

(2) 制定严格的排放标准以限制排污量。

早在二十世纪六七十年代许多国家就制定了环境保护法，对危及人们生命健康的污染物的排放加以限制。这些国家对各种污染还制定了严格的排放容许标准。例如：美国在 1979 年制定的标准，CO 一小时不超过

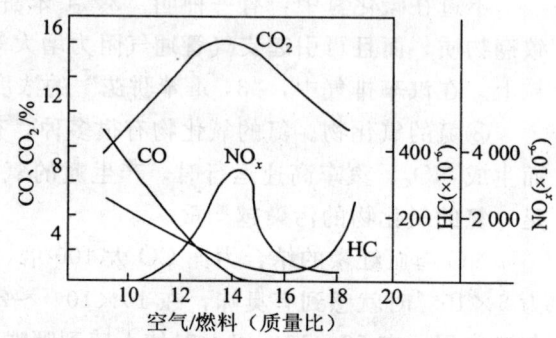

图 7-1 汽油发动机的空燃比与排气

35×10^{-6}，光化学氧化物一小时不得超过 0.12×10^{-6}。为了减少污染物的排放，近年来，国外对汽车进行了大力改进，如美国已有 85% 以上的汽车安装了防止和减少污染的净化装置。

另外，还有不少国家在环保、节能、安全三个方面下功夫，正积极研制无公害汽车，如电子汽车、电动汽车，发展轻轨交通等，以新的能源代替汽油、柴油。

(3) 我国机动车废气排放标准。

机动车排气公害是指机动车在行驶中排放出来的 CO、HC 和 NO_x、Pb（四烷基铅）等废气对人类和社会带来的害处，它对人们生活环境和人体健康影响很大。随着人们对交通公害的认识和重视，机动车废气污染受到了一些控制。目前，我国对减少机动车废气排放已有明确规定。

汽车怠速污染物排放标准见表 7-2。

柴油车自由加速烟度排放标准见表 7-3。

(三) 噪声污染

1. 概述

声波是一种机械波，来源于发声体的振动。声波在具有弹性的媒介质中传播，当传入人耳后，使耳鼓膜产生振动，刺激听觉神经而发生声的感觉。声波频率低于 20Hz（次声）和高于 20 000Hz（超声波）不能引起声感，介于二者之间的声波才能被人听到，故称为可听声。

表 7-2 汽车怠速污染物排放标准（GB14761.5-93）

车型 车别	CO/%		HC/×10⁻⁶			
			四冲程		二冲程	
	轻型车	重型车	轻型车	重型车	轻型车	重型车
1995 年 7 月 1 日前的定型汽车	3.5	4.0	900	1 200	6 500	7 000
1995 年 7 月 1 日前的新生产车	4.0	4.5	1 000	1 500	7 000	7 000
1995 年 7 月 1 日前生产的在用汽车	4.5	5.0	1 200	2 000	8 000	9 000
1995 年 7 月 1 日起的定型汽车	3.0	3.5	600	900	6 000	6 500
1995 年 7 月 1 日起的新生产车	3.5	4.0	700	1 000	6 500	7 000
1995 年 7 月 1 日起生产的在用车	4.5	4.5	900	1 000	7 500	8 000

注：HC 容积浓度值按正乙烷当量

表 7-3 柴油车自由加速烟度排放标准（GB14761.6-93）

车型	烟度值 FSN
1995 年 7 月 1 日前的定型汽车	4.0
1995 年 7 月 1 日前的新生产车	4.5
1995 年 7 月 1 日前生产的在用汽车	5.0
1995 年 7 月 1 日起的定型汽车	3.5
1995 年 7 月 1 日起的新生产车	4.0
1995 年 7 月 1 日起生产的在用车	4.5

注：质监部门认可的烟度监测人员可用目测法测量

根据声音对人耳的效果，在物理学上可以把声音分为乐音声和非乐音声（噪声）。噪声是一种使人们（或动物）感到痛苦和伤害耳朵的声音。乐音声则听起来悠扬悦耳，动人心弦。

所谓噪声，即聒噪刺耳、令人厌烦的声音，是人们不需要并希望用一定措施加以控制和消除的声音的总称。

机动车噪声是指发动机、传动机构、轮胎、喇叭以及车身干扰空气发出的各种声响。这些噪声随着车辆和发动机类型不同而不同。

交通噪声是城市环境噪声的主要来源。交通噪声包括各种机动车、火车、飞机、轮船等运输工具所产生的噪声。其中以机动车发出的噪声影响区域最广，时间持久，受其影响的人数也最多。机动车在运行中所发出的噪声（包括启动、刹车及鸣喇叭等）就形成了城市内噪声的主要来源。

2. 噪声的量度以及噪声的危害

（1）交通噪声的量度。可以用一些物理量来衡量声音的大小和强弱等。声音的物理刺激量称为声强，即声音的强度。声强就是指在单位时间内通过空间某一点与指定方向相垂直的单位面积的平均声能。而由声音的物理刺激所携带的感觉量称为响度，响度也叫音量，它取决于声强、频率和波形。声强与响度的关系如下式所示：
$$L = K\lg I$$
式中：I 为声强；L 为响度；K 为比例常数。

假定声强的最弱可听值（最弱可耳阀值）为 I_0，这时的响度为 L，此式可写为：
$$L_0 = K\lg I_0$$
两式相减则得
$$L - L_0 = K\lg \frac{I}{I_0}$$
如设 $L_0 = 0$，则
$$L = K\lg \frac{I}{I_0}$$
上式中比例常数 K 的确定与所用的单位有关。L 的单位如果为贝尔，则 $K=1$。
$$L = \lg \frac{I}{I_0}$$
由于贝尔这个单位太大，为了方便，工程上常以贝尔的 $\frac{1}{10}$ 作为计量单位，称为分贝（decibel），简写为 dB。这时上式变为：
$$L = 10\lg \frac{I}{I_0}$$
交通噪声以 dB 为单位。

（2）交通噪声的危害。交通噪声是一种持续式噪声。对于人来说，噪声的响度越大，持续时间越长，对听力的影响也越大。

人耳刚好能分辨的响度为 0dB；响度为 50dB 时，则开始影响人们的脑力劳动；响度达到 71dB 时，则明显影响人们的工作效率。国际标准规定：按每天 8h 计，听力的保护标准为 80dB。如超过此标准就可能使人的听力受到暂时性或持久性损伤，而造成职业性耳聋。强脉冲性噪声还可能导致鼓膜和中耳听骨链破裂。

噪声影响着人们的睡眠。据研究，噪声在 35dB 以下时，对睡眠没有什么影响，当达到 40~45dB 时，对睡眠的影响程度可达 10%~20%。噪声对睡眠的影响可使人产生积蓄疲劳，从而影响人的精力。

噪声对人的神经系统有严重的影响。据美国的调查：当噪声达到 95dB 时，大约对 10% 的人的神经产生影响，轻者可患神经衰弱，个别严重者可得精神病。

另外，噪声还能引起眩晕、头痛、恶心、呕吐、疲倦、心动过速、心律不齐和高血压等病状。

3. 交通噪声的控制措施

（1）交通噪声调查。

道路交通噪声主要来自机动车的运行，包括启动、刹车和鸣喇叭。我国曾对一些机动车辆的运行噪声进行了测定，其结果表明，机动车辆匀速运行时其噪声级 dB 值均小于或等于允许试用标准值；当加速运行时，其噪声级 dB 数则超过了允许试用标准值，见表 7-4。

这是因为同类型汽车在匀速和加速运动时其噪声级相差 2~8dB。另外，根据实验，在正常运行时速度每增加 10km/h，噪声要增加 2dB。

表 7-4 机动车辆车外噪声分贝数

车辆型号	加速噪声分贝/dB	匀速噪声分贝/dB	允许试用标准分贝/dB
黄河 151 型（载质量 150kN）	92	88	89
解放牌（载质量 40kN）	89	85	86
解放牌（加装新的消声器）	81	79	86
南京跃进（载质量 25kN）	88	83	84
北京 661 型大客车	87	83	86
北京 130 型（新装消声器）	84	77	84
北京 212 型吉普车	85	79	84
上海牌小汽车	83	72	82
南京三轮摩托车	89	84	84
东方红 40 型拖拉机	88	84	86

据测试统计，在相同交通量的情况下，我国城市街道的交通噪声比国外要高 12dB 左右。其原因除因我国车辆本身噪声较大，重型汽车比例较大以外，还因我国城市的街道窄，设施较差，交通秩序混乱，机动车鸣喇叭频繁所致。据调查，有喇叭声与没有喇叭声的街道，其交通噪声有较大的差异。

广州对交通噪声测量结果表明，登峰北路和环市西路与南方大厦处相比，前两者交通量与后者的交通量大致相等或稍大，但噪声都比后者为低。这是因为南方大厦地区都是高层建筑，而且街道较窄，形成"走廊"，致使噪声反射强烈；而环市西路是立体交叉，路口开阔，交通通畅，故对交通噪声起到了一定的缓解作用。

(2) 交通噪声的控制。

①制定环境噪声标准和机动车噪声标准对噪声加以限制。众所周知，噪声是可以控制的，为了控制噪声，国家应制定环境噪声标准和机动车噪声标准，对噪声加以限制。我国 1996 年已制定统一标准"GB16170-1996"，如表 7-5 所示。另外，表 7-6 是日本的环境噪声标准。

国外一般把室外噪声标准最高定为 65dB。这是因为如果室外噪声达到 65dB，室内噪声还可以在 55dB 以下。而室内噪声如果超过了 55dB，那么对人体尿中荷尔蒙成分和血球数的变化都将产生生理影响。这就是国外一般把室外的噪声标准最高定为 65dB 的理由。

我国 1993 年城市环境噪声标准如表 7-7 所示。

在表 7-8 中，常速运行的噪声是指速度为 35km/h，在车辆中心线左侧 7m 处测的噪声值；排气噪声是指以发动机最高转数的 60%的无载运转时在排气管后 20m 测定的；加速运行噪声是指初速度为 50km/h 的情况下，在 20m 内全加速时在车辆中心线左侧 7.5m 测定的。

在我国，北京市劳动保护科学研究所和清华大学联合提出了《机动车辆噪声标准（试行）》，表 7-9 既作为机动车辆产品的噪声标准，又作为城市机动车辆噪声管理检查的依据。各类车辆加速行驶车外最大噪声级应符合表 7-9 所示的标准。

表 7-5　汽车定置噪声限值（GB16170-1996）　　　　　单位：dB

车辆类型	车辆出厂日期 / 燃料种类	1998年1月1日前	1998年1月1日起
轿车	汽油	87	85
微型客车、货车	汽油	95	88
轻型客车、货车、越野车	汽油（$n_r \leqslant 4\,300\text{r/min}$）	94	92
轻型客车、货车、越野车	汽油（$n_r > 4\,300\text{r/min}$）	97	95
轻型客车、货车、越野车	柴油	100	98
中型客车、货车、大型客车	汽油	97	95
中型客车、货车、大型客车	柴油	103	101
重型货车	$N \leqslant 147\text{kW}$	101	99
重型货车	$N > 147\text{kW}$	105	103

注：N 指生产厂家规定的额定功率

表 7-6　日本的环境噪声标准

地区类型	时间		
	白天	早、晚	夜间
特别需要安静的地区	45dB 以下	40dB 以下	35dB 以下
居住区	50dB 以下	45dB 以下	40dB 以下
面对道路（具有两个车道）的居住建筑区域	55dB 以下	50dB 以下	45dB 以下
面对道路（具有两个以上车道）的居住建筑区域	60dB 以下	55dB 以下	50dB 以下
居住与商业、工业共用的区域	60dB 以下	55dB 以下	50dB 以下
面对道路（具有两个车道）的居住与商业、工业等共用的区域	65dB 以下	65dB 以下	60dB 以下
面对道路（具有两个以上车道）的居住与商业、工业等共用的区域	65dB 以下	65dB 以下	60dB 以下

表 7-7　城市环境噪声标准（GB3096-93）　　　等级：L Aeq dB

类别	昼间	夜间
0	50	40
1	55	45
2	60	50
3	65	55
4	70	55

表 7-8 是日本机动车的噪声规则。

表 7-8 日本机动车的噪声规则   单位：dB

机动车的种类（新车）		1975 年以前规制		1975 年以后规制	
		常速运行噪声和排气噪声	加速运行噪声	常速运行噪声和排气噪声	加速运行噪声
载质量汽车	总质量在 3.5t 以上最高功率在 147 100W 以上	80	92	80	83
	总质量在 3.5t 以上最高功率在 147 100W 以下	78	89	78	87
	总质量在 3.5t 以下	74	85	74	83
小客车（定员在 10 人以下）		70	84	70	82
两轮摩轮车		74	86	74	83
轻骑			84		
机器脚踏车		70	80	70	79

表 7-9 我国（规划）各类机动车辆噪声标准   单位：dB

车辆种类		1980 年噪声标准	1985 年噪声标准
载货汽车	8～15t	92	89
	3.5～8t	90	86
	3.5t 以下		84
轻型越野车		89	
公共汽车	4～11t		86
	4t 以下	88	83
小客车		84	82
摩托车		90	84
轮式拖拉机		91	86

目前我国噪声污染最严重的是农用拖拉机，应严格检查其噪声状况，并且严格规定其行驶路线。

②增加街道宽度使噪声衰减。噪声声波具有随距离的增加而衰减的特性。一般说来，如果噪声源近于点声源，其噪声的大小与点声源距离平方成反比。如果噪声源近于线声源（如交通量大而且是连续的），其噪声大小与线声源距离的一次方成反比。所以增加街道的宽度能使噪声自然衰减，同时也给快、慢车分流及人车分隔创造了条件，从而也为驾驶人员不鸣喇叭或减少鸣喇叭创造了条件。如北京永定门西街原宽 12m，扩宽后为 21m，交通量由 408 辆/h 增加到 600 辆/h，而等效声级 Leq 由 74dB 降到 70.1dB；峰值 L_{10} 由 79dB 下降到 73.3dB。

③实施单向交通以减少喇叭声。在交通量大、街道拓宽又受到限制的情况下，实施单向交通，不但解决了车辆对向行驶的拥挤，同时可使噪声底值 L_{90} 下降，车辆可不鸣或少鸣喇叭，可使噪声峰值 L_{10} 显著下降。如北京前门大街，1979 年双向交通量为 572 辆/h，实施单向交通后，到 1983 年单向交通量增长到 408 辆/h，而噪声等效声级 Leq 下降了 6.8dB；噪声底值 L_{90} 下降了 3.5dB，噪声峰值 L_{10} 下降了 9.2dB。

④增添隔离隔音设施。增设隔离墩和人行栏杆，以实行快慢车分流和人车隔离，可使车

辆停车和鸣喇叭的次数大为减少,从而降低交通噪声。例如天安门前的长安街,增设隔离墩后,等效声级 Leq 自 71dB 下降到 66.6dB。

增设人行天桥和地下人行道,以消除人流与车流的相互干扰,从而降低交通噪声。如北京西单商场前的大街于 1982 年架设人行天桥后,到 1983 年测量时,交通量已增长了 30%,而受鸣喇叭影响的高噪声峰值 L_{10} 下降了 6.2dB,等效声级 Leq 下降了 4.1dB。

建立体交叉桥与相同交通量的平交路口相比,降低交通噪声的效果更为显著。其等效声级 Leq 可降低 7~8dB。

设置隔音墙、隔音堤等也可抑制噪声。

⑤加强街道绿化。为了防止噪声,可在道路两侧留出一定宽度的非建筑区。欧洲一些国家规定:对于主干道或主要街道两侧应留出宽度为 80~100m 的非建筑区,对于次要道路应留出 50m。

在非建筑区内进行合理的绿化,既能减少大气污染,又能降低交通噪声。据北京市测量,绿化布局合理的路段,其等效声级可降低 5dB 左右,其中,尤以绿篱、乔灌木与草坪混合结构的降噪声效果最佳。如北京三里河大街绿化混合结构可衰减交通噪声 4~7dB。

⑥合理设计临街建筑。目前,我国一些新建干道两侧的建筑物距街道中心线一般为 30~40m,在交通量为 1 000~2 000 辆/h 的情况下,户外噪声等效声级约为 65~68dB,闭窗时室内噪声仍能达到 50~53dB。但从人们的生活、学习和休息的要求出发,室内环境噪声一般不应超过 45dB(Leq)。由此可见,在设计临街一侧房屋时应采取相应措施以降低室内噪声。如布置公共走廊,则其室内噪声开窗时为 48~51dB,闭窗时为 39~42dB。另外,临街大楼也能起到屏蔽噪声的作用,如北京的王府井大街、上海南京路等商业区尽管十分喧闹,但沿街商业建筑背后的居民住宅却较为安静。

(四)交通振动的危害及其防治

1. 交通振动的危害

由于机动车载质量运行而使地面发生振动,称为道路交通振动或称交通振动。道路交通振动也是交通公害之一。

当一辆重型车或一列拖挂车从身旁或从桥上通过时,就会明显地感受到振动和摇晃,尤其是夜深人静时感受更为深刻。当这种振动超过某种限度时就会形成公害。

近年来,由于重型车辆、超重型车辆以及拖挂列车数量的迅速增长,发动机的功率增大,路面不平,机动车的加速与制动等,使车辆在运行中产生的振动越来越大,越来越频繁,这不仅对周围环境产生影响,如道路两旁的房屋门窗振动、摇晃,甚至会遭到破坏,更为严重的是对人身健康十分不利。如由于振动使人烦躁不适,影响休息和睡眠。严重的可引起疾病,损害肌体。

2. 交通振动的限度规定

道路交通振动的研究历史没有交通噪声和大气污染的研究历史长,这是因为地面层构造复杂,要进行解析比较困难,另外,地面振动的测量方法也不统一。不过,近十多年来,国际上对交通振动越来越重视,对这方面的研究也越来越多。

根据国际振动标准机构的研究,振动对人体的作用方式可分为三种情况:振动传给人体的全表面,或人体的基本部分;振动作用在人的某一部位或某一器官(如振动的手柄或头枕等);振动只是通过支撑而传递的(如站立或坐在汽车上)。而道路交通中的振动主要为后一种，即当人站立或坐在车中、路旁或建筑物内。

振动对人体或建筑物影响程度的主要参数为：振动的强度、频率、方向以及振动的持续时间等。

振动对人体影响最大的为垂直方向，故常以重力加速度（g）或振动加速度为量测的量标，也有采用振动加速的音量单位（dB）表示的。但由于人体对振动的感受极其复杂，影响因素众多，且很多参数难以量测和取得定量指标，所以国际标准（ISO2631-1978E）也仅就 $1\sim80\,\text{Hz}$ 频率范围作出了规定。目前，我国虽未作出全国性统一规定，但一般道路交通用振动级计，测定其垂直方向的振动级，单位为分贝（dB）。

北京市为保护居民的身心健康，参考国外资料和根据北京市的实际情况制定了一个限制振动的规定——"北京市区环境振动标准"，对道路交通的振动提出了要求。如表 7-10。

表 7-10 北京市区环境振动标准（道路边缘振动级）　　　　　　　单位：dB

区域类别	白 天	夜 晚
一类区（安静居民区）（L_{10}）	65	60
二类区（工商业混杂区）（L_{10}）	70	65

实际测定地点多取道路用地边界，测定时间可选取能代表该路交通振动的期间（1 天），分白天和夜晚，各测 4 个小时以上，而每小时测 1 次以上，以测定数值各小时累计次数曲线的 10% 值作为 L_{10} 的数值。振动的大小取所有测定值的平均值。

3. 交通振动的控制

交通振动的同时也产生交通噪音。所以交通振动的控制有些措施可参照控制交通噪音处理。但噪音可采用隔音墙、绿化等措施来防止，而振动则没有什么结构物可以防治。控制交通振动的措施主要有以下几种：一是从控制振动源着手，也就是控制汽车的振动，可在汽车上安装减振装置以减轻汽车的振动；二是提高路面质量，严格规定道路的平整度，以使机动车运行平稳；另外的一种措施是加宽道路两侧的空间，使道路两旁的建筑房屋远离道路，依靠土地吸收振动能量起到自然减振的作用，这样的减振缓冲带对噪声也能起到自然衰减的作用。

四、机动车的检验程序

在对机动车检验时，检验程序尤为重要。采用合理的检验程序，可缩短检验时间，减轻劳动强度，避免重复或遗漏。现就循环检验方法，以 CA10B 型汽车为例，分位定点用图形的形式介绍如下。

循环检验——首先从车左前方向车右前方环绕汽车检查一周。包括检验车身外表情况及各部件的完好状况。其程序如图 7-2 所示。其检验内容主要包括以下几方面：

①检验车辆左前部门窗、踏板、轮胎、轮毂、转向节主销等情况。
②检验车辆头部漆面、转向系、制动系、钢板弹簧等技术状况。
③检验车辆右前部内容与左前部相同。
④检验变速器、传动轴、制动器等接头状况。
⑤检验车辆右边车厢栏板、后轮壳、减速器等技术状况。

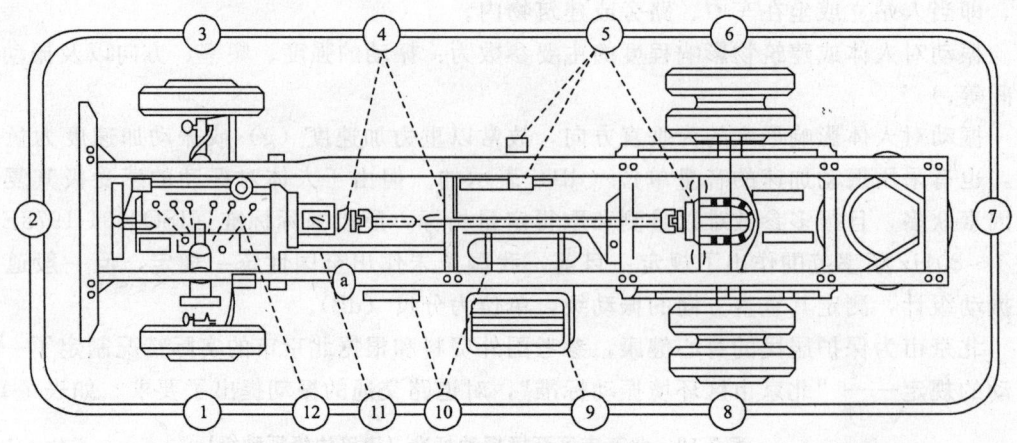

图 7-2 循环检验法示意图
注：图中序号为检验顺序和内容

⑥检验后轮胎与轮壳、挡泥板等。
⑦检验后灯、栏板、号牌等。
⑧检验左边轮壳及轮胎、钢板弹簧等技术状况。
⑨检验汽车油箱与油管接头的情况。
⑩检验蓄电池及其与车架的连接紧固情况。
⑪检验发动机与各附件的技术状况。
⑫检验驾驶室内各仪表和操纵装置的技术状况，尤其对方向盘的自由转动量是否过大，左右旋转松动角度是否符合规定限度；离合器自由行程；各仪表情况一定要严格检查。
⑬启动发动机，检验发动机运转情况及各仪表工作情况，喇叭、灯光、刮水器和试踏制动踏板，测定制动性能等情况是否正常。

五、制动检验

机动车的制动是用来降低行驶速度直至停车，并能控制其在下长坡时维持一定的速度和使停放的车辆不因受外力的冲击而滑动。所以机动车的行驶安全，在很大程度上是取决于制动工作的可靠性。制动系统的工作是否可靠，其性能是否符合要求，是确保行车安全的重要因素之一。机动车只有具有良好的制动性能，才能在保证安全的条件下，提高其行驶速度，充分利用机动车的其他使用性能，从而提高机动车的平均技术速度。制动检验就是为了及时发现机动车制动系统故障，以便监督使用单位尽快将其排除，达到保障运输安全，提高运输生产率的目的。

我国《机动车制动检验规范》对汽车（包括汽车带挂车和半挂车）、无轨电车、特种汽车等机动车辆作了严格规定，要求机动车的制动装置及制动性能，必须符合规范的有关要求。对于汽车、无轨电车和牵引车带半挂车的制动性能要求，根据其总质量按小、中、大三种类型分别规定。见表 7-11 和表 7-12。

（一）对机动车制动装置的要求

（1）凡通行城镇街道和公路的机动车以及出厂的新车，必须装有行车和停车制动装置。

挂车和半挂车（包括新出厂的）必须装有行车制动装置。两轴挂车至少在后轴两轮上装有行车制动装置。制动装置应保持技术状况良好，操纵轻便，完整可靠。

表 7-11　根据总质量大小的汽车分类表

车辆类型	小型车	中型车	大型车
车辆总重/t	<4.5	4.5~12	>12

表 7-12　各类型机动车制动检验标准

机动车类型	空车检验的制动距离要求/m 气压制动系统：气压表的指示气压不大于 $6×10^5$ Pa 液压制动系统的踏板力：有加力装置时，不大于 350N 无加力装置时，不大于 600N		满载检验的制动距离要求/m 气压制动系统：气压表的指示气压不大于额定工作气压 液压制动系统的踏板力：有加力装置时，不大于 400N 无加力装置时，不大于 700N		在规定的初速下，紧急制动的稳定性要求	点刹时对车辆制动稳定性要求（以手轻扶方向盘）	
	20km/h	30km/h	20km/h	30km/h		30~40km/h	40~60km/h
小型汽车		6.2		6.4	跑偏量不得大于 8cm		
中型汽车	3.6		3.7			不跑偏	不跑偏
大型汽车	4.0		4.2		不跑偏		
二、三轮摩托车	4.0						
方向盘式拖拉机带挂车	5.4		6.0				

（2）停车制动装置的安装位置要适当，其手柄行程必须有一定的储备。停车制动杆卡锁必须有效。施加于停车制动杆上的力，不大于 350N。

（3）出厂新车的制动距离，按满载制动距离的要求检验应不大于表 7-12 满载的制动距离要求；在用车辆的制动距离，按空车的制动距离检验，应不大于表 7-12 空车的制动距离要求。

（4）制动管路要有足够的耐压强度并安装牢固，不得与运动件摩擦相碰，不得有漏油、漏气现象。

（5）气压制动系统必须装有限压装置，确保不超过贮气筒允许的最大气压。贮气筒应装有放水阀。

（6）采用气压制动系统的车辆，在发动机最大转速下，4min（带挂车的为 6min）内，气压表的指示气压不低于起步气压。贮气筒的容量，应保证在不继续充气的情况下连续 5 次紧急制动后，气压不低于起步气压。

（7）采用液压制动系统或机械制动系统的车辆，要求在踏板全行程的 4/5 以内，达到最大制动功能。

（8）当车轮跳动和转向时，不应有自动制动现象。当挂车或牵引车意外脱离后，挂车应能自动制动，牵引车的制动仍然有效。

机动车、挂车和半挂车均应装有制动信号灯。

（二）用制动距离检验车辆制动性能

(1) 机动车可用制动距离检验制动性能。制动距离为：从踏着制动踏板起到车辆停住所行驶的距离。

(2) 其检验条件：在紧急制动条件下，空车气压制动系统，气压表的指示气压不大于 6×10^5 Pa；液压制动系统施加于脚踏板上的力：有加力装置的不大于 350N，无加力装置的不大于 600N，满载时气压制动系统气压表的指示气压不大于额定工作气压；液压制动系统的踏板力：有加力装置的不大于 400N，无加力装置的不大于 700N。

(3) 对制动系统协调时间（系指在紧急制动时，从踏着制动踏板开始到最大制动力的时间）的要求：液压系统不得大于 0.3s；气压制动系统，中型汽车不得大于 0.5s，大型汽车不得大于 0.6s；汽车拖带挂车或半挂车时，不得大于单车最大允许值再加 0.2s 的时间。

(4) 制动完全释放时间（系指从松开制动踏板到制动力完全消除所需的时间）均不得大于 0.8s。

(5) 对于解放牌底盘改装的客车和无轨电车的制动距离要求，允许按同类型的制动距离规范增加 10%。

(6) 新出厂的特种汽车制动距离要求，应不低于同类车型满载时的制动距离范围。对在用的特种汽车的制动距离要求：自重基本达到同类车型总重者（如吊车等），可按同类车型满载的制动距离规范增加 10%；对在用的其他类型的特种汽车（如冷藏车、液罐车、救护车和消防车等）可按同类车型空载的制动距离规范增加 10%。

(7) 汽车拖带挂车的制动距离要求，可按同类车型的制动距离规范增加 20%。

(8) 对停车制动装置的制动性能要求，新车应在满载的情况下，在用车辆应在空载的情况下，在 20% 的坡道上，使用停车制动装置，以不溜坡为合格。

（三）用制动力检验汽车制动性能

(1) 可用制动力检验汽车制动性能。出厂新车应具有原厂设计的制动力，且应分配合理。在用车辆的制动力应不低于原厂设计制动力的 90%。

(2) 制动力的平均要求：前轴左右轮之差，不得大于 5%；后轴左右轮之差不得大于 10%。

（四）检验仪器

目前，一般用五轮仪和制动性能测试仪来测定制动距离和制动减速度，但国外道路试验已被大量室内试验所代替，不少国家在一般的检验场都设置不同类型的制动试验台和综合试验台。

（五）其他有关规定

(1) 总量大于 25t 的汽车及不能或不宜执行制动规范检验的其他车辆，可由省级监理机关制定补充规范，报省人民政府批准执行。

(2) 对于有一部分在用车辆或正在生产的车辆的制动装置和制动性能达不到制动检验规范要求者，由省级监理机关根据实际情况进行处理。属于设计、制造问题，应责成生产厂限期尽快改进设计。

(3) 汽车制造单位，对采用气压制动的新车，应自 1982 年起安装低压警报装置。

(4) 新车出厂时的制动性能，达到"用制动距离检验车辆制动性能"和"用制动力检验汽车制动性能"中的有关要求的为合格。在用车辆的制动性能，符合上述两项检验车辆制动性能之一的有关要求者即为合格。

(六) 对制动检验中的一些规定的说明

(1) "采用气压制动的车辆,应在发动机最大转速下,4min(带挂车 6min)内,气压表的指示气压不低于起步气压",这项要求是检查气压制动系统的车辆,其空压机的泵气性能,主要是用于出厂新车的检验,但对在用车辆这方面性能有质疑时,亦可采用这种方法检验。

"起步气压"是指车辆起步时所允许的气压表的最低指示压力。例如:东风 EQ140 载质量汽车及解放牌载质量汽车起步气压为不低于 $4×10^5$Pa,黄河牌载质量汽车为不低于 $4.5×10^5$Pa。

(2) 对用解放牌底盘改装的客车的制动距离要求,允许按同类车型的制动距离规范增加 10%。

汽车拖带挂车的制动距离要求,可按同类车型的制动距离规范增加 20%。

(3) 车辆在空车时的制动性能和满载时的制动性能是显著不同的。在气压(或踏力)相同的情况下,就其制动距离、制动减速度和作用时间来看,满载与空车相比较,满载时的制动作用时间增长,制动减速度减小,制动距离增加。因此规定:"出厂新车的制动距离,应不低于表 7-12 满载的制动距离要求。在用车辆的制动距离,应不低于表 7-12 空车的制动距离要求。"

① 路试制动距离,用空车低气压的制动性能模拟满载时的制动贮备情况。

在一定的初速和气压下,车辆满载时,制动距离较空车增长。但试验表明,一般情况下总能找到空车时的一个气压(或踏板力),这时的制动距离与满载时相当,即很接近。例如:有的车辆在空车时在 $6×10^5$Pa 的气压下的制动距离与满载时 $8×10^5$Pa 的制动距离接近;对于液压制动系统也是如此。例如 BJ212 越野车,在小于 20km/h 车速时,空车 600~650N 踏板力与满载 750N 踏板力下的制动距离相接近。一般来说,车辆的制动性能越好,制动力贮备越大,与满载 $8×10^5$Pa(或 750N 踏板力)相当的空车时的气压(或踏板力)就越低。从而,我们可以从车辆空车时的气压值看出该车的制动贮备大小。也就是说,对这类车辆,我们可以在空车某一低气压(或踏板力)下(例如:$5×10^5$Pa、$6×10^5$Pa 或 600N 踏板力)的制动性能达到某一要求,来定性考察该车辆满载情况下的制动贮备情况。

制动系统的设计或制动力试验都表明,制动力与制动气压的关系,一般是属于线性关系。即随着工作气压的升高,制动力成一定的比例增大。其制动力随气压变化曲线接近一条直线。对这样的车辆,采用较低的气压检验,如果能达到规定的要求,则在车辆正常运行中,使用较高的气压时,还会有一定的制动潜力,也就是说满载时还有制动贮备。

在《制动检验规范》中,对在用车辆的制动距离规定在空车的情况下,气压制动的车辆试车时,气压不得大于 $6×10^5$Pa,液压制动系统试车踏板力对于有加力装置的不得大于 350N,对于无加力装置的不得大于 600N。

这种方法只是"定性"的"模拟"。实际上空车检验制动距离不能完全代替满载检验。所以在《制动检验规范》中对新车还是规定了满载的制动距离要求。

② 测试车辆的制动力是检验满载制动力要求的有效方法。

在测试制动力的试验台上,汽车是空车,用试验台测各轮的制动力大小,从而根据对车辆满载所需制动力要求为标准来判断该车满载时制动性能的好坏。这种方法可以定量检验出车辆在满载时制动力是否达到要求。

以解放牌载质量汽车为例，当每个前轮的制动力达到 7.7kN，每个后轮的制动力达到 5.6kN 时，则该空车在附着系数 $\varphi=0.7$ 的路面上即已拖印。而当每个前轮的制动力能达到 12.7kN，每个后轮的制动力能达到 15.4kN 时，则该车满载时在附着系数 $\varphi=0.7$ 的路面上才会拖印。

如果以此为标准，那么从试验数据可以看出，该车空车路试 4×10^5Pa 气压时，在 $\varphi=0.7$ 的路面就拖印了；而满载时 6×10^5Pa 气压时才开始拖印（即达到附着极限）。从而可以根据对汽车满载的制动性能要求，来规定该车的制动力要求。这就是说，我们可以在车辆空载的情况下，用是否达到制动力标准来检验满载时的制动性能。当然，为了全面检查影响制动性能的因素，在规定制动力的同时，还要规定制动力平衡要求和制动协调时间以及制动释放时间的要求等。这些要求可以在同一台测力试验台上测取。

第二节 行驶车的安全检查

完好的车辆技术状况，是搞好安全行驶的基本条件。特别是转向、刹车、前桥、车轮、轮胎、照明、灯光信号、喇叭装置及车架悬挂装置等技术状况必须完好，安全行车才有保证。

另外，为保证行车安全，车辆还必须备有必要的附属安全设备，如车上要备有灭火器具，一旦出现火情，应立即扑灭；运输易燃品时，车辆的消音器要引到散热器附近，或者在原地不动而加上保险罩；行驶的油罐车外壳"接地线铁链"要触地；在冰雪道路上行车要安装防滑铁链等安全措施。

因车辆的安全设施不全而酿成车毁人亡的重大事故是不少的，而有的车辆因备有灭火装置，一旦发生了火灾，即把火情消灭在萌芽之中，减少了国家和人民生命财产的损失。

车辆的方向、制动等技术状况不良酿成的重大事故是屡见不鲜的，1989 年 2 月湖北省公安县窑经州码头发生的汽车滑落长江的特大事故（死亡 40 多人），就是因为汽车技术状况不好、刹车失灵酿成的惨祸。血的教训一定要引起驾驶人员和车辆管理人员的注意，不开带病车，不开机件失灵车，不开凑和车，不开人情车（如某单位一领导雨天外出，请一司机开车，尽管汽车刮雨器损坏，但领导再三请求，司机碍于面子被迫出车而造成车毁人亡的重大交通事故）。一定要加强对车辆的技术安全检查。为保证行车安全，一旦发现毛病，务必修好后再出车。

原地矿部安全行车百万公里模范驾驶员杨鑫祥就是安全行车的典范，究其原因就是主观上对安全行车十分重视，坚持出车前和途中对车辆进行安全检查，回场后加强对车辆进行保养维修，使车辆始终保持完好的技术状况。由于他对车辆坚持了"三勤"，即勤检查、勤调校、勤保养，在 38 年中做到了安全行车百万公里，还为国家节约油料 30t，被评为部安全行车的模范。下面就谈谈应怎样对行驶车进行安全检查。

一、行驶车的安全检查

（一）行车前的检查内容

1. 检查燃油、机油、冷却水是否加足，有无渗漏现象

（1）检查燃油箱的油量。

可以打开点火开关，观察燃油量表，了解燃油箱大致储油量。也可打开燃油箱盖，观察或用清洁量尺测量。严禁用火柴或打火机等明火照明，以防火灾。要注意燃油箱的清洁，避免尘土脏物落入。

（2）检查曲轴箱的机油平面。机油液面过高会增加曲轴旋转阻力，增大机油压力，造成发动机漏油、汽缸窜机油及损失发动机功率等；过低将不能保证发动机正常润滑。因此，行车前必须用机油尺检查。当机油平面低于或高于量尺刻线 5mm 以上时，应补充或放出机油。

（3）检查冷却水的液面。要求不低于水箱排气孔 10mm，使用防冻液时，要求液面低于排气孔 50～70mm，这是为了防止防冻液因温度增高而溢出。

2. 检查不同转速下发动机和各仪表的工作情况

（1）检查发动机的工作情况。发动机启动后，不能加大油门轰车，要在怠速运转下，待发动机水温超过 40℃时，才能在不同转速下检查发动机，以免冷车高速造成发动机的早期磨损。检查时要求发动机在不同转速下运转平稳，无异常响声。

（2）检查各仪表的工作情况。要求发动机启动后，电流表应指示充电；蓄电池与发电机调节器工作正常时，充电电流将随蓄电池充电需要逐渐减少；在短时间内蓄电池充足后，电流表的指针即指在"0"位。对于机油压力表，在发动机初启动后，因机油粘度大（特别在低温条件下），表上指示的压力高，一般在 3×10^5～5×10^5Pa。随着发动机温度的升高，机油压力逐渐降低，当发动机温度达到正常时，机油压力在怠速时，一般车辆不应低于 5×10^4Pa。汽油量表应指示油箱的储油量。温度表应指示汽缸水套内的温度，因此，发动机启动后，温度表的指针一开始移动即超过 40℃。空气压力表指示的是储气筒内的空气压力，车辆起步时，气压一般应不低于 4.5×10^5Pa。实际日常工作中，曾多次发生过不看各种仪表（如水温表、机油压力表等）而使汽车发动机轴瓦烧毁和活塞环卡缸现象，所以司机必须养成观察各种仪表的习惯。

（3）检查燃油、机油、冷却水有无渗漏现象。车辆启动前，先观察车下的地面上有无燃油、机油、冷却水的滴漏痕迹。启动后检查，燃油渗漏现象主要发生在燃油滤清器、汽油泵、汽化器以及燃油管路接头等处。机油渗漏现象主要发生在机油池、汽门室盖与缸体的接合处、机油滤清器盖、曲轴后轴承、时规齿轮盖和油封处。冷却水的渗漏现象主要发生在水泵、汽缸盖与缸体接缝处、水箱及其软管连接处。

3. 检查方向、制动、轮胎、灯光、喇叭、雨刮和牵引装置的状态

（1）方向。车辆在直线停放位置，左右转动方向盘，游动间隙应不大于 15°；上下推拉方向盘应无松旷的感觉；察看方向机摇臂固定螺帽不应松脱，横、直拉杆球销、拉杆弯臂、直臂固定可靠，开口销无缺损。

（2）制动。气压制动或液压制动均要求一脚有效。制动管路无漏油漏气现象；手制动，要求操纵杆上的棘爪在扇形齿轮上移动 3～4 个齿时，即能生效。

（3）轮胎。各轮胎及备胎表面应无异常现象，必要时用气压表检查轮胎气压和补充气体，检查备胎的固定情况，必要时予以紧定。

（4）灯光。察看各种灯有无异常，其作用是否正常。

（5）喇叭。要求固定牢靠，按钮工作正常，声音响亮。

（6）雨刮。要求无缺损，工作正常。

(7) 牵引装置。要求无撞击变形现象，转动、开闭灵活，锁销齐全。

4. 检查附车工具、附件是否带齐

5. 检查物资装载是否合理安全可靠

(1) 物质质量分布应均匀，排列整齐，不能偏于一边，不得有松动现象。

(2) 危险品不得与其他物品混装。

(3) 轻重物品应配装合理，既要满载，又不要超高、超长、超宽、超载。

(4) 物质装载后，捆绑牢固，盖好，以免遭受日晒、雨淋或互相碰撞。

(二) 途中检查

1. 在行驶中应注意各仪表、发动机和底盘各部的工作状态

(1) 对各种仪表的观察。

当机油表的指示压力低于正常时，应立即停车检查。温度表低于正常（80～90℃）时，应及时调整百叶窗的开度，使发动机水温经常保持在正常温度行驶，以减少发动机的磨损。在温度高于95℃时，应停车检查风扇皮带松紧度和冷却系统是否缺水或漏水。尤其在更换机油和调整冷却系统接头卡子之后，更要时刻注意机油表和水温表的读数，发现异常，立即停车，尤其要对检修过的部位进行检查，直到找到导致异常病因为止。以前曾发生过不注意观察仪表，发生发动机轴瓦烧坏和卡缸事故。

气制动的空气压力表指针低于4×10^5Pa时，应停车检查气制动系统有无漏气现象，空气压缩机皮带的状态和松紧度。燃油表的指针如异常下降，应立即停车检查油箱是否破裂。在长途行驶中，在蓄电池和发电机正常工作的情况下，不用灯光，电流表指针不指示充电，是正常现象。

(2) 注意出现橡胶气味。

如闻到有橡胶烧焦味道，应立即停车检查低压线路等电气部件有无短路现象，风扇皮带和空气压缩机皮带有无异常磨损现象，轮胎有无与其他机件摩擦现象。

(3) 注意出现异常响声。

如发动机、底盘传动部位各总成以及其他零部件有异常响声，发现可疑问题，应停车检查。

2. 停车时检查轮毂、制动鼓、变速器、分动器、差速器和三桥传动轴中间支撑的温度是否正常

车辆停车检查，通常行驶两小时左右进行。检查有关总成部件温度时，停车后应立即进行，以免温度下降，不能及时发现问题。检查的方法，是用手摸试，如轮毂应摸试靠近轴承处的外壳，制动鼓应摸试外壁，变速器、分动器应摸试壳体，差速器应摸试主动齿轮壳体，这些部位的温度如用掌贴紧后难以忍受时，都属温度过高，应进一步检查。如能忍受30s以上时，特别在炎热季节，仍属于温度正常。

3. 检查传动轴、轮胎、钢板、转向和制动装置的状态和紧定情况

(1) 传动轴。检查各突缘连接螺丝、中间轴承支架螺丝的紧定情况，检查方向十字节轴承盖板锁片保险情况。

(2) 轮胎。检查是否缺气漏气，后轮双胎间有无夹石，车轮螺丝是否紧定可靠，并检查紧定前后轮轴螺丝。

(3) 钢板。检查叶片有无断裂，小卡子有无脱落、松动现象，并检查紧定前后钢板骑马

螺丝。

(4) 转向。检查横直拉杆球头销是否松旷，检查摇臂固定螺帽，横直拉杆弯臂、直臂的固定情况和保险装置。

(5) 制动。检查制动效能有无变化，液压制动有无犯涨现象，各管路及其接头处有无渗漏现象。

4．检查机油、冷却水的液面高度和有无渗漏现象

(1) 检查曲轴箱机油平面，停车位置要平正，停车5min后进行，避免因车辆倾歪，或发动机油尚未完全流入机油池，致使检查不正确。

(2) 检查冷却水液面高度时，注意打开水箱盖不要被热水喷烫到。发动机温度高时，熄火前应怠速运转数分钟，以降低水温。检查发现冷却水不足，应补充清洁水。中途不要放出发动机冷却系统的热水而重新加注冷水，这样极易激裂汽缸盖。冷水更换次数越多，冷却系统积垢也就越多，结果更易产生高温。

(3) 检查发动机和散热系统有无渗漏油、水现象，渗漏严重的，应及时排除。一般如有渗漏情况，除行驶时注意外，回场后，必须修复。

5．检查物资的装载和被牵引的状态

中途检查物资的装载情况时，主要是检查装载有无变化。如装载松散，包装破裂，液体物资渗漏，盖布不严，捆绑绳断，物资倾斜，软硬物品相互摩擦。发现上述问题，应整理后再继续行驶。

检查被牵引物，首先检查牵引钩与被牵引物的连接可靠性，检查这些部位有无断裂、变形以及保险装置失效等。检查被牵引的挂车轮胎、钢板弹簧等有无异状。挂车上的物资是否捆绑牢靠等。

(三) 回场后保养

在车辆返回车场或途中宿营时，除执行途中检查内容外，还须进行下列工作：

(1) 清洁全车。在清洗台上清洗擦拭全车（无清洗台时，应进行擦洗）。要将车厢内外，驾驶室内外，底盘各部分彻底清洗干净。

将发动机及其附件的外部油污、底盘各总成、部件的泥污，全部擦拭干净。

(2) 加添燃油、润滑油、冷却水，并根据需要润滑有关润滑点，冬季气温低的地区应放出冷却水。需要润滑的有关润滑点，主要是：转向节主销、前后钢板弹簧销、气压制动的前后凸轮轴、手制动蹄片轴。这些部位的润滑点，要求每行驶200～500km或两天加注一次润脂。水泵、发电机、分电器、空气滤清器、传动轴滑动叉、传动轴滚针轴承、转向拉杆球销、离合器踏板轴、分离叉轴、传动轴中间轴承，每行驶1 000～1 200km加注一次。

(3) 检查风扇皮带和空气压缩机皮带紧度。此紧度应符合规定标准，用拇指在两皮带轮之间，以40N左右的力按下皮带，皮带的挠度一般应在10～15mm范围内。

(4) 扭转机油粗滤器手柄2～3转。扭转粗滤器转柄时，应在热车时进行，以免冷车时机油粘度大，转动困难。转柄长期不按规定扭转时，由于脏物过多，就不易转动，此时应将粗滤器拆开，在滤片不拆散的情况下进行清洗。

(5) 检查轮胎气压，清洁蓄电池及储气筒。检查轮胎气压时，要求用气压表逐个检查，气压不足时，应按标准规定充足气压。

清洁蓄电池时，用干布（最好蘸上10%的氨水或苏打水）擦净外部的灰尘和脏物，应

检查塞盖上的通气孔使之保持畅通，极柱和导线的连接应清洁紧定牢固，蓄电池应牢固地固定在蓄电池架内。

为保证气动系统工作良好，每隔两天应放出储气筒内的凝结物一次，气温低的地区，冬季每日回场后，发动机未冷却前应放出一次。工作时，应逐渐打开充气开关，待气压降到 5×10^5 Pa 时，再打开储气筒放污开关，将污物盛在油盆内，以免到处喷溅。

（6）排除故障。包括回场保养中发现的故障和途中检查时发现的故障都要排除。

（7）检查整理随车工具附件。擦拭干净，并放在规定的位置。

二、汽车主要部件（与安全行车有关）的检查方法

（一）转向系的检查紧定

由于转向系各机件的磨损变化，将会造成各连接部位的松旷，致使操纵驾驶困难，稳定性下降，影响行车安全。检查、紧定转向系的方法和要求如下：

（1）检查转向机和托架的连接固定螺丝，如有松动应拧紧。

（2）检查转向机摇臂螺帽固定情况，必要时拧紧。

（3）检查横直拉杆球形销是否松旷；固定螺帽是否松动，开口销是否完整可靠。

（4）检查拉杆弯臂、直臂固定螺帽是否松动，开口销是否完整可靠。

（5）检查前驱动桥的横直拉杆臂固定螺丝或螺帽，如有松动应拧紧，弹簧垫圈应完整无损；横拉杆销应固定可靠。

（6）检查转向机螺杆与主轴之间的连轴节的固定情况（如北京 BJ212）。

（7）检查转向机轴柱管带有无橡胶套托架固定装置，该装置应完整无损，固定可靠。

（二）气压制动踏板自由行程的检查与调整

气压制动踏板自由行程过大，制动气室最大工作压力将会降低，制动效能也会下降。如果自由行程过小或没有自由行程，会使制动气室最大工作压力升高，并能引起控制阀的排气阀不能完全打开，造成制动踏板放松，迅速解除制动或不能完全解除制动。因此，需要检查、调整。其方法如下：

（1）用一个 300mm 长的钢板尺或踏板行程量尺，将其一端抵在驾驶室内底板上，使尺身贴近踏板，并与踏板的移动方向平行。

（2）在踏板完全放松的位置上（为防止回位弹簧软，可往上拉一下踏板），记下踏板边缘在量尺上的尺寸，然后轻轻压下踏板，直到有新的阻力感觉时，察看踏板边缘在量尺上的尺寸，两个尺寸的差就是踏板的自由行程。

（3）测得的制动踏板自由行程数值，应符合表 7-13 内的规定，否则应进行调整。

调整时，如解放 CA10B 设计有调整螺丝的制动控制阀，先松开调整螺丝的锁紧螺帽，根据需要，如制动踏板的自由行程大，则将调整螺丝拧入少许，反之则将调整螺丝拧出少许，至制动踏板自由行程达到 20~30mm 范围内为合格。此时，制动控制阀拉臂的自由活动量在 1~3mm 之间。调整后拧紧调整螺丝的锁紧螺帽。

其他如前轮前束的调整和离合器自由行程的调整就不在此一一叙述了。

表 7-13 常见车型制动器调整数据表　　　　　　单位：mm

车型	踏板自由行程	脚制动蹄片与制动鼓之间的间隙		手制动蹄片与制动鼓（或盘）间的间隙
		上部	下部	
解放 CA10B	10～15	0.40～0.60	0.20～0.60	0.60
跃进 NJ130	8～14	0.20～0.25	0.10～0.12	0.40～0.50
交通 SH141	10～18	前轮　0.38	0.38	0.50
		后轮前蹄　0.30	0.25	
		后轮后蹄　0.25	0.30	
上海 SH130	8～14	0.25	0.25	
北京 BJ212	10～15	0.30	0.15	

第八章　汽车事故的处理

交通事故是指车辆在道路上因过错或者意外造成的人身伤亡或者财产损失事件。

交通事故处理是指公安机关交通管理部门依据道路交通安全法及有关行政法规、规章的规定，对发生的交通事故勘查现场、收集证据、认定交通事故、处罚当事人、对损害赔偿进行调解的过程。

在道路上发生交通事故，车辆驾驶人应当立即停车，保护现场；造成人员伤亡的，车辆驾驶人应当立即抢救受伤人员，并迅速报告执勤的交通警察或者公安机关交通管理部门。因抢救伤者需变动现场的，应当标明位置。

在道路上发生交通事故，未造成人员伤亡，当事人对事实及成因无争议的，可以即行撤离现场，恢复交通，自行协商处理损害赔偿事宜；不即行撤离现场的，应当迅速报告执勤的交通警察或者公安机关交通管理部门。

在道路上发生交通事故，仅造成轻微财产损失，并且基本事实清楚的，当事人应当撤离现场再进行协商处理。

车辆发生交通事故后逃逸的，事故现场目击人员和其他知情人员应当向公安机关交通管理部门或者交通警察举报。举报属实的，公安机关交通管理部门应当给予奖励。

公安机关交通管理部门接到交通事故报警后，应当立即派交通警察赶赴现场，先组织抢救受伤人员，并采取措施，尽快恢复交通。

交通警察应当对交通事故现场进行勘验、检查、收集证据；因收集证据的需要，可以扣留事故车辆，但是应当妥善保管，以备核查。

对当事人的生理、精神状况等专业性很强的检验，公安机关交通管理部门应当委托专门机构进行鉴定。鉴定结论应当由鉴定人签名。

公安机关交通管理部门应当根据以上有关调查情况和鉴定结论，及时制作交通事故认定书，作为处理交通事故的证据并送达当事人。

第一节　肇事车驾驶员应做的工作

汽车行驶中发生交通事故经历的时间往往很短。对于较小的交通事故，《道路交通安全法》规定，要求无伤亡事故的当事人，对事故事实及造成事故的成因无争议的，或者争议不大的，应自行立即撤离现场，离开道路或将车辆移至不妨碍交通的地方，尽快恢复交通，具体损害赔偿事宜由当事双方自行协商处理；不即行撤离现场的，应当迅速报告执勤的交通警察或者公安机关交通管理部门。

在道路上发生事故，仅造成轻微财产损失，并且基本事实清楚的，当事人应当先撤离现场再进行协商处理。

就目前交通事故发生的总量而言，约 70%～80% 的交通事故是没有人员伤亡的，本规定将较大幅度地提高交通事故现场的处理速度，对缓解交通拥堵、提高通行能力具有重要意义。

《道路交通安全法实施条例》第八十九条规定，对未造成人身伤亡、损失轻微、事实清楚的交通事故，如果当事人一致要求现场的交通警察进行调解损害赔偿事宜，交通警察可以进行即时的现场调解。公安机关交通管理部门应当在记录事故有关情况后，当场制作交通事故认定书，其格式见表 8-1。

表 8-1　×××公安局交通管理局事故认定书

事故时间：		事故地点：			
	当事人姓名	联系方式	驾驶证号	车辆牌号	保险凭证号
甲：					
乙：					
交通事故事实	后车撞击前车			转弯车不让直行车	
	前车后滑碰撞后车			违法调头	
	机动车撞击停放车辆或其他固定物			驾车逆行	
	违法变更车道			不按规定会车	
	不按规定让行			单方肇事	
	当事人签名：＿＿＿＿＿＿　　＿＿＿＿＿＿				
责任及调解结果	全部责任			无责任	
	主要责任			次要责任	
	同等责任			同等责任	
	当事人签名：＿＿＿＿＿＿　　　　　　　（印章）				
	交通警察　　　　　　　　　　　　　　　年　月　日				

有下列情形之一或者调解未达成协议及调解生效后当事人不履行的，当事人可以向人民法院提起民事诉讼：

（一）当事人提供不出交通事故证据，因现场变动、证据灭失，交通警察无法查证交通事故事实的；

（二）当事人对交通事故认定有异议的；

（三）当事人拒绝在事故认定书上签名的；

（四）当事人不同意由交通警察调解的。

本条还规定，公安机关制作交通事故认定书，较大事故一般应当自受理交通事故之日起 10 日完成，即使重、特大事故也不例外。但是考虑到有些事故中需要进行检验、鉴定才能够确定当事人责任，而检验、鉴定的时间对于不同的事故可能会存在很大的差别，因此，本条补充规定:"对需要进行检验、鉴定的,应当在检验、鉴定结果确定后5日内制作交通事故认定书"。

对较大事故,驾驶员要努力争取做减少损失的工作,主要有以下几点:

(1) 迅速将车停住,及时抢救受伤人员,在条件许可时应速将受伤者送往医院抢救。

(2) 要抢救受损的物资,尽量减轻事故的危害程度,防止事故蔓延。

(3) 在不妨碍抢救受伤人员和物资的条件下,尽最大力量保留肇事现场。对受伤者和一些其他物资需要移动时,也必须在原地作出标记,以对勘查现场提供确切的资料。

(4) 及时将事故情况向当地公安机关交通管理部门或值勤的交通警察报告。车辆驾驶人可以自己向交通警察或者公安机关交通管理部门报告,也可以委托现场目击者、车上乘客、同乘人员、过往车辆驾驶人、过往行人等向交通警察或者公安机关交通管理部门报告。

公安机关交通管理部门接到报警后的首要任务是:立即派员赶赴现场,组织抢救受伤人员。接到报警时,应认真做好记录,尽快派专业人员或者有专门知识的人员赶赴现场,并按有关规定报告上级公安机关和有关部门。比如:发生群死群伤特大交通事故时,除组织人员赶赴现场,报告上级公安机关外,还应及时通报医疗卫生部门,尽快组织卫生急救人员赶赴现场,参加现场抢救。

(5) 在交通管理人员勘查现场时要如实地汇报事故的详细经过,使交通监理人员尽快将现场勘查清楚,并作出处理。

第二节 车辆事故现场勘查基本知识

一、事故现场分类

肇事地点上与事故有关的道路、车辆、人畜、遗留物、尸体、擦印、痕迹、树木、房屋以及气候情况等统称为事故现场。

根据其完整真实程度,事故现场一般分为以下三种:

(一) 原始现场

即事故发生后,在现场上的车辆和遗留下来的物体痕迹仍保持事故发生过程原始状态的现场。

(二) 变动现场

改变了肇事现场原始状态的一部分、大部分或全部的现场。现场变动的原因很多,通常有以下几种:

(1) 抢救伤者变动了现场上有关物体的位置。

(2) 保护不当。如在交通干线和交通量大的干线,现场上的痕迹被来往的车辆和行人碾踏、抚摸而使痕迹模糊或消失。

(3) 自然的影响。如下雨、下雪等自然因素造成现场和物体上遗留下来的痕迹模糊不清或者完全消失。

(4) 特殊原因。如执行特殊任务和其他原因等不宜保护现场的。

(5) 其他原因。如车辆发生事故后驾驶员未发觉而脱离现场的。

(三) 伪造现场

伪造现场属于变动现场范畴，但因性质严重，故单独列为一类。伪造现场指与事故有关联和唆使人员有意改变现场的原始状态，甚至对某个机件进行拆卸和破坏，企图达到逃脱罪责和嫁祸于他人的目的。

现场勘查是处理事故的基础，是分析和鉴定事故责任的主要依据，能否正确处理交通事故，与现场勘查的可靠程度有很大关系。因此，勘查现场必须严肃认真，实事求是，做到及时准确。要想做到及时，必须在接到事故报告后，不论是白天还是黑夜，晴天还是雨天都要迅速赶到现场，这样可防止现场变动，可以避免扩大不良影响，可以及早勘查清楚并撤离现场，减少阻车时间，疏通道路。

二、现场勘查步骤

(一) 封闭现场

勘查人员赶到现场以后，首先应观察现场全貌，确定现场范围和类别，然后用砂石、石灰、绳索、树枝等，把现场围标封闭起来，并要有专人看护。除了勘查人员以外，其他一切车辆和行人都禁止入内。同时要维护好附近的交通秩序，必要时可以中断交通。在夜间或高等级公路的事故现场，须在安全距离外设明显警示、引导标志和安全设施，必要时可封闭现场，严禁无关人员进入。

现场如果有易燃易爆物品和剧毒、放射性药品，有时可使事态扩大，因此应设法消除。发生群死群伤重大事故时，除组织人员保护现场，还应报告上级公安机关，并通报医疗卫生部门，参加现场抢救。如有危险品泄漏，还应通知当地政府，采取相应措施，疏散人员和救灾。

现场上任何微小的物体、痕迹，对确定肇事者的责任都可能有着直接关系，因此必须加以保护，特别是变动现场，这些物品和痕迹就成为更重要的材料。对现场遗留的痕迹、物品做好标记（包括移动部分）。尽量少移动有关物品，必须要移动的，应当做好标记。做好防盗、防抢、防爆、防火工作，疏导聚集在现场的车辆、群众，避免新的危险或者新的事故发生。受伤人员移离完毕后，应当迅速开展现场勘查和清理工作，尽快恢复交通。

(二) 寻找证人

在现场应尽快找到事故的见证人，问清姓名、单位、详细地址、电话等，条件许可时可进行访问并做好记录（见表 8-2）。如果人力不足可在勘查现场以后再进行调查访问。

(三) 看护肇事人

对于大事故和重大事故的肇事者必须指定专人看护、隔离，防止发生意外。

(四) 绘制现场草图

对肇事现场绘制草图，对现场的车、物、人体、痕迹的方向、角度、横竖距离、相互关系统一用虚线和符号绘制并加以文字说明。交通管理部门专门印制了绘制草图的方格标准纸，其形式见图 8-1。

绘制草图的方位的确定：方位的确定是上北下南，左西右东；方位是指公路的走向在图上的方向，原则上要求勘查人员面向正北方向所看到的公路形状。

定位的方法：通常用三角定位法，首先选择一个距离事故现场最近的固定物体，如里程碑、电线杆、桥梁杆等设为 A 点，从 A 点引一条到公路中心的垂直线与公路中心交于 B 点，

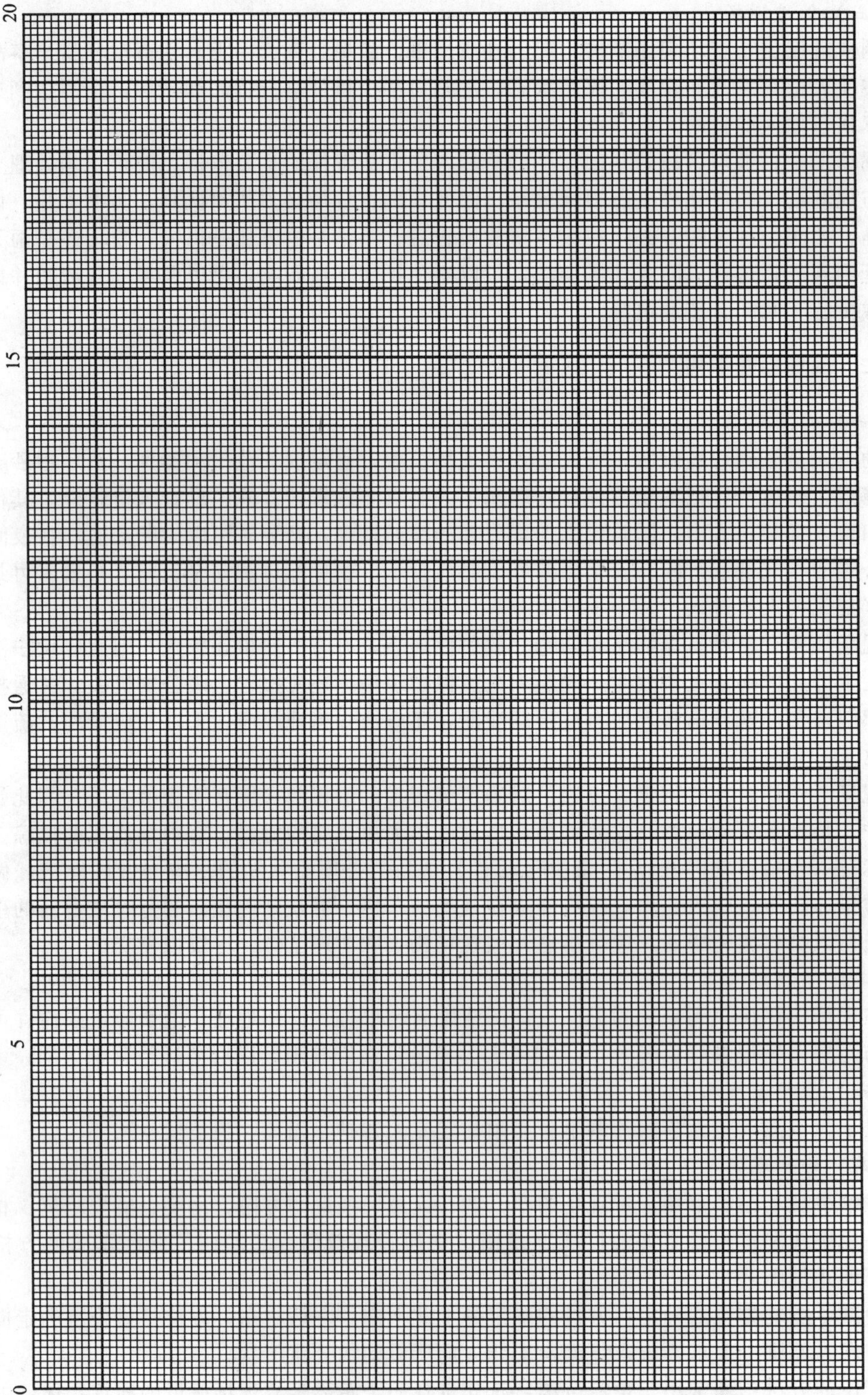

图8-1 交通肇事现场图

表 8-2 交通事故现场勘查记录

肇事时间				天气			风力	
肇事地点						路况		
报案时间				报案人				
始勘时间						止勘时间		
当事人	姓名	性别	年龄	单位及职务		车种车号		装载
记录：								
						现场勘查人：		
						记 录 人：		
						年 月 日		

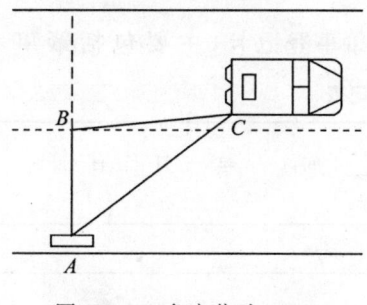

图 8-2 三角定位法（一）　　　　　图 8-3 三角定位法（二）

点，然后以肇事物体的一点为 C 点，这样由 A、B、C 三点组成一个三角形，如图 8-2 和图 8-3 所示。

（五）丈量现场

对现场进行丈量时，数字应记载准确，一律使用公制。在丈量之前，首先要确定哪些物体与事故有关，哪些痕迹与事故有关，然后再逐项进行丈量。

（1）丈量道路。要丈量出道路的路面宽度、路基宽度、路肩、边沟的宽度和深度；并要丈量道路的走向、形状、交通标志、安全设施、行车视线、坡度、弯道半径等。

（2）丈量主要物体及痕迹。丈量车辆肇事前行驶的轮迹和路线（以重压印为准）。丈量肇事车辆停放的方向、位置。以车辆停放位置为准，量出从车辆的各桥左右和前后轮的外缘与地面接触中心点至道路边缘的垂直距离。

丈量刹车距离应分别丈量拖印和压印痕迹的长度，痕迹的起点至左右两边路面的边缘远近点的垂直距离和各点的间隔距离。

（3）丈量死者、血迹、伤者所处的位置及其他物体的方法与丈量主要物体，即丈量确定车辆方向、位置方法相同，血迹应表明面积（长×宽）。

（4）丈量与事故有关的行人、非机动车与牲畜的行进路线、方向和位置。

（5）丈量肇事接触点。肇事接触点是形成事故的焦点，又是肇事的重要依据。对处理分析事故起着关键的作用，因此必须全面分析，确实有把握以后才能确定下来。发生事故的接触部位是多种多样的，通常我们丈量的是车与车、车与人、牲畜及物的接触点距地面的高度，形状的大小、面积、深度，标明在各个物体上的部位，接触点的受力方向等。要注意观察在接触部位遗留下来的毛发、血迹、皮肉、木屑、漆色、纤维等物，必要时采集标本进行鉴定验证。

（六）检查死者遗物

检查死者遗物要有两人以上参加并做好登记。

（七）现场摄影

摄影时要拍摄现场全貌，反映现场轮廓，在拍摄过程中要以肇事接触点为中心，以较近的距离拍摄肇事车辆与其他物体的关系。

要拍摄接触部位的表面痕迹，反映碰撞和擦刮的受力方向。

拍摄事故后果，反映事故损失情况，如尸体、尸体表面伤痕、血迹等。

拍摄肇事车的牌号、刹车拖印等。

必要时可拍摄肇事人和伤者的宣传材料。

（八）填写交通事故现场情况表及机动车肇事登记卡

表 8-3 为交通事故现场情况登记表。表 8-4 为机动车肇事登记卡，主要包括肇事人姓

表 8-3　交通事故现场情况登记表

事故地点：＿＿＿＿＿＿＿＿＿＿＿＿＿＿＿＿＿＿＿＿时间：　年　月　日　时　分
1. 天　　气：＿＿＿＿＿＿＿＿＿＿＿＿＿＿路面：＿＿＿＿＿＿＿＿＿＿＿＿
2. 刹车迹：＿＿＿＿＿＿＿＿＿＿＿＿＿＿＿＿＿＿＿＿＿＿＿＿＿＿＿＿＿
3. 停车距离：＿＿＿＿＿＿＿＿＿＿＿＿＿＿＿＿＿＿＿＿＿＿＿＿＿＿＿＿
4. 接触痕迹：＿＿＿＿＿＿＿＿＿＿＿＿＿＿＿＿＿＿＿＿＿＿＿＿＿＿＿＿
5. 接触部位的附着物：＿＿＿＿＿＿＿＿＿＿＿＿＿＿＿＿＿＿＿＿＿＿＿＿
6. 视　　线：＿＿＿＿＿＿＿＿＿＿＿＿＿＿＿＿＿＿＿＿＿＿＿＿＿＿＿＿
7. 障　　碍：＿＿＿＿＿＿＿＿＿＿＿＿＿＿＿＿＿＿＿＿＿＿＿＿＿＿＿＿
8. 其　　他：＿＿＿＿＿＿＿＿＿＿＿＿＿＿＿＿＿＿＿＿＿＿＿＿＿＿＿＿
9. 现场证人：＿＿＿＿＿＿＿＿＿＿＿＿＿＿＿＿＿＿＿＿＿＿＿＿＿＿＿＿
10. 肇事各方签章：姓名：＿＿＿＿＿＿＿＿单位：＿＿＿＿＿＿＿＿＿＿＿
记　录　员：＿＿＿＿＿＿＿＿＿＿＿＿＿＿＿＿＿＿＿＿＿＿＿＿＿＿＿＿

表 8-4 机动车肇事登记卡

编号	
类别	

时间：＿＿＿＿年＿＿＿＿月＿＿＿＿日＿＿＿＿时＿＿＿＿分 天气：＿＿＿＿

地点：＿＿＿＿＿＿＿＿＿＿＿＿＿＿＿＿＿＿ 车属地区：＿＿＿＿＿＿＿ 自检组编号：＿＿＿＿

	各 方	甲 方	乙 方	丙 方
肇事人	姓 名			
	性 别			
	年 龄			
	籍 贯			
	驾驶证号			
	考照日期			
	车 号			
	车种厂牌			
	保险凭证号			
	单 位			
	住址、电话			
	责任者曾是否肇事			
伤	人，成员：		车物	
亡	人，成员：		损失	

事故原因及经过	

制表单位：××市公安局交通管理局

表 8-4（续）

现场勘验及调查情况

甲方：_____

乙方：_____

承办机关：_____ 承办人：_____

年　月　日

事故现场略图		有关物品登记	清理物品	
			送检物品	
			鉴定物品	
			扣留车辆	
备注				

名、年龄、执照号码、所驾车种、单位等，还包括伤亡、损失情况及事故原因经过。最后是调查及勘验结果，承办机关、承办人，甲方、乙方签名盖章等。

（九）复核现场

一般还应在事故登记以后，对现场勘查、丈量、绘图、摄影等进行复核，并向有关人员、单位和肇事者本人宣布。对现场丈量尺寸、印迹，大家认为无误时均在现场记录草图上签字后，即可迅速撤出现场，恢复交通。

此后，公安机关交通管理部门应当根据交通事故现场勘验、检查、调查情况和有关的检验、鉴定结论，及时制作交通事故认定书，作为处理交通事故的证据。交通事故认定书应当载明交通事故的基本事实、成因和当事人的责任，并送达当事人。交通事故认定书是处理交通事故的主要证据，证明当事人发生交通事故事实本身，是交通事故的成因和当事人的责任，不是对交通事故处理的决定，而是当事人保护自己合法、正当权利的依据。

对交通事故损害赔偿的争议，当事人可以请求公安机关交通管理部门调解，也可以直接向人民法院提起民事诉讼。经公安机关交通管理部门调解，当事人未达成协议或者调解书生效后不履行的，当事人可以向人民法院提起民事诉讼。

第三节 交通事故的分析

发生交通事故时间是短暂的，也是出乎人们意料之外的，所以无论是在场的旁观者，还是驾驶员本人要想把事故的全过程全部弄清楚也是很困难的。对旁观者来说，他们事先不可能有思想准备。所以在发生事故后，所能提供的一些证词，也是通过回忆和判断而作出的推论性结论，因此常有片面性。对于肇事驾驶员来说，肇事后过度紧张、惊慌、恐惧，所以对事故的过程也不一定很清楚；另外，事故牵扯到驾驶员责任的大小，有时在提供的情况中带有一些不真实的成分，或者隐瞒事实真相，所以在事故发生后要想弄清全部过程，只能主要以事故现场的物证为依据判断，驾驶员和旁观者提供的资料仅作为参考。

要重视掌握事故现场所出现的一些情景。如地面上的玻璃碎片、木屑、漆片；伤亡者的血迹、毛发、皮肉、尸体，被害者携带的物品；车辆撞落的实物；车身损坏的部位和形状；车辆运动的印迹以及车辆停止的位置等情况。通过以上这些现象来分析判断肇事的全过程，使交通事故再现，这样能帮助我们处理好交通事故，同时也从事故中汲取教训。

下面就几个常见的问题做以下分析。

一、肇事前车速的判定

汽车超速行驶是发生事故的重要原因，但发生事故以后，判断车速比较困难。通过旁证和驾驶员的口述往往只是一个概略的数字，甚至有时不够真实。目前车辆还没有安装测速仪器，只能通过留在路面的一些痕迹、散落物和车辆的损坏程度来判断车速的快慢。

（一）利用制动印迹判断车速

汽车肇事以前，由于驾驶员对眼前一些情况有习惯性反应，多数都采取紧急制动措施，因此可以通过紧急制动后车轮留在地面的印迹的长短来判断车速。汽车在持续制动时间内行驶的距离为持续制动距离，当最大制动器摩擦力达到附着力数值时，假设附着力的数值不变，那么在汽车制动持续作用时间内行驶的距离用下式表示：

$$s_0 = v_a^2/(254\varphi) \quad \text{(m)}$$

式中：v_a 为汽车制动时的初速度（km/h）；s_0 为持续制动距离（m）；φ 为附着系数。

将上式整理为

$$v_a = \sqrt{254\varphi \cdot s_0} \quad \text{(km/h)}$$

如果汽车在坡道上制动时，持续制动的理论值为

$$s = v_a^2/254(\varphi \pm h) \quad \text{或} \quad v_a = \sqrt{254(\varphi \pm h) \cdot s}$$

式中：s 为坡道上的持续制动距离（m）；h 为道路的坡度，上坡取加号，下坡取减号。

例：某汽车在附着系数为 0.7，纵坡度为 7% 的道路上上坡行驶，肇事后采取了紧急制动，它的印迹达 27m，求汽车制动时的车速。

由上式得：

$$v_a = \sqrt{254(\varphi + h) \cdot s} = \sqrt{254 \times (0.7 + 0.07) \times 27}$$
$$\approx 72.7 \quad \text{(km/h)}$$

以上是从理论上计算的数值，实际情况会略有出入，因为：一是汽车制动时，从开始减速到地面开始出现印迹这段时间内，汽车的速度已经有所减低，这时计算出的速度就要偏低；二是汽车在满载和空载时制动距离也不一样，满载时汽车制动减速度要小于空载的制动减速度，故满载时制动距离也相应长一点；三是汽车前后轮刹车调整的不同，对制动距离也有影响，单纯后轮先抱死、前轮后抱死的刹车与四个车轮同时刹车相比，显然后者制动距离要短，因此在实际判断车速时要给予考虑。

(二) 利用散落物判断车速

当汽车和汽车发生碰撞时，或者汽车与固定物，如树木、桥桩、电杆、建筑物等碰撞时，碰撞的双方均产生很大的变形和损坏，因而消耗了汽车大部分的动能，此时就无法利用制动时的印迹来判断肇事前的汽车速度。但是，可以根据散落在地面的玻璃碎片等残留物的位置和制动印迹走向来加以判断。

汽车的挡风玻璃和大灯玻璃均距地面有一定的高度，汽车肇事发生碰撞时玻璃碎片要以一定的初速度按自由落体运动规律沿着抛物线投落到碰撞点的前方，如图 8-4 所示。

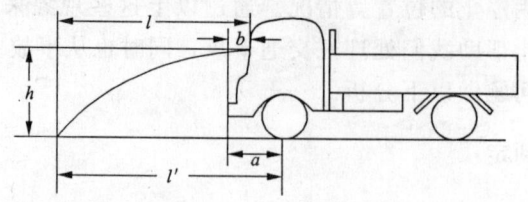

图 8-4 利用汽车碰撞散落物判定车速

这时可根据散落物离地面的高度 h（m）和抛出的距离 l（m）来判断碰撞时的速度。通常采用下式计算：

$$v_a = 3.6\sqrt{gl^2/(2h)} \quad \text{(km/h)}$$

式中：g 为重力加速度（m/s²）。

在使用上式计算碰撞速度时，需先确定碰撞点的位置，不然就无法确定散落物抛出的距

离。

当汽车与固定物相碰时,固定物的原始位置和汽车相接触的部位就是当时的碰撞点。

如果是汽车与汽车相撞,两者都是移动的,碰撞点只能根据地面印迹的情况来判断。由于两车碰撞以后,汽车的运动方向是突然改变的,因此这时要根据前轮印迹的走向发生突变的部位来确定碰撞点。肇事现场地面没有制动印迹或印迹已被破坏时,可根据汽车上两个高度不同的物体散落在地面的位置来判断碰撞时的车速,如图8-5所示。

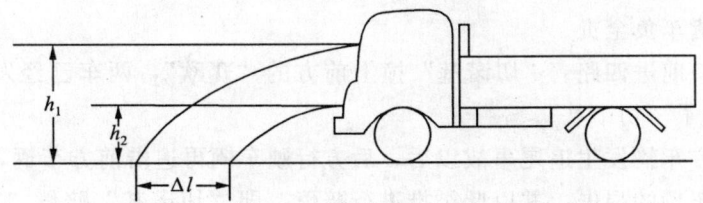

图 8-5 利用汽车碰撞不同高度散落物判定车速

汽车碰撞时,在汽车上不同部位的物体的初速度是相同的,这就可以利用下式计算:

$$v_a = \sqrt{(1/2)g} \cdot 3.6\Delta l/(\sqrt{h_1} - \sqrt{h_2}) \quad (km/h)$$

式中:Δl 为汽车上不同高度 h_1 和 h_2 处散落物之间的距离差。

这时只要沿汽车原来行驶的方向,在地面上测出有关数据,即可求得碰撞时的车速。

这里强调一点:不可利用洒落在地面的冷却水或者润滑油的痕迹来进行这样的计算,因为,它们大都是从汽车底部流出来的。另外,v_a 是汽车碰撞时的初速度,如果碰撞前即采取制动,这样 v_a 必然小于汽车在道路上行驶的实际速度,所以,这一点不能作为是否是违章超速行车的依据。

(三) 利用汽车损坏程度来判断车速

汽车与固定建筑物碰撞以后,碰撞汽车的行驶速度可根据两者的损坏程度来定性地加以分析。比如汽车与固定物、电杆、砖墙、土墙等碰撞以后,刚性大的物体所吸收的冲击功能比刚性小的物体为小。如果汽车碰撞后汽车损坏的程度相同,那么两者碰撞时的速度必定是不同的,刚性小的物体碰撞时的速度显然较高。另外,汽车在侧面正交相撞或者是斜角相撞时,由于碰撞时受力的方向通常不通过被撞车的质心,其冲击强度也有所不同。如碰撞力不通过质心,则被撞车受力偶的作用将做旋转运动,在相同的碰撞速度下,这种冲击强度较小,损坏和伤亡程度也较低。同样,如被撞车损坏程度与对方相同,而被撞车旋转,则其被撞时的速度一定较高。

二、车辆"追尾"怎么判定责任

近几年来,由于新领执照驾驶员和年轻驾驶员增加,稍不留意,就会发生车辆"追尾"事故。又由于私家车增多,市民节假日出行形成高峰,导致追尾事故频发。这类事件发生后,责任到底怎么算?

(一) 情况一:两车追尾

案例:刘女士开车行驶至汉阳钟家村路口时,绿灯亮,前方一辆的士起步前行,刘女士紧随其后,不料,前车忽然急刹,她只得猛踩刹车,但还是晚了一步,两车追尾。

如何算：此类两车追尾，虽然后车"委屈"，但仍要承担事故的全部责任——因为是你未能保持安全车距。

（二）情况二：多车追尾

案例一：汉口黄浦路路口，一辆"蓝鸟"急刹，后面"本田"也紧急刹车，两车相距1cm，未造成追尾，但"本田"后面的一辆货车避让不及，"吻"上"本田"，并迫使"本田"也"吻"了"蓝鸟"。

如何算：此类由最后一辆货车撞击了前车，导致其追击前方车辆陆续相撞的，由最后一辆车负责，即由货车负全责。

案例二：汉口前进四路，"切诺基"撞上前方的"赛欧"，两车已经发生追尾后，一辆"毕加索"又撞上了"切诺基"。

如何算：前方车辆发生追尾事故以后，后方行驶车辆再追击前方车辆，由后面追尾车辆承担前一台被追车辆的损失，并以此类推进行赔偿。即"切诺基"赔偿"赛欧"，"毕加索"赔偿"切诺基"。

（三）情况三：高速公路

案例：汉宜高速公路上，一辆大货车发生故障，但车停在行车道上时未按规定设置警告标志，导致另一辆货车与其"追尾"。

如何算：在高速公路上，因前方车辆发生故障或发生事故并未按规定设置警告标志，造成后方车辆追尾的，前车负次责，后车负主责。

三、汽车制动时轮胎印迹的分析

汽车在路面行驶时，当汽车肇事时车轮留在地面的印迹是汽车运动过程的真实记录，也是分析事故的真实依据。通过轮胎印迹可以看出汽车在行驶时是否违章，也可以看出在紧急情况下驾驶员是否采取一些必要措施，同时还可以看出车辆制动系统的技术状况的好坏，所以汽车印迹非常重要。

（一）正常的制动印迹

汽车正常制动留在地面的印迹是正常的。但是却发生了交通事故，通过紧急制动时留在地面的印迹和肇事接触点的距离，就可以看出采取措施是否过晚。如果距离过短，说明采取措施过晚，有的驾驶员甚至伤人之后才采取紧急制动措施，这样制动印迹就出现在接触点之后。在制动印迹中还有一种现象，就是在前后轮同时抱死的情况下，不能靠转动方向盘的方法来改变汽车运动的方向，汽车在惯性力作用下将继续向前行驶。特别是在冰雪路面和其他光滑路面上行驶时都会出现这种现象。所以对障碍物既想采取紧急制动，又想绕行是办不到的。在路上如果撞击自行车和行人，由于对方的质量较小，汽车不会改变运动方向，如与其他车辆相撞，印迹就要发生较大的变化。

（二）制动印迹偏行

当汽车采取制动以后，汽车不是按照直线减速行驶到停车，而是自动地向左或向右偏行。这主要是车辆的技术状况不正常造成的。由于跑偏汽车留下的印痕是圆滑的弧线，曲率没有突变的现象。鉴于跑偏常发生事故，使其不由自主地跑到对方车辆行驶的路线上，有时冲入人行道或者慢车道，有时可能冲出路边而发生掉沟和翻车现象，此时痕迹很容易看出。

(三) 侧滑的制动印迹

汽车在行驶中使用制动以后出现了侧滑,留在地面上的痕迹是很明显的。如前轮正常行驶,后轮出现侧滑,后轮印迹的曲率发生突变,形成两段弧线连接成的印迹,突变点就是侧滑的开始点。

车辆侧滑原因很多。大量的实践证明,在制动时后轮出现侧滑主要是后轮比前轮先抱死而拖带,并且在侧向力作用下发生的。前轮侧滑时,侧滑方向与离心力方向相反,所以前轮侧滑自动停止。后轮侧滑时,侧滑方向与离心力方向相同,因此呈现一种不稳定状态,越滑越严重。在冰雪路面上行车,有时侧滑180°以至360°都是经常出现的现象。

(四) 轮胎的印迹

在汽车肇事以后,轮胎的印迹一般很清楚,有时遭到人为的破坏,使印迹不易辨别。在道路交通量比较大的情况下,很难区别哪条印迹是哪一辆车的,因此必须认真细致地鉴别。

轮胎与地面接触形状是椭圆形的,当车轮沿着旋转平面所指的方向滑移时,印迹的宽度最窄。如滑移的方向与旋转平面垂直,则印痕最宽。所以,汽车向前移动并伴随其垂直轴线回转时,其轮胎印迹总是由窄变宽。如果汽车相对于原来的直线行驶方向旋转超过90°以上,则轮胎印迹将由宽逐渐变窄。如在光滑的路面上车速很快进行紧急制动时,后轮侧滑使汽车大角度地回转,在惯性力作用下,汽车重心往往做直线运动,这时前后车轮的印迹与摆线相似。

在区别是哪一辆车的轮胎印迹时,还可以从轮胎的气压和车辆负荷量来判断。气压过低,轮胎超载,胎面向里弯曲,使接触面边缘的压力急骤增大,中间部分的压力减低。如气压过高,负荷很小时,胎面向外弯曲,这时接触面减少,中间压力增大,边缘部分压力减小。

轮胎留在地面上的印迹在紧急制动时不一定是连续的,有时会出现断续现象,这是由于车轮上下振动和制动毂失圆造成的。在制动时,有时左右制动轮制动装置之间技术状况存在着差异,使左右车轮不能同时抱死,故印迹也不一定连续。车轮抱死使印迹逐渐变得模糊,最后形成一条黑迹。

第九章 交通事故案例

案例一：武汉一老总黄石车祸遇难

2005年3月7日晚11时20分许,武黄、黄黄高速公路连接处的黄石长江大桥黄石收费站引桥处,发生一起特大交通事故,两辆车对撞后滚下3m多高的路基,造成6人死亡。

大货车"吃"进面包车

记者在现场看到,一辆牌号为"鄂F-20794"的襄樊籍蓝色东风大货车,将一辆车牌号为"鄂A-D8590"的本田奥德赛面包车整个"吃"进车下,面包车顶部全部被撕开,已经严重损毁变形。车里到处是血,现场惨不忍睹。现场有医护人员在包裹死者尸体,从大货车上散落下来的大葱随处可见。

据目击者介绍,当晚11时20分许,襄樊籍大货车从浠水开往黄石方向,在距离黄石收费站300多米处的黄石大桥引桥坡上,与从武汉开往江苏的本田面包车相遇。当时面包车正向左超车,大货车将其推行近30m后,随着尖利的声音,两车撞开引桥边的隔离栏杆,从3m多高的引桥上摔下路基。大货车从桥上掉下路基后侧面着地,又压住了面包车的一部分。

黄石开发区公安分局大桥派出所所长王景峰当时正在值班。据他介绍,当时他猛地听到"轰"的一声巨响,随后就在现场看到了血腥的一幕。

一家五口同遭惨祸

事故发生后,交警部门迅速赶到现场救治,发现死者为武汉中升润滑油有限公司经理潘道林一家五口(夫妻、三个子女)及公司办公室主任兼驾驶员粟灯洲。

据了解,由于潘道林的老母亲在江苏去世,他们一家五口于当晚先后由司机粟灯洲和老总潘道林开车,从武汉前往江苏盐城。

据记者了解,事发后,大货车上的两名司机和一名押运员从车内艰难地爬出来,被送往医院救治,目前仅是轻微伤,没有生命危险。

违规超车酿成事故

记者从省公安厅交警总队了解到,这次事故的原因经初步调查,已经可以确定是鄂A-D8590面包车违章超车造成。

据调查，事发时面包车正由中升老总潘道林驾驶，在道路明显标划双黄线的情况下违章超车，驶向路左与对面来车相撞。从现场勘查情况来看，由于两车车速均较快，发生事故时，两车驾驶员均未来得及采取应急措施。

至于是否还有其他原因，交管部门称此案正在进一步调查之中，暂不便对外透露。

有关部门积极善后

来自交管部门的消息称，事故发生后，黄石交警及时赶赴现场勘查施救。随后，黄石市委常委、市政法委书记、公安局长王庆华，市安监局局长陈启咏等人也亲临现场组织指挥。至8日晨4时许，事故现场勘查清理完毕。

事故发生后，黄石有关部门迅速成立综合协调组、调查取证组和善后处理接待组，本着"事故现场勘查细致、调查取证详实过硬、善后处理接待热情、调处政策落实到位"的原则，尽全力做好事故受害人亲属安抚工作，确保社会稳定。

据了解，黄石警方已经派出6名警员开展调查取证，对相关车辆安全设备检验、车速鉴定、车辆投保概况、驾驶人酒精检测等开展工作，力求证据资料详实过硬。

交通安全警钟长鸣

3月8日，黄石市有关部门迅速在全市掀起反超员、反超载、反违章超车的专项行动，召集全市交警中队长以上干部开现场会，同时组织全市大型客货车运输单位、出租车公司车管干部开会，对照事故查原因找危害，举一反三吸取教训。

黄石警方8日决定，从即日起全警动员，严格责任倒查制，要在全市范围内迅速开展"反超速、反超载、反压双黄（实）线、反闯红灯、反闯禁令标志牌"等专项整治。警方为此专门提醒：出行请一定注意交通安全！

事故的原因及教训

（1）本田面包车驾驶人不应该在黄石长江大桥引桥处违章超车；

（2）面包车驾驶人在对向有来车的情况下，且在大桥引桥道路明显标划双黄线的情况下，越黄线超车造成与对向行驶大货车相撞；

（3）深夜11点20分，夜晚视线不好的情况下，面包车和对向行驶大货车在长江大桥引桥处车速均超速，致使两车相撞前均来不及采取相应的紧急制约措施，从而使面包车"吃"进大货车下，面包车安全损毁变形，致6人全部死亡。

（4）十次事故九次快，即使有再大的急事，也不能在深夜开快车赶路，更不能在长江大桥引桥处越双黄线违章超车，酿成车毁人亡的重大事故。

总之，超速、违章超车及违反交通法规是造成此次事故的根本原因。所以，黄石市全市开展"反超速、反超载、反压双黄线、反闯红灯、反闯禁令标志牌"的专项整治活动是非常正确的。

（摘自2005年3月9日《武汉晚报》，有改动）

案例二：江西中巴坠崖 22 死 22 伤

2005 年 3 月 7 日 13 时 30 分，江西九江市星子县发生一起特大交通事故，一辆载有 44 名乘客的中巴车坠入深崖。截至 3 月 8 日 4 时 30 分，江西省星子县 "3·7" 特大交通事故现场搜寻工作全部结束。经反复核查，确认事故车上 22 人死亡，22 人受伤。

妇女节登山出意外

3 月 7 日，星子县人寿保险公司组织营销员到庐山山南的太乙村风景区开展 "三八" 妇女节登山活动。下午，职工们乘坐一辆租用的公交中巴车下山。13 时 30 分，车辆在经过古董林场一处狭窄山道上，翻下几十米深的悬崖。

事故发生后，有关领导立即指示有关部门全力搜救失踪人员和抢救受伤人员，妥善处理善后工作。并组成了事故抢救指挥部，迅速组织现场抢救工作，目前受伤人员正在接受进一步治疗，部分伤者伤势较重。

现场抢救工作结束

记者在事发现场采访了目击事故过程和参加抢救工作的星子县白鹿镇老屋余村的村民。据村民老余介绍，事故发生的准确时间在 13 时 16 分。当老余赶到事发现场时，有一名村民已经向星子县有关部门报警。从 7 日下午开始到 8 日凌晨，九江市和星子县组织了有关部门 150 余人到现场抢救，经过近 15 个小时的紧急抢救，到 8 日凌晨 4 点 30 分，最后一名伤者从山涧抬上 100 多米高的悬崖。

15 座的车塞了 44 人

事故调查组在现场初步了解的情况表明，严重超载是造成这一事故的主要原因。发生事故的车辆为核载 15 人的中巴车，但从星子县太乙村风景区下山时，实载 44 人，其中，参加 "三八" 妇女节登山活动的星子县人寿保险公司营销员 42 人。

目前，事故原因仍在进一步调查中。善后工作正在有序进行。

(摘自 2005 年 3 月 8 日《武汉晚报》)

案例三：运磷大货车，丹江口失火灼伤 79 人

2005 年 3 月 8 日下午，丹江口市发生一起拖运黄磷的大货车失火事故，多名行人被喷溅的火星灼伤，4 名消防官兵受伤（其中 2 人伤势较重）。

8 日下午 6 时 20 分，河南省新密市超化镇河西村四组村民钱国臣（男，47 岁）与其本家兄弟钱龙飞（25 岁），驾驶东风牌大货车（豫 A-65520）从丹江口市化工厂装载 10t 黄磷（共 50 桶）。当车行至距丹江口市环城南路加油站 25m 处时，为避让一条小

狗，司机钱国臣紧急制动，导致货物前移，黄磷桶被碰破，随即冒烟燃烧，钱国臣、钱龙飞下车躲避。

丹江口市消防大队接警后，迅速出动3辆消防车、12名消防官兵前往现场扑救。由于大货车距加油站不远，消防官兵马上组织人员用石棉被保护加油机，并对加油站实施水幕保护，同时疏散围观群众。此时，燃烧的黄磷桶发生倾斜，车内黄磷发生喷溅，造成4名消防官兵和多名行人受伤。大火于8日晚9时10分被扑灭。

目前，伤势较重的两名消防官兵已被转到十堰市救治，其他人员在丹江口接受治疗。

9日晚8时左右，武汉市三医院5人组成的医疗队和协和医院一位神经内科医生，紧急赶到了丹江口市，救治被黄磷灼伤的79名患者。

据市三医院有关人士介绍，9日上午11时左右，武汉市卫生局通知市三医院，丹江口市发生一起拖运黄磷的大货车失火事故，造成多名行人和消防官兵被灼伤，要求该院烧伤专家紧急前往提供帮助。

该院迅速组建了以医务处负责人罗才奎任组长、烧伤科3位医生、1位护士组成的5人医疗队，前往丹江口为患者会诊，给出治疗建议。

据罗才奎介绍，医疗队9日晚8时左右到达丹江口市人民医院，并立即为该院收治的73名患者查房，了解烧伤情况。

罗才奎说，丹江口市人民医院收治的73名患者中，最严重的患者烧伤面积达40%以上，另有4~5名患者的情况也不容乐观。此外，还有4名患者住进了汉江医院，另有2名患者此前已经转往十堰市太和医院就诊。

截至9日晚11时30分，没有患者出现生命危险。现场的烧伤专家表示，他们还将连夜前往汉江医院为那里的4名患者查看伤情，明确的治疗方案正在制定中。

(摘自2005年3月11日《长江日报》)

案例四：鞭炮货车追尾炸毁双层大巴

2005年3月17日凌晨4时05分，江西省梨温高速公路49km处（即上饶东收费站往玉山方向两公里处）上饶县石狮乡三都村境内，一辆从湖南济阳七宝山运输烟花爆竹、药料去浙江苍南的货车，与一辆从深圳开往浙江的双层大巴追尾相撞发生剧烈爆炸，两辆车上司乘工作人员无人生还。附近民房受损，居民受伤。目前，已从现场清理出29具尸体，仍有8名村民和过路司机正在医院救治。

房前屋后都是尸体碎片

一直参与事故搜救的上饶县石狮乡周副书记向记者转述了事发时的情景："距离高速公路几百米远的三都村村民当晚睡得正香，忽然听到两声沉闷巨响，然后就是房屋摇动。靠近公路边的几栋村民住宅，都发生了坍塌。现在还在医院接受救治的5名村民，都是因为坍塌而砸伤的。"

"刚开始，大家还以为发生了地震。"周副书记说："但随着越来越多的村民跑出来后，便发现了高速公路上面目全非的车辆残骸。更让村民们感到害怕的是，在他们的房前屋后，到处都能看到尸体碎片。"

据周副书记介绍,因爆炸而受累的石狮乡三都村有近 80 户村民,住宅离高速公路最近的只有 50m 远,有 60 余户村民的房屋不同程度受损,1km 以外的民房门窗都被震裂。

8 名伤者中有一名孕妇

目前,8 名伤者全部住在上饶市平安医院接受治疗,包括 5 位村民(其中一伤者已怀孕 5 个月)和 3 名开车路过爆炸现场的河北籍司机。

大部分受伤的村民是脑震荡和骨折。24 岁的马惠艳是一名孕妇,已有 5 个月的身孕,在这 8 名伤者中她的情况最严重,头部骨折,她的主治医生告诉记者,目前还不会影响到胎儿。3 位河北籍司机都是因为爆炸引起脑震荡,脸部不同程度地被车窗碎玻璃划伤。

回忆起当时的惊魂一幕,马惠艳的母亲告诉记者,半夜她被两声巨响惊醒,睁眼一看,房子竟然塌了一个角,女儿被埋在瓦砾中……

目前,伤者情绪稳定,事故原因调查及善后工作仍在进行。

在深圳只上了一名乘客

据记者了解,出事车辆为"安凯"牌双层客车,有 30 余个卧铺,车牌号是"浙 H-00517"。于 3 月 16 日中午 12 时 30 分从深圳宝安客运汽车站开出。

从调查情况看,该车的经营资质、经营条件、车辆状况、司机资格等方面都没有任何问题。开出深圳汽车站之前,深圳相关汽车站对该车的技术状况、乘客携带行李的检查、最后乘客人数的核对、司机的配员人数要求等所有安全方面的检查工作都是到位的。该车从宝安车站开出时,仅卖出一张车票,乘客是前往浙江的男性乘客。除这名乘客外,车上还有一名男性车主,应该也是浙江人,车上还配有两名男性司机,所以从深圳出发时该车上一共有 4 人。

由于双层大巴一路上在陆续上人,对于车内乘客具体都来自哪里,目前事故处理小组仍然不清楚。

17 日记者截稿时,被武警官兵封锁、已经双向中断了 17 个多小时的梨温高速公路段仍旧没有通车。

(摘自 2005 年 3 月 18 日《武汉晚报》)

案例五:液氯大面积泄漏毒死 28 人

一场普通的车祸却最终导致了一出 28 人死亡的人间惨剧。2005 年 3 月 29 日晚 6 时许,京沪高速淮安段,一辆槽罐车左前胎突然爆胎,槽罐车因惯性向左前方急转,冲破道路中间护栏至反向车道,这时右前胎爆裂,与经过此地的山东牌照解放牌大货车相撞。槽罐车的后截与车头脱节,解放牌大货车车头被撞至护坡下,货车司机当场死亡。槽罐车的司机逃逸,现在仍下落不明。槽罐车上满载的约 32t 液态氯气快速泄漏。

与事故发生地相距 300m 的地方,就是一个村庄,其方圆 5km 内约住有 1 万村民。氯气迅速在乡野间扩散，被刺鼻气味呛得剧烈咳嗽的人们开始四处逃窜。截至发稿时止，至4月1日有350名村民因吸入过量氯气被送医院急救。据统计，已有28人因此事故死亡，且送医人数还在不断增加中。

1. 灾难突降，与氯气赛跑

据了解，整个槽罐车内装有约32t液氯，有关人士告诉记者，估计已经泄漏出去了"三分之二"，也就是约有20t的液氯泄漏。记者在现场看见：事故发生地的东北侧，是一片麦田。村民说，一夜之前这儿的麦田还是绿色，但是几个小时的氯气"浸泡"，绿色的小麦已枯黄一片。

30日凌晨，记者在淮安市第一人民医院见到8岁男孩小凯。他是该院收治的35名中毒者中病情最严重的一位。轻微的氯气中毒者说，小凯的母亲在两公里之外的解放军八二医院抢救。

老张集乡村民郑后琴说，29日晚她在家中做好晚饭，刚拖一次地，放学回家的女儿告诉她，高速公路上两辆车撞在了一起，发出的气味闻着"让人头晕"。郑后琴吸了一口气，立即引发了剧烈咳嗽，紧接着不停地流眼泪。郑后琴立即找到爱人，带着两个女儿向空气不那么呛人的西北方跑去，跑出了半公里外才感觉到能透过气来。她刚把家人安顿下来，就发现一路有人跟跄着跑来。但纵然如此，郑后琴的两个女儿呼吸道还是被轻微灼伤，不得不留在医院观察。

2. "我捡到趴在路边的孩子"

老张集乡靳庄村人朱士红在29日晚7时30分左右发现了异常，当时他正在吃晚饭，忽然闻到了一股呛人的气味，"像漂白粉的味道，但非常浓，让人喘不过气来。"朱士红立即用自己的摩托车把妻女送到了约2公里外乡政府所在的小街上。

走在路上，朱士红发现已经有许多"同道者"，"'马自达'、三轮农用车、拖拉机，路上到处都是落荒而逃的人，小孩又哭又喊，大家都十分害怕。"安置好家人后，朱士红打电话到同在一个村上的哥哥家，哥哥朱立明患有气管炎，吸入氯气后，情况非常危急。朱士红向当地政府求助，政府找来一辆面包车，将朱立明送去治疗。

这辆面包车一路上不停地走走停停，因为"路边不时可以看到行走困难的人"。朱士红在一条乡间小路上看到了一个孩子，"大概有十一二岁左右，趴在路边已经快不行了。"朱士红将孩子抱上了车子送到医院抢救，但哥哥朱立明却告不治。

29日当晚11时开始，武警和消防官兵在乡间开始大搜索，希望找到倒在角落里的人们。一名消防战士说："夜里，我们用手电筒在路上、沟里仔细地找，找到了两个倒在路边的人。"

（以上摘自2005年3月31日《楚天金报》）

3. 严重超载酿祸，肇事司机被拘

(1) 20名消防官兵中毒

"3·29"京沪高速公路淮安段液氯泄漏事故发生后，由于撞击严重，槽罐车的车头与槽罐分离。槽罐从上行线甩到了下行线，造成破损。由于液氯不断从破损处冒出，消防官兵冒着生命危险，以木塞堵漏。同时在现场附近的一条小沟两头筑坝，形成一个池塘。在池塘中投放烧碱。江苏省政府事故应急处理指挥部从连云港市调来1台150t的大吊车作业，同时调来350t烧碱备用。

在吊离槽罐过程中，抢险人员多次遇险，有20位消防官兵中毒入院。到30日下午3时18分，液氯槽罐终于被吊装进入临时建成的烧碱池进行酸碱中和。

尽管液氯槽罐已不再对行人和高速公路行车造成威胁，消防人员依然在其周围拉上照明灯和警戒线，对中和过程进行24小时不间断监控。淮安市长樊金龙说，目前环保部门正在对现场方圆5km内进行严密监测，在各项空气指标回落到正常范围内之前禁止村民返家。

(2) 绿色麦地一夜变黄

对重点受灾区域王兴镇高荡村7组，淮安市组织消防官兵戴防毒面具，逐家逐户进行搜救。为防止毒源进一步扩大，公安民警在离毒源3~4km范围内设卡，设置警戒线、撤离区，公安部门加强治安保卫，防止不法分子乘机作案。

此次受灾地区涉及淮阴区、涟水县3个乡镇的11个村庄，受灾农作物面积1 375ha，畜禽死亡15 000头（只）。受灾最严重的是淮安市淮阴区王兴镇的高荡、长兴两个村，离京沪高速公路仅数百米远。事故发生地的东北则是一片麦田。这个季节的小麦本应是翠绿的，但这片麦田却被熏成了枯黄色。当地农民说，这块地起码一两年不能再种了。

(3) 死亡人数升为28人

江苏省淮安市副市长陆长苏3月31日上午说，京沪高速公路液氯泄漏事故中造成的死亡人数目前为28人，比30日统计的死亡人数增加1人。目前中毒入院人数为350名，其中危重病人17名，病危3人。

记者在淮安市第一医院、第二医院、解放军八二医院等四家医院看到，350名中毒人员正在医院接受治疗，大部分中毒人员病情稳定，但还有少数人没有脱离生命危险。江苏省卫生厅已派出专家组赶赴淮安，指导救治。

淮安市这四家医院已动员相关科室的所有医护人员投入抢救，不少医生已连续工作50多个小时。目前他们正针对中毒人员制定具体治疗方案，力争把伤亡情况降低到最低限度。

4. 灾区万名村民4月1日重返家园

(1) 污染源已基本清除

4月1日上午10时，"3·29"事故发生63个小时后，淮安液氯泄漏事故中装盛液氯的槽罐已被安全吊装到大型运输车上，运往专业化工厂作进一步处理。国家安全生产监督管理总局副局长孙华山宣布：液氯泄漏事故污染源基本清除。

"3·29"事故发生后，武警、消防等部门在有关专家的指导下，全力以赴处置污染源。

对盛装近30t液氯的槽罐采取了烧碱中和等化学处理措施。1日凌晨3时,在检测槽罐内基本没有液氯的情况下,由专业人员用大型吊车将槽罐吊离地面,然后又经过严格检测,到上午7时开始实施起吊装车的准备工作,共有500多名专业人员和消防官兵经过近3个小时的紧张作业,上午10时成功将槽罐装载到大型运输车上,随后运往淮安专业化工厂,对槽罐内可能残留的液氯进行进一步处理。

(2) 万名村民4月1日回家

记者1日下午从"3·29"淮安液氯泄漏事故应急处置指挥部了解到,事故发生地被疏散的11个村的近1万名村民大部分可望在4月1日晚返回家园,但受灾最重的高荡村9组(原三尖村7组)村民仍不能返回。

江苏省政府副秘书长韩庆华3月31日说,收治的病人数量没有增加,也没有出现新的死亡病人。截至3月31日晚10点,住院病人为350人(其中包括36名消防人员、公安干警和武警),有29人属于重症病人。目前住院病人病情稳定,很多人已经出现明显好转。医院也正在制定相对规范的标准,对那些恢复良好、基本康复且要求出院的人,从2日起陆续满足他们的出院要求。

(3) 淮安保险业准备理赔

"3·29"淮安液氯泄漏事故发生后,淮安市各保险公司积极采取相关措施,启动理赔救灾预案。

在得知液氯泄漏造成重大人员伤亡的消息后,淮安市各保险公司成立应急小组,指定专人负责理赔工作。

据淮安市保险行业协会初步统计,受灾的几个乡镇共有36 141人参保,其中学生保险7 131人、农民合作医疗保险23 235人、普通医疗保险10人、农民意外伤害保险5 765人。该协会提醒参保受损农户及时到保险公司报案,以便获得保险补偿和赔款。

5. 原因分析:液氯泄漏是车祸还是"人祸"

从初步调查来看,这原本是一起可以避免的事故,但却酿成了"惊天大祸"。人们不禁要问,这究竟是车祸,还是"人祸"?

"定时炸弹"如何上路?

事故发生后,有关部门从事故现场勘查发现,导致车辆爆胎的原因很可能是超载所致。据肇事司机说,这辆车标示吨位为15t,但实际装载29.44t,属严重超载。

但令人不解的是,这辆车从山东济宁到江苏淮安事发地点,全程数百千米,沿途至少有3个收费站,其中在京沪高速公路苏鲁两省交界处有1个计重收费站。这些收费站本应发现这辆超载车,将其截住。但肇事司机说,他们没有受到任何盘问检查就进入江苏境内。

事发后,一些专家指出,假如有关管理部门按照最基本的监管要求办事,就会堵住这辆存在严重安全隐患的肇事车。

比危险品更危险的是什么?

淮安事故更加令人痛心的是肇事司机的逃逸。作为危险品运输专业人员,他们在发生事故后理应以最快速度向有关部门报告车上所载为何种危险品,以赢得宝贵的抢救和处置时效,但他们没有这样做,准确地说,这起车祸简直就是"人祸"。

危险品行业从业人员的素质直接关系到安全防范问题。但据这个行业内的有关人员介绍，相对于生产和使用环节，目前运输环节人员素质最令人担忧。由于运输企业竞争激烈，一些企业只重视经济效益，忽视对从业人员的安全知识教育，这就为安全生产造成了极大隐患。

（摘自2005年4月2日《武汉晚报》，有改动）

案例六：重庆特大车祸27人死亡

2005年4月19日凌晨2时50分左右，重庆黔江区境内一辆大巴客车发生事故，造成27人死亡，4人受伤。其原因是路滑雾大，致客车坠落70m高沙湾特大桥下。目前，4名受伤人员中有两名情况稳定，另两名伤员仍然没有脱离危险，正在全力抢救之中。现场搜索工作已经结束，没有发现新的遇难者。

事发现场找不到完整的零件

19日凌晨2时50分左右，一辆从重庆朝天门汽车站开往黔江的三湘牌卧铺客车（车牌号渝H00182），在行驶至黔江区石会镇境内距黔江城区15km处，香山隧道和狮子峰隧道之间时强行超车，而当时天冷路滑，又弥漫着大雾，结果客车冲垮护栏，坠落在高约70m的沙湾特大桥下，车上31人当场死亡25人（包括司机杨勇军和唐兆荣），1人在送往医院途中死亡，另1人在医院抢救无效死亡，其余4人重伤，据悉此前该客车，曾有2人由彭水车站下车，幸运地躲过了这次灾难。

19日中午12时，记者赶到现场看到，大桥一侧的护栏已经被冲垮了近20m，出事的客车坠落在桥下已完全散架，车顶着地，而车底盘紧压其上，两者之间的距离不过50cm，四周到处散落着汽车零件和坐垫，记者围着该客车走了一圈，竟没有找出一块完整的汽车部件。

受伤乘客被送往黔江中心医院，而死者的遗体也全部被运走，一名正在参加救援的消防战士说，"幸亏汽车没有发生爆炸，否则生还的希望就几乎为零了。"

家距大桥50m的村民庞孝江和其他村民在第一时间救起了幸存4人中的3人。庞孝江说，当时他正睡得迷迷糊糊，听见外面"砰"的一声。"声音不是很大，但感觉很沉重。"他说，自己当时第一反应是，有车掉到桥下了！他翻身起来拿起电筒就跑出门。

很快，又有40多位村民赶来，靠着40多把手电筒的光亮，在山坡峡谷里搜寻生还者。

幸存者说车未落地我就晕了

客车从70m高空坠下，车上2名乘客奇迹生还，苏醒且已脱离生命危险，而事情经过他们还历历在目。

32岁的刘建是这次不幸中最"幸运"的人，在受伤的4人中他伤势最轻，仅受脑外伤和挫伤。刘建说，自己是安徽人，是从广州某公司到黔江出差，事发时在车上倒数第三排的位置上睡觉，"直到车子坠落时才醒，朦朦胧胧的还不知道究竟是怎么回事，最多2秒钟后，还来不及反应,就两眼一黑,什么也不知道了。"

刘建醒来后,救护人员还没有赶到现场,全身多处受伤的他,已经暂时失去了痛感。四周一片漆黑,刘建挣扎着从变了形的车厢里爬了出来,从包里摸出手机,打开一看,手机还没坏,时间是3时10分。刘急忙向广州总公司汇报了情况,又拨打110报警,之后再没有了力气,躺在原地等待救援。已经得救了的刘建身体还非常虚弱,不能多说话,他只用了一句话形容现在的感受,"一辈子再也不愿坐车了。"

第二位苏醒过来的乘客是29岁的孙春碧,她还清晰地记得事发时的情况。"客车刚要驶出香山隧道,突然前面出现了一辆货车,本来客车车速已经够快了,但司机仍旧提速要从左边超越货车",孙说,当时天冷路滑,雾也很大,自己就有一种不祥的预感。果真,客车在超过货车后,迎头撞上了大桥护栏,一阵剧烈的震荡后,客车又向前斜开了十多米,但还是掉到了桥下,"车还没落地,我就晕了过去,醒来后人就在医院了。"

刚从死亡线上回来的孙春碧同样不能多说话,她也用了一句话形容感受,"超载还超车,这个司机太可恶了。"(据记者调查,该客车属于重庆市运输集团黔江分公司,准载35人,实载33人,并没有超载。)

其他2名重伤的乘客,分别是4岁的黔江男孩吴瞻攀和19岁的喻祖立,仍在黔江中心医院接受治疗,目前还未脱离生命危险。

调查善后 死亡乘客多为黔江人

事故发生后,黔江区委书记刘学善和区政府负责人立即组织安监、公安、交警、消防、武警等部门负责人迅速赶往现场,成立工作组,全力开展施救工作,在对现场进行清理的同时,对事故幸存者进行及时救治。

重庆市委、市政府领导高度重视,要求黔江区委、区政府全力组织做好救援和善后工作,分管副市长正带领工作组赶赴黔江。

车祸中死亡的27名乘客,已全部被安置在了黔江殡仪馆内,经过核查身份,死者大多为黔江本地人。据黔江有关部门介绍,通过清理死者遗物,如身份证、手机号等,目前确定死者身份的已有近20人,并通知了其家属,其中有10多人均为黔江本地人,家属已迅速赶到殡仪馆认领亲人遗体。

由于安抚工作及时展开,目前死者家属情绪均比较稳定,该人士表示,有关方面仍在继续努力,争取尽快确定所有死者的身份。黔江区同时成立了29个善后工作小组,将对死者家属开展"一帮一"的安抚。

另外,重庆市针对这起发生在五一黄金周之前的特大交通事故,将于20日召开全市车运企业道路交通安全现场会,同时全面开展道路交通安全大检查,彻底排查清理道路安全隐患。另外,重庆市还将开展交通、煤矿、非煤矿山等安全重点领域的安全大检查,举一反三,落实安全管理的各项规定。

(摘自2005年4月20日《武汉晚报》)

附录 法规和规定

附录一 中华人民共和国道路交通安全法

(2003年10月28日第十届全国人民代表大会常务委员会第五次会议通过)

目 录

第一章 总 则
第二章 车辆和驾驶人
　第一节 机动车、非机动车
　第二节 机动车驾驶人
第三章 道路通行条件
第四章 道路通行规定
　第一节 一般规定
　第二节 机动车通行规定
　第三节 非机动车通行规定
　第四节 行人和乘车人通行规定
　第五节 高速公路的特别规定
第五章 交通事故处理
第六章 执法监督
第七章 法律责任
第八章 附 则

第一章 总 则

第一条 为了维护道路交通秩序，预防和减少交通事故，保护人身安全，保护公民、法人和其他组织的财产安全及其他合法权益，提高通行效率，制定本法。

第二条 中华人民共和国境内的车辆驾驶人、行人、乘车人以及与道路交通活动有关的单位和个人，都应当遵守本法。

第三条 道路交通安全工作，应当遵循依法管理、方便群众的原则，保障道路交通有序、安全、畅通。

第四条 各级人民政府应当保障道路交通安全管理工作与经济建设和社会发展相适应。

县级以上地方各级人民政府应当适应道路交通发展的需要，依据道路交通安全法律、法规和国家有关政策，制定道路交通安全管理规划，并组织实施。

第五条 国务院公安部门负责全国道路交通安全管理工作。县级以上地方各级人民政府公安机关交通管理部门负责本行政区域内的道路交通安全管理工作。

县级以上各级人民政府交通、建设管理部门依据各自职责，负责有关的道路交通工作。

第六条 各级人民政府应当经常进行道路交通安全教育，提高公民的道路交通安全意识。

公安机关交通管理部门及其交通警察执行职务时，应当加强道路交通安全法律、法规的宣传，并模范遵守道路交通安全法律、法规。

机关、部队、企业事业单位、社会团体以及其他组织，应当对本单位的人员进行道路交通安全教育。

教育行政部门、学校应当将道路交通安全教育纳入法制教育的内容。

新闻、出版、广播、电视等有关单位，有进行道路交通安全教育的义务。

第七条 对道路交通安全管理工作，应当加强科学研究，推广、使用先进的管理方法、技术、设备。

第二章 车辆和驾驶人

第一节 机动车、非机动车

第八条 国家对机动车实行登记制度。机动车经公安机关交通管理部门登记后，方可上道路行驶。尚未登记的机动车，需要临时上道路行驶的，应当取得临时通行牌证。

第九条 申请机动车登记，应当提交以下证明、凭证：

（一）机动车所有人的身份证明；

（二）机动车来历证明；

（三）机动车整车出厂合格证明或者进口机动车进口凭证；

（四）车辆购置税的完税证明或者免税凭证；

（五）法律、行政法规规定应当在机动车登记时提交的其他证明、凭证。

公安机关交通管理部门应当自受理申请之日起五个工作日内完成机动车登记审查工作，对符合前款规定条件的，应当发放机动车登记证书、号牌和行驶证；对不符合前款规定条件的，应当向申请人说明不予登记的理由。

公安机关交通管理部门以外的任何单位或者个人不得发放机动车号牌或者要求机动车悬挂其他号牌，本法另有规定的除外。

机动车登记证书、号牌、行驶证的式样由国务院公安部门规定并监制。

第十条 准予登记的机动车应当符合机动车国家安全技术标准。申请机动车登记时，应当接受对该机动车的安全技术检验。但是，经国家机动车产品主管部门依据机动车国家安全技术标准认定的企业生产的机动车型，该车型的新车在出厂时经检验符合机动车国家安全技术标准，获得检验合格证的，免予安全技术检验。

第十一条 驾驶机动车上道路行驶，应当悬挂机动车号牌，放置检验合格标志、保险标志，并随车携带机动车行驶证。

机动车号牌应当按照规定悬挂并保持清晰、完整，不得故意遮挡、污损。

任何单位和个人不得收缴、扣留机动车号牌。

第十二条 有下列情形之一的，应当办理相应的登记：

（一）机动车所有权发生转移的；

（二）机动车登记内容变更的；

（三）机动车用作抵押的；

（四）机动车报废的。

第十三条 对登记后上道路行驶的机动车，应当依照法律、行政法规的规定，根据车辆用途、载客载货数量、使用年限等不同情况，定期进行安全技术检验。对提供机动车行驶证和机动车第三者责任强制保险单的，机动车安全技术检验机构应当予以检验，任何单位不得附加其他条件。对符合机动车国家安全技术标准的，公安机关交通管理部门应当发给检验合格标志。

对机动车的安全技术检验实行社会化。具体办法由国务院规定。

机动车安全技术检验实行社会化的地方，任何单位不得要求机动车到指定的场所进行检验。

公安机关交通管理部门、机动车安全技术检验机构不得要求机动车到指定的场所进行维修、保养。

机动车安全技术检验机构对机动车检验收取费用，应当严格执行国务院价格主管部门核定的收费标准。

第十四条 国家实行机动车强制报废制度，根据机动车的安全技术状况和不同用途，规定不同的报废标准。

应当报废的机动车必须及时办理注销登记。

达到报废标准的机动车不得上道路行驶。报废的大型客、货车及其他营运车辆应当在公安机关交通管理部门的监督下解体。

第十五条 警车、消防车、救护车、工程救险车应当按照规定喷涂标志图案，安装警报器、标志灯具。其他机动车不得喷涂、安装、使用上述车辆专用的或者与其相类似的标志图案、警报器或者标志灯具。

警车、消防车、救护车、工程救险车应当严格按照规定的用途和条件使用。

公路监督检查的专用车辆，应当依照公路法的规定，设置统一的标志和示警灯。

第十六条 任何单位或者个人不得有下列行为：

（一）拼装机动车或者擅自改变机动车已登记的结构、构造或者特征；

（二）改变机动车型号、发动机号、车架号或者车辆识别代号；

（三）伪造、变造或者使用伪造、变造的机动车登记证书、号牌、行驶证、检验合格标志、保险标志；

（四）使用其他机动车的登记证书、号牌、行驶证、检验合格标志、保险标志。

第十七条 国家实行机动车第三者责任强制保险制度，设立道路交通事故社会救助基金。具体办法由国务院规定。

第十八条 依法应当登记的非机动车，经公安机关交通管理部门登记后，方可上道路行驶。

依法应当登记的非机动车的种类,由省、自治区、直辖市人民政府根据当地实际情况规定。

非机动车的外形尺寸、质量、制动器、车铃和夜间反光装置,应当符合非机动车安全技术标准。

第二节 机动车驾驶人

第十九条 驾驶机动车,应当依法取得机动车驾驶证。申请机动车驾驶证,应当符合国务院公安部门规定的驾驶许可条件;经考试合格后,由公安机关交通管理部门发给相应类别的机动车驾驶证。

持有境外机动车驾驶证的人,符合国务院公安部门规定的驾驶许可条件,经公安机关交通管理部门考核合格的,可以发给中国的机动车驾驶证。

驾驶人应当按照驾驶证载明的准驾车型驾驶机动车;驾驶机动车时,应当随身携带机动车驾驶证。

公安机关交通管理部门以外的任何单位或者个人,不得收缴、扣留机动车驾驶证。

第二十条 机动车的驾驶培训实行社会化,由交通主管部门对驾驶培训学校、驾驶培训班实行资格管理,其中专门的拖拉机驾驶培训学校、驾驶培训班由农业(农业机械)主管部门实行资格管理。

驾驶培训学校、驾驶培训班应当严格按照国家有关规定,对学员进行道路交通安全法律、法规、驾驶技能的培训,确保培训质量。

任何国家机关以及驾驶培训和考试主管部门不得举办或者参与举办驾驶培训学校、驾驶培训班。

第二十一条 驾驶人驾驶机动车上道路行驶前,应当对机动车的安全技术性能进行认真检查;不得驾驶安全设施不全或者机件不符合技术标准等具有安全隐患的机动车。

第二十二条 机动车驾驶人应当遵守道路交通安全法律、法规的规定,按照操作规范安全驾驶、文明驾驶。

饮酒、服用国家管制的精神药品或者麻醉药品,或者患有妨碍安全驾驶机动车的疾病,或者过度疲劳影响安全驾驶的,不得驾驶机动车。

任何人不得强迫、指使、纵容驾驶人违反道路交通安全法律、法规和机动车安全驾驶要求驾驶机动车。

第二十三条 公安机关交通管理部门依照法律、行政法规的规定,定期对机动车驾驶证实施审验。

第二十四条 公安机关交通管理部门对机动车驾驶人违反道路交通安全法律、法规的行为,除依法给予行政处罚外,实行累积记分制度。公安机关交通管理部门对累积记分达到规定分值的机动车驾驶人,扣留机动车驾驶证,对其进行道路交通安全法律、法规教育,重新考试;考试合格的,发还其机动车驾驶证。

对遵守道路交通安全法律、法规,在一年内无累积记分的机动车驾驶人,可以延长机动车驾驶证的审验期。具体办法由国务院公安部门规定。

第三章 道路通行条件

第二十五条 全国实行统一的道路交通信号。

交通信号包括交通信号灯、交通标志、交通标线和交通警察的指挥。

交通信号灯、交通标志、交通标线的设置应当符合道路交通安全、畅通的要求和国家标准,并保持清晰、醒目、准确、完好。

根据通行需要,应当及时增设、调换、更新道路交通信号。增设、调换、更新限制性的道路交通信号,应当提前向社会公告,广泛进行宣传。

第二十六条 交通信号灯由红灯、绿灯、黄灯组成。红灯表示禁止通行,绿灯表示准许通行,黄灯表示警示。

第二十七条 铁路与道路平面交叉的道口,应当设置警示灯、警示标志或者安全防护设施。无人看守的铁路道口,应当在距道口一定距离处设置警示标志。

第二十八条 任何单位和个人不得擅自设置、移动、占用、损毁交通信号灯、交通标志、交通标线。

道路两侧及隔离带上种植的树木或者其他植物,设置的广告牌、管线等,应当与交通设施保持必要的距离,不得遮挡路灯、交通信号灯、交通标志,不得妨碍安全视距,不得影响通行。

第二十九条 道路、停车场和道路配套设施的规划、设计、建设,应当符合道路交通安全、畅通的要求,并根据交通需求及时调整。

公安机关交通管理部门发现已经投入使用的道路存在交通事故频发路段,或者停车场、道路配套设施存在交通安全严重隐患的,应当及时向当地人民政府报告,并提出防范交通事故、消除隐患的建议,当地人民政府应当及时作出处理决定。

第三十条 道路出现坍塌、坑漕、水毁、隆起等损毁或者交通信号灯、交通标志、交通标线等交通设施损毁、灭失的,道路、交通设施的养护部门或者管理部门应当设置警示标志并及时修复。

公安机关交通管理部门发现前款情形,危及交通安全,尚未设置警示标志的,应当及时采取安全措施,疏导交通,并通知道路、交通设施的养护部门或者管理部门。

第三十一条 未经许可,任何单位和个人不得占用道路从事非交通活动。

第三十二条 因工程建设需要占用、挖掘道路,或者跨越、穿越道路架设、增设管线设施,应当事先征得道路主管部门的同意;影响交通安全的,还应当征得公安机关交通管理部门的同意。

施工作业单位应当在经批准的路段和时间内施工作业,并在距离施工作业地点来车方向安全距离处设置明显的安全警示标志,采取防护措施;施工作业完毕,应当迅速清除道路上的障碍物,消除安全隐患,经道路主管部门和公安机关交通管理部门验收合格,符合通行要求后,方可恢复通行。

对未中断交通的施工作业道路,公安机关交通管理部门应当加强交通安全监督检查,维护道路交通秩序。

第三十三条 新建、改建、扩建的公共建筑、商业街区、居住区、大(中)型建筑等,应当配建、增建停车场;停车泊位不足的,应当及时改建或者扩建;投入使用的停车场不得擅自停止使用或者改作他用。

在城市道路范围内,在不影响行人、车辆通行的情况下,政府有关部门可以施划停车泊位。

第三十四条 学校、幼儿园、医院、养老院门前的道路没有行人过街设施的,应当施划人行横道线,设置提示标志。

城市主要道路的人行道,应当按照规划设置盲道。盲道的设置应当符合国家标准。

第四章 道路通行规定

第一节 一般规定

第三十五条 机动车、非机动车实行右侧通行。

第三十六条 根据道路条件和通行需要,道路划分为机动车道、非机动车道和人行道的,机动车、非机动车、行人实行分道通行。没有划分机动车道、非机动车道和人行道的,机动车在道路中间通行,非机动车和行人在道路两侧通行。

第三十七条 道路划设专用车道的,在专用车道内,只准许规定的车辆通行,其他车辆不得进入专用车道内行驶。

第三十八条 车辆、行人应当按照交通信号通行;遇有交通警察现场指挥时,应当按照交通警察的指挥通行;在没有交通信号的道路上,应当在确保安全、畅通的原则下通行。

第三十九条 公安机关交通管理部门根据道路和交通流量的具体情况,可以对机动车、非机动车、行人采取疏导、限制通行、禁止通行等措施。遇有大型群众性活动、大范围施工等情况,需要采取限制交通的措施,或者作出与公众的道路交通活动直接有关的决定,应当提前向社会公告。

第四十条 遇有自然灾害、恶劣气象条件或者重大交通事故等严重影响交通安全的情形,采取其他措施难以保证交通安全时,公安机关交通管理部门可以实行交通管制。

第四十一条 有关道路通行的其他具体规定,由国务院规定。

第二节 机动车通行规定

第四十二条 机动车上道路行驶,不得超过限速标志标明的最高时速。在没有限速标志的路段,应当保持安全车速。

夜间行驶或者在容易发生危险的路段行驶,以及遇有沙尘、冰雹、雨、雪、雾、结冰等气象条件时,应当降低行驶速度。

第四十三条 同车道行驶的机动车,后车应当与前车保持足以采取紧急制动措施的安全距离。有下列情形之一的,不得超车:

(一)前车正在左转弯、掉头、超车的;
(二)与对面来车有会车可能的;
(三)前车为执行紧急任务的警车、消防车、救护车、工程救险车的;
(四)行经铁路道口、交叉路口、窄桥、弯道、陡坡、隧道、人行横道、市区交通流量大的路段等没有超车条件的。

第四十四条　机动车通过交叉路口，应当按照交通信号灯、交通标志、交通标线或者交通警察的指挥通过；通过没有交通信号灯、交通标志、交通标线或者交通警察指挥的交叉路口时，应当减速慢行，并让行人和优先通行的车辆先行。

第四十五条　机动车遇有前方车辆停车排队等候或者缓慢行驶时，不得借道超车或者占用对面车道，不得穿插等候的车辆。

在车道减少的路段、路口，或者在没有交通信号灯、交通标志、交通标线或者交通警察指挥的交叉路口遇到停车排队等候或者缓慢行驶时，机动车应当依次交替通行。

第四十六条　机动车通过铁路道口时，应当按照交通信号或者管理人员的指挥通行；没有交通信号或者管理人员的，应当减速或者停车，在确认安全后通过。

第四十七条　机动车行经人行横道时，应当减速行驶；遇行人正在通过人行横道，应当停车让行。

机动车行经没有交通信号的道路时，遇行人横过道路，应当避让。

第四十八条　机动车载物应当符合核定的载质量，严禁超载；载物的长、宽、高不得违反装载要求，不得遗洒、飘散载运物。

机动车运载超限的不可解体的物品，影响交通安全的，应当按照公安机关交通管理部门指定的时间、路线、速度行驶，悬挂明显标志。在公路上运载超限的不可解体的物品，应当依照公路法的规定执行。

机动车载运爆炸物品、易燃易爆化学物品以及剧毒、放射性等危险物品，应当经公安机关批准后，按指定的时间、路线、速度行驶，悬挂警示标志并采取必要的安全措施。

第四十九条　机动车载人不得超过核定的人数，客运机动车不得违反规定载货。

第五十条　禁止货运机动车载客。

货运机动车需要附载作业人员的，应当设置保护作业人员的安全措施。

第五十一条　机动车行驶时，驾驶人、乘坐人员应当按规定使用安全带，摩托车驾驶人及乘坐人员应当按规定戴安全头盔。

第五十二条　机动车在道路上发生故障，需要停车排除故障时，驾驶人应当立即开启危险报警闪光灯，将机动车移至不妨碍交通的地方停放；难以移动的，应当持续开启危险报警闪光灯，并在来车方向设置警告标志等措施扩大示警距离，必要时迅速报警。

第五十三条　警车、消防车、救护车、工程救险车执行紧急任务时，可以使用警报器、标志灯具；在确保安全的前提下，不受行驶路线、行驶方向、行驶速度和信号灯的限制，其他车辆和行人应当让行。

警车、消防车、救护车、工程救险车非执行紧急任务时，不得使用警报器、标志灯具，不享有前款规定的道路优先通行权。

第五十四条　道路养护车辆、工程作业车进行作业时，在不影响过往车辆通行的前提下，其行驶路线和方向不受交通标志、标线限制，过往车辆和人员应当注意避让。

洒水车、清扫车等机动车应当按照安全作业标准作业；在不影响其他车辆通行的情况下，可以不受车辆分道行驶的限制，但是不得逆向行驶。

第五十五条　高速公路、大中城市中心城区内的道路，禁止拖拉机通行。其他禁止拖拉机通行的道路，由省、自治区、直辖市人民政府根据当地实际情况规定。

在允许拖拉机通行的道路上，拖拉机可以从事货运，但是不得用于载人。

第五十六条 机动车应当在规定地点停放。禁止在人行道上停放机动车；但是，依照本法第三十三条规定施划的停车泊位除外。

在道路上临时停车的，不得妨碍其他车辆和行人通行。

第三节 非机动车通行规定

第五十七条 驾驶非机动车在道路上行驶应当遵守有关交通安全的规定。非机动车应当在非机动车道内行驶；在没有非机动车道的道路上，应当靠车行道的右侧行驶。

第五十八条 残疾人机动轮椅车、电动自行车在非机动车道内行驶时，最高时速不得超过十五公里。

第五十九条 非机动车应当在规定地点停放。未设停放地点的，非机动车停放不得妨碍其他车辆和行人通行。

第六十条 驾驭畜力车，应当使用驯服的牲畜；驾驭畜力车横过道路时，驾驭人应当下车牵引牲畜；驾驭人离开车辆时，应当拴系牲畜。

第四节 行人和乘车人通行规定

第六十一条 行人应当在人行道内行走，没有人行道的靠路边行走。

第六十二条 行人通过路口或者横过道路，应当走人行横道或者过街设施；通过有交通信号灯的人行横道，应当按照交通信号灯指示通行；通过没有交通信号灯、人行横道的路口，或者在没有过街设施的路段横过道路，应当在确认安全后通过。

第六十三条 行人不得跨越、倚坐道路隔离设施，不得扒车、强行拦车或者实施妨碍道路交通安全的其他行为。

第六十四条 学龄前儿童以及不能辨认或者不能控制自己行为的精神疾病患者、智力障碍者在道路上通行，应当由其监护人、监护人委托的人或者对其负有管理、保护职责的人带领。

盲人在道路上通行，应当使用盲杖或者采取其他导盲手段，车辆应当避让盲人。

第六十五条 行人通过铁路道口时，应当按照交通信号或者管理人员的指挥通行；没有交通信号和管理人员的，应当在确认无火车驶临后，迅速通过。

第六十六条 乘车人不得携带易燃易爆等危险物品，不得向车外抛洒物品，不得有影响驾驶人安全驾驶的行为。

第五节 高速公路的特别规定

第六十七条 行人、非机动车、拖拉机、轮式专用机械车、铰接式客车、全挂拖斗车以及其他设计最高时速低于七十公里的机动车，不得进入高速公路。高速公路限速标志标明的最高时速不得超过一百二十公里。

第六十八条 机动车在高速公路上发生故障时，应当依照本法第五十二条的有关规定办理；但是，警告标志应当设置在故障车来车方向一百五十米外，车上人员应迅速转移到右侧路肩上或者应急车道内，并且迅速报警。

机动车在高速公路上发生故障或者交通事故，无法正常行驶的，应当由救援车、清障车拖曳、牵引。

第六十九条 任何单位、个人不得在高速公路上拦截检查行驶的车辆，公安机关的人民警察依法执行紧急公务除外。

第五章 交通事故处理

第七十条 在道路上发生交通事故，车辆驾驶人应当立即停车，保护现场；造成人身伤亡的，车辆驾驶人应当立即抢救受伤人员，并迅速报告执勤的交通警察或者公安机关交通管理部门。因抢救受伤人员变动现场的，应当标明位置。乘车人、过往车辆驾驶人、过往行人应当予以协助。

在道路上发生交通事故，未造成人身伤亡，当事人对事实及成因无争议的，可以即行撤离现场，恢复交通，自行协商处理损害赔偿事宜；不即行撤离现场的，应当迅速报告执勤的交通警察或者公安机关交通管理部门。

在道路上发生交通事故，仅造成轻微财产损失，并且基本事实清楚的，当事人应当先撤离现场再进行协商处理。

第七十一条 车辆发生交通事故后逃逸的，事故现场目击人员和其他知情人员应当向公安机关交通管理部门或者交通警察举报。举报属实的，公安机关交通管理部门应当给予奖励。

第七十二条 公安机关交通管理部门接到交通事故报警后，应当立即派交通警察赶赴现场，先组织抢救受伤人员，并采取措施，尽快恢复交通。

交通警察应当对交通事故现场进行勘验、检查，收集证据；因收集证据的需要，可以扣留事故车辆，但是应当妥善保管，以备核查。

对当事人的生理、精神状况等专业性较强的检验，公安机关交通管理部门应当委托专门机构进行鉴定。鉴定结论应当由鉴定人签名。

第七十三条 公安机关交通管理部门应当根据交通事故现场勘验、检查、调查情况和有关的检验、鉴定结论，及时制作交通事故认定书，作为处理交通事故的证据。交通事故认定书应当载明交通事故的基本事实、成因和当事人的责任，并送达当事人。

第七十四条 对交通事故损害赔偿的争议，当事人可以请求公安机关交通管理部门调解，也可以直接向人民法院提起民事诉讼。

经公安机关交通管理部门调解，当事人未达成协议或者调解书生效后不履行的，当事人可以向人民法院提起民事诉讼。

第七十五条 医疗机构对交通事故中的受伤人员应当及时抢救，不得因抢救费用未及时支付而拖延救治。肇事车辆参加机动车第三者责任强制保险的，由保险公司在责任限额范围内支付抢救费用；抢救费用超过责任限额的，未参加机动车第三者责任强制保险或者肇事后逃逸的，由道路交通事故社会救助基金先行垫付部分或者全部抢救费用，道路交通事故社会救助基金管理机构有权向交通事故责任人追偿。

第七十六条 机动车发生交通事故造成人身伤亡、财产损失的，由保险公司在机动车第三者责任强制保险责任限额范围内予以赔偿。超过责任限额的部分，按照下列方式承担赔偿责任：

（一）机动车之间发生交通事故的，由有过错的一方承担责任；双方都有过错的，按照各自过错的比例分担责任。

（二）机动车与非机动车驾驶人、行人之间发生交通事故的，由机动车一方承担责任；但是，有证据证明非机动车驾驶人、行人违反道路交通安全法律、法规，机动车驾驶人已经采取必要处置措施的，减轻机动车一方的责任。

交通事故的损失是由非机动车驾驶人、行人故意造成的，机动车一方不承担责任。

第七十七条 车辆在道路以外通行时发生的事故，公安机关交通管理部门接到报案的，参照本法有关规定办理。

第六章 执法监督

第七十八条 公安机关交通管理部门应当加强对交通警察的管理，提高交通警察的素质和管理道路交通的水平。

公安机关交通管理部门应当对交通警察进行法制和交通安全管理业务培训、考核。交通警察经考核不合格的，不得上岗执行职务。

第七十九条 公安机关交通管理部门及其交通警察实施道路交通安全管理，应当依据法定的职权和程序，简化办事手续，做到公正、严格、文明、高效。

第八十条 交通警察执行职务时，应当按照规定着装，佩戴人民警察标志，持有人民警察证件，保持警容严整，举止端庄，指挥规范。

第八十一条 依照本法发放牌证等收取工本费，应当严格执行国务院价格主管部门核定的收费标准，并全部上缴国库。

第八十二条 公安机关交通管理部门依法实施罚款的行政处罚，应当依照有关法律、行政法规的规定，实施罚款决定与罚款收缴分离；收缴的罚款以及依法没收的违法所得，应当全部上缴国库。

第八十三条 交通警察调查处理道路交通安全违法行为和交通事故，有下列情形之一的，应当回避：

（一）是本案的当事人或者当事人的近亲属；

（二）本人或者其近亲属与本案有利害关系；

（三）与本案当事人有其他关系，可能影响案件的公正处理。

第八十四条 公安机关交通管理部门及其交通警察的行政执法活动，应当接受行政监察机关依法实施的监督。

公安机关督察部门应当对公安机关交通管理部门及其交通警察执行法律、法规和遵守纪律的情况依法进行监督。

上级公安机关交通管理部门应当对下级公安机关交通管理部门的执法活动进行监督。

第八十五条 公安机关交通管理部门及其交通警察执行职务，应当自觉接受社会和公民的监督。

任何单位和个人都有权对公安机关交通管理部门及其交通警察不严格执法以及违法违纪行为进行检举、控告。收到检举、控告的机关，应当依据职责及时查处。

第八十六条 任何单位不得给公安机关交通管理部门下达或者变相下达罚款指标；公安

机关交通管理部门不得以罚款数额作为考核交通警察的标准。

公安机关交通管理部门及其交通警察对超越法律、法规规定的指令,有权拒绝执行,并同时向上级机关报告。

第七章 法律责任

第八十七条 公安机关交通管理部门及其交通警察对道路交通安全违法行为,应当及时纠正。

公安机关交通管理部门及其交通警察应当依据事实和本法的有关规定对道路交通安全违法行为予以处罚。对于情节轻微,未影响道路通行的,指出违法行为,给予口头警告后放行。

第八十八条 对道路交通安全违法行为的处罚种类包括:警告、罚款、暂扣或者吊销机动车驾驶证、拘留。

第八十九条 行人、乘车人、非机动车驾驶人违反道路交通安全法律、法规关于道路通行规定的,处警告或者五元以上五十元以下罚款;非机动车驾驶人拒绝接受罚款处罚的,可以扣留其非机动车。

第九十条 机动车驾驶人违反道路交通安全法律、法规关于道路通行规定的,处警告或者二十元以上二百元以下罚款。本法另有规定的,依照规定处罚。

第九十一条 饮酒后驾驶机动车的,处暂扣一个月以上三个月以下机动车驾驶证,并处二百元以上五百元以下罚款;醉酒后驾驶机动车的,由公安机关交通管理部门约束至酒醒,处十五日以下拘留和暂扣三个月以上六个月以下机动车驾驶证,并处五百元以上二千元以下罚款。

饮酒后驾驶营运机动车的,处暂扣三个月机动车驾驶证,并处五百元罚款;醉酒后驾驶营运机动车的,由公安机关交通管理部门约束至酒醒,处十五日以下拘留和暂扣六个月机动车驾驶证,并处二千元罚款。

一年内有前两款规定醉酒后驾驶机动车的行为,被处罚两次以上的,吊销机动车驾驶证,五年内不得驾驶营运机动车。

第九十二条 公路客运车辆载客超过额定乘员的,处二百元以上五百元以下罚款;超过额定乘员百分之二十或者违反规定载货的,处五百元以上二千元以下罚款。

货运机动车超过核定载质量的,处二百元以上五百元以下罚款;超过核定载质量百分之三十或者违反规定载客的,处五百元以上二千元以下罚款。

有前两款行为的,由公安机关交通管理部门扣留机动车至违法状态消除。

运输单位的车辆有本条第一款、第二款规定的情形,经处罚不改的,对直接负责的主管人员处二千元以上五千元以下罚款。

第九十三条 对违反道路交通安全法律、法规关于机动车停放、临时停车规定的,可以指出违法行为,并予以口头警告,令其立即驶离。

机动车驾驶人不在现场或者虽在现场但拒绝立即驶离,妨碍其他车辆、行人通行的,处二十元以上二百元以下罚款,并可以将该机动车拖移至不妨碍交通的地点或者公安机关交通管理部门指定的地点停放。公安机关交通管理部门拖车不得向当事人收取费用,并应当及时告知当事人停放地点。

因采取不正确的方法拖车造成机动车损坏的，应当依法承担补偿责任。

第九十四条 机动车安全技术检验机构实施机动车安全技术检验超过国务院价格主管部门核定的收费标准收取费用的，退还多收取的费用，并由价格主管部门依照《中华人民共和国价格法》的有关规定给予处罚。

机动车安全技术检验机构不按照机动车国家安全技术标准进行检验，出具虚假检验结果的，由公安机关交通管理部门处所收检验费用五倍以上十倍以下罚款，并依法撤销其检验资格；构成犯罪的，依法追究刑事责任。

第九十五条 上道路行驶的机动车未悬挂机动车号牌，未放置检验合格标志、保险标志，或者未随车携带行驶证、驾驶证的，公安机关交通管理部门应当扣留机动车，通知当事人提供相应的牌证、标志或者补办相应手续，并可以依照本法第九十条的规定予以处罚。当事人提供相应的牌证、标志或者补办相应手续的，应当及时退还机动车。

故意遮挡、污损或者不按规定安装机动车号牌的，依照本法第九十条的规定予以处罚。

第九十六条 伪造、变造或者使用伪造、变造的机动车登记证书、号牌、行驶证、检验合格标志、保险标志、驾驶证或者使用其他车辆的机动车登记证书、号牌、行驶证、检验合格标志、保险标志的，由公安机关交通管理部门予以收缴，扣留该机动车，并处二百元以上二千元以下罚款；构成犯罪的，依法追究刑事责任。

当事人提供相应的合法证明或者补办相应手续的，应当及时退还机动车。

第九十七条 非法安装警报器、标志灯具的，由公安机关交通管理部门强制拆除，予以收缴，并处二百元以上二千元以下罚款。

第九十八条 机动车所有人、管理人未按照国家规定投保机动车第三者责任强制保险的，由公安机关交通管理部门扣留车辆至依照规定投保后，并处依照规定投保最低责任限额应缴纳的保险费的二倍罚款。

依照前款缴纳的罚款全部纳入道路交通事故社会救助基金。具体办法由国务院规定。

第九十九条 有下列行为之一的，由公安机关交通管理部门处二百元以上二千元以下罚款：

（一）未取得机动车驾驶证、机动车驾驶证被吊销或者机动车驾驶证被暂扣期间驾驶机动车的；

（二）将机动车交由未取得机动车驾驶证或者机动车驾驶证被吊销、暂扣的人驾驶的；

（三）造成交通事故后逃逸，尚不构成犯罪的；

（四）机动车行驶超过规定时速百分之五十的；

（五）强迫机动车驾驶人违反道路交通安全法律、法规和机动车安全驾驶要求驾驶机动车，造成交通事故，尚不构成犯罪的；

（六）违反交通管制的规定强行通行，不听劝阻的；

（七）故意损毁、移动、涂改交通设施，造成危害后果，尚不构成犯罪的；

（八）非法拦截、扣留机动车辆，不听劝阻，造成交通严重阻塞或者较大财产损失的。

行为人有前款第（二）项、第（四）项情形之一的，可以并处吊销机动车驾驶证；

有第（一）项、第（三）项、第（五）项至第（八）项情形之一的，可以并处十五日以下拘留。

第一百条 驾驶拼装的机动车或者已达到报废标准的机动车上道路行驶的，公安机关交通管理部门应当予以收缴，强制报废。

对驾驶前款所列机动车上道路行驶的驾驶人，处二百元以上二千元以下罚款，并吊销机动车驾驶证。

出售已达到报废标准的机动车的，没收违法所得，处销售金额等额的罚款，对该机动车依照本条第一款的规定处理。

第一百零一条 违反道路交通安全法律、法规的规定，发生重大交通事故，构成犯罪的，依法追究刑事责任，并由公安机关交通管理部门吊销机动车驾驶证。

造成交通事故后逃逸的，由公安机关交通管理部门吊销机动车驾驶证，且终生不得重新取得机动车驾驶证。

第一百零二条 对六个月内发生二次以上特大交通事故负有主要责任或者全部责任的专业运输单位，由公安机关交通管理部门责令消除安全隐患，未消除安全隐患的机动车，禁止上道路行驶。

第一百零三条 国家机动车产品主管部门未按照机动车国家安全技术标准严格审查，许可不合格机动车型投入生产的，对负有责任的主管人员和其他直接责任人员给予降级或者撤职的行政处分。

机动车生产企业经国家机动车产品主管部门许可生产的机动车型，不执行机动车国家安全技术标准或者不严格进行机动车成品质量检验，致使质量不合格的机动车出厂销售的，由质量技术监督部门依照《中华人民共和国产品质量法》的有关规定给予处罚。

擅自生产、销售未经国家机动车产品主管部门许可生产的机动车型的，没收非法生产、销售的机动车成品及配件，可以并处非法产品价值三倍以上五倍以下罚款；有营业执照的，由工商行政管理部门吊销营业执照，没有营业执照的，予以查封。

生产、销售拼装的机动车或者生产、销售擅自改装的机动车的，依照本条第三款的规定处罚。

有本条第二款、第三款、第四款所列违法行为，生产或者销售不符合机动车国家安全技术标准的机动车，构成犯罪的，依法追究刑事责任。

第一百零四条 未经批准，擅自挖掘道路、占用道路施工或者从事其他影响道路交通安全活动的，由道路主管部门责令停止违法行为，并恢复原状，可以依法给予罚款；致使通行的人员、车辆及其他财产遭受损失的，依法承担赔偿责任。

有前款行为，影响道路交通安全活动的，公安机关交通管理部门可以责令停止违法行为，迅速恢复交通。

第一百零五条 道路施工作业或者道路出现损毁，未及时设置警示标志、未采取防护措施，或者应当设置交通信号灯、交通标志、交通标线而没有设置，或者应当及时变更交通信号灯、交通标志、交通标线而没有及时变更，致使通行的人员、车辆及其他财产遭受损失的，负有相关职责的单位应当依法承担赔偿责任。

第一百零六条 在道路两侧及隔离带上种植树木、其他植物或者设置广告牌、管线等，遮挡路灯、交通信号灯、交通标志，妨碍安全视距的，由公安机关交通管理部门责令行为人排除妨碍；拒不执行的，处二百元以上二千元以下罚款，并强制排除妨碍，所需费用由行为人负担。

第一百零七条 对道路交通违法行为人予以警告、二百元以下罚款，交通警察可以当场作出行政处罚决定，并出具行政处罚决定书。

行政处罚决定书应当载明当事人的违法事实、行政处罚的依据、处罚内容、时间、地点以及处罚机关名称，并由执法人员签名或者盖章。

第一百零八条 当事人应当自收到罚款的行政处罚决定书之日起十五日内，到指定的银行缴纳罚款。

对行人、乘车人和非机动车驾驶人的罚款，当事人无异议的，可以当场予以收缴罚款。

罚款应当开具省、自治区、直辖市财政部门统一制发的罚款收据；不出具财政部门统一制发的罚款收据的，当事人有权拒绝缴纳罚款。

第一百零九条 当事人逾期不履行行政处罚决定的，作出行政处罚决定的行政机关可以采取下列措施：

（一）到期不缴纳罚款的，每日按罚款数额的百分之三加处罚款；

（二）申请人民法院强制执行。

第一百一十条 执行职务的交通警察认为应当对道路交通违法行为人给予暂扣或者吊销机动车驾驶证处罚的，可以先予扣留机动车驾驶证，并在二十四小时内将案件移交公安机关交通管理部门处理。

道路交通违法行为人应当在十五日内到公安机关交通管理部门接受处理。无正当理由逾期未接受处理的，吊销机动车驾驶证。

公安机关交通管理部门暂扣或者吊销机动车驾驶证的，应当出具行政处罚决定书。

第一百一十一条 对违反本法规定予以拘留的行政处罚，由县、市公安局、公安分局或者相当于县一级的公安机关裁决。

第一百一十二条 公安机关交通管理部门扣留机动车、非机动车，应当当场出具凭证，并告知当事人在规定期限内到公安机关交通管理部门接受处理。

公安机关交通管理部门对被扣留的车辆应当妥善保管，不得使用。

逾期不来接受处理，并且经公告三个月仍不来接受处理的，对扣留的车辆依法处理。

第一百一十三条 暂扣机动车驾驶证的期限从处罚决定生效之日起计算；处罚决定生效前先予扣留机动车驾驶证的，扣留一日折抵暂扣期限一日。

吊销机动车驾驶证后重新申请领取机动车驾驶证的期限，按照机动车驾驶证管理规定办理。

第一百一十四条 公安机关交通管理部门根据交通技术监控记录资料，可以对违法的机动车所有人或者管理人依法予以处罚。对能够确定驾驶人的，可以依照本法的规定依法予以处罚。

第一百一十五条 交通警察有下列行为之一的，依法给予行政处分：

（一）为不符合法定条件的机动车发放机动车登记证书、号牌、行驶证、检验合格标志的；

（二）批准不符合法定条件的机动车安装、使用警车、消防车、救护车、工程救险车的警报器、标志灯具，喷涂标志图案的；

（三）为不符合驾驶许可条件、未经考试或者考试不合格人员发放机动车驾驶证的；

（四）不执行罚款决定与罚款收缴分离制度或者不按规定将依法收取的费用、收缴的罚款及没收的违法所得全部上缴国库的；

（五）举办或者参与举办驾驶学校或者驾驶培训班、机动车修理厂或者收费停车场等经营活动的；

（六）利用职务上的便利收受他人财物或者谋取其他利益的；

（七）违法扣留车辆、机动车行驶证、驾驶证、车辆号牌的；

（八）使用依法扣留的车辆的；

（九）当场收取罚款不开具罚款收据或者不如实填写罚款额的；

（十）徇私舞弊，不公正处理交通事故的；

（十一）故意刁难，拖延办理机动车牌证的；

（十二）非执行紧急任务时使用警报器、标志灯具的；

（十三）违反规定拦截、检查正常行驶的车辆的；

（十四）非执行紧急公务时拦截搭乘机动车的；

（十五）不履行法定职责的。

公安机关交通管理部门有前款所列行为之一的，对直接负责的主管人员和其他直接责任人员给予相应的行政处分。

第一百一十六条 依照本法第一百一十五条的规定，给予交通警察行政处分的，在作出行政处分决定前，可以停止其执行职务；必要时，可以予以禁闭。

依照本法第一百一十五条的规定，交通警察受到降级或者撤职行政处分的，可以予以辞退。

交通警察受到开除处分或者被辞退的，应当取消警衔；受到撤职以下行政处分的交通警察，应当降低警衔。

第一百一十七条 交通警察利用职权非法占有公共财物，索取、收受贿赂，或者滥用职权、玩忽职守，构成犯罪的，依法追究刑事责任。

第一百一十八条 公安机关交通管理部门及其交通警察有本法第一百一十五条所列行为之一，给当事人造成损失的，应当依法承担赔偿责任。

第八章 附 则

第一百一十九条 本法中下列用语的含义：

（一）"道路"，是指公路、城市道路和虽在单位管辖范围但允许社会机动车通行的地方，包括广场、公共停车场等用于公众通行的场所。

（二）"车辆"，是指机动车和非机动车。

（三）"机动车"，是指以动力装置驱动或者牵引，上道路行驶的供人员乘用或者用于运送物品以及进行工程专项作业的轮式车辆。

（四）"非机动车"，是指以人力或者畜力驱动，上道路行驶的交通工具，以及虽有动力装置驱动但设计最高时速、空车质量、外形尺寸符合有关国家标准的残疾人机动轮椅车、电动自行车等交通工具。

（五）"交通事故"，是指车辆在道路上因过错或者意外造成的人身伤亡或者财产损失的事件。

第一百二十条 中国人民解放军和中国人民武装警察部队在编机动车牌证、在编机动车检验以及机动车驾驶人考核工作，由中国人民解放军、中国人民武装警察部队有关部门负责。

第一百二十一条 对上道路行驶的拖拉机，由农业（农业机械）主管部门行使本法第八条、第九条、第十三条、第十九条、第二十三条规定的公安机关交通管理部门的管理职权。

农业（农业机械）主管部门依照前款规定行使职权，应当遵守本法有关规定，并接受公安机关交通管理部门的监督；对违反规定的，依照本法有关规定追究法律责任。

本法施行前由农业（农业机械）主管部门发放的机动车牌证，在本法施行后继续有效。

第一百二十二条 国家对入境的境外机动车的道路交通安全实施统一管理。

第一百二十三条 省、自治区、直辖市人民代表大会常务委员会可以根据本地区的实际情况，在本法规定的罚款幅度内，规定具体的执行标准。

第一百二十四条 本法自2004年5月1日起施行。

附录二 中华人民共和国道路交通安全法实施条例

(2004年4月28日国务院第49次常务会议通过，2004年4月30日国务院令第405号公布)

第一章 总 则

第一条 根据《中华人民共和国道路交通安全法》(以下简称《道路交通安全法》)的规定，制定本条例。

第二条 中华人民共和国境内的车辆驾驶人、行人、乘车人以及与道路交通活动有关的单位和个人，应当遵守《道路交通安全法》和本条例。

第三条 县级以上地方各级人民政府应当建立、健全道路交通安全工作协调机制，组织有关部门对城市建设项目进行交通影响评价，制定道路交通安全管理规划，确定管理目标，制定实施方案。

第二章 车辆和驾驶人

第一节 机动车

第四条 机动车的登记，分为注册登记、变更登记、转移登记、抵押登记和注销登记。

第五条 初次申领机动车号牌、行驶证的，应当向机动车所有人住所地的公安机关交通管理部门申请注册登记。

申请机动车注册登记，应当交验机动车，并提交以下证明、凭证：

(一) 机动车所有人的身份证明；

(二) 购车发票等机动车来历证明；

(三) 机动车整车出厂合格证明或者进口机动车进口凭证；

(四) 车辆购置税完税证明或者免税凭证；

(五) 机动车第三者责任强制保险凭证；

(六) 法律、行政法规规定应当在机动车注册登记时提交的其他证明、凭证。

不属于国务院机动车产品主管部门规定免予安全技术检验的车型的，还应当提供机动车安全技术检验合格证明。

第六条 已注册登记的机动车有下列情形之一的，机动车所有人应当向登记该机动车的公安机关交通管理部门申请变更登记：

(一) 改变机动车车身颜色的；

(二) 更换发动机的；

(三) 更换车身或者车架的；

(四) 因质量有问题，制造厂更换整车的；

(五) 营运机动车改为非营运机动车或者非营运机动车改为营运机动车的；

(六) 机动车所有人的住所迁出或者迁入公安机关交通管理部门管辖区域的。

申请机动车变更登记,应当提交下列证明、凭证,属于前款第(一)项、第(二)项、第(三)项、第(四)项、第(五)项情形之一的,还应当交验机动车;属于前款第(二)项、第(三)项情形之一的,还应当同时提交机动车安全技术检验合格证明:

(一)机动车所有人的身份证明;

(二)机动车登记证书;

(三)机动车行驶证。

机动车所有人的住所在公安机关交通管理部门管辖区域内迁移、机动车所有人的姓名(单位名称)或者联系方式变更的,应当向登记该机动车的公安机关交通管理部门备案。

第七条 已注册登记的机动车所有权发生转移的,应当及时办理转移登记。

申请机动车转移登记,当事人应当向登记该机动车的公安机关交通管理部门交验机动车,并提交以下证明、凭证:

(一)当事人的身份证明;

(二)机动车所有权转移的证明、凭证;

(三)机动车登记证书;

(四)机动车行驶证。

第八条 机动车所有人将机动车作为抵押物抵押的,机动车所有人应当向登记该机动车的公安机关交通管理部门申请抵押登记。

第九条 已注册登记的机动车达到国家规定的强制报废标准的,公安机关交通管理部门应当在报废期满的 2 个月前通知机动车所有人办理注销登记。机动车所有人应当在报废期满前将机动车交售给机动车回收企业,由机动车回收企业将报废的机动车登记证书、号牌、行驶证交公安机关交通管理部门注销。机动车所有人逾期不办理注销登记的,公安机关交通管理部门应当公告该机动车登记证书、号牌、行驶证作废。

因机动车灭失申请注销登记的,机动车所有人应当向公安机关交通管理部门提交本人身份证明,交回机动车登记证书。

第十条 办理机动车登记的申请人提交的证明、凭证齐全、有效的,公安机关交通管理部门应当当场办理登记手续。

人民法院、人民检察院以及行政执法部门依法查封、扣押的机动车,公安机关交通管理部门不予办理机动车登记。

第十一条 机动车登记证书、号牌、行驶证丢失或者损毁,机动车所有人申请补发的,应当向公安机关交通管理部门提交本人身份证明和申请材料。

公安机关交通管理部门经与机动车登记档案核实后,在收到申请之日起 15 日内补发。

第十二条 税务部门、保险机构可以在公安机关交通管理部门的办公场所集中办理与机动车有关的税费缴纳、保险合同订立等事项。

第十三条 机动车号牌应当悬挂在车前、车后指定位置,保持清晰、完整。重型、中型载货汽车及其挂车、拖拉机及其挂车的车身或者车厢后部应当喷涂放大的牌号,字样应当端正并保持清晰。

机动车检验合格标志、保险标志应当粘贴在机动车前窗右上角。机动车喷涂、粘贴标识或者车身广告的,不得影响安全驾驶。

第十四条 用于公路营运的载客汽车、重型载货汽车、半挂牵引车应当安装、使用符合国家标准的行驶记录仪。交通警察可以对机动车行驶速度、连续驾驶时间以及其他行驶状态信息进行检查。安装行驶记录仪可以分步实施，实施步骤由国务院机动车产品主管部门会同有关部门规定。

第十五条 机动车安全技术检验由机动车安全技术检验机构实施。机动车安全技术检验机构应当按照国家机动车安全技术检验标准对机动车进行检验，对检验结果承担法律责任。

质量技术监督部门负责对机动车安全技术检验机构实行资格管理和计量认证管理，对机动车安全技术检验设备进行检定，对执行国家机动车安全技术检验标准的情况进行监督。

机动车安全技术检验项目由国务院公安部门会同国务院质量技术监督部门规定。

第十六条 机动车应当从注册登记之日起，按照下列期限进行安全技术检验：

（一）营运载客汽车5年以内每年检验1次；超过5年的，每6个月检验1次。

（二）载货汽车和大型、中型非营运载客汽车10年以内每年检验1次；超过10年的，每6个月检验1次。

（三）小型、微型非营运载客汽车6年以内每2年检验1次；超过6年的，每年检验1次；超过15年的，每6个月检验1次。

（四）摩托车4年以内每2年检验1次；超过4年的，每年检验1次。

（五）拖拉机和其他机动车每年检验1次。

营运机动车在规定检验期限内经安全技术检验合格的，不再重复进行安全技术检验。

第十七条 已注册登记的机动车进行安全技术检验时，机动车行驶证记载的登记内容与该机动车的有关情况不符，或者未按照规定提供机动车第三者责任强制保险凭证的，不予通过检验。

第十八条 警车、消防车、救护车、工程救险车标志图案的喷涂以及警报器、标志灯具的安装、使用规定，由国务院公安部门制定。

第二节 机动车驾驶人

第十九条 符合国务院公安部门规定的驾驶许可条件的人，可以向公安机关交通管理部门申请机动车驾驶证。

机动车驾驶证由国务院公安部门规定式样并监制。

第二十条 学习机动车驾驶，应当先学习道路交通安全法律、法规和相关知识，考试合格后，再学习机动车驾驶技能。

在道路上学习驾驶，应当按照公安机关交通管理部门指定的路线、时间进行。在道路上学习机动车驾驶技能应当使用教练车，在教练员随车指导下进行，与教学无关的人员不得乘坐教练车。学员在学习驾驶中有道路交通安全违法行为或者造成交通事故的，由教练员承担责任。

第二十一条 公安机关交通管理部门应当对申请机动车驾驶证的人进行考试，对考试合格的，在5日内核发机动车驾驶证；对考试不合格的，书面说明理由。

第二十二条 机动车驾驶证的有效期为6年，本条例另有规定的除外。

机动车驾驶人初次申领机动车驾驶证后的12个月为实习期。在实习期内驾驶机动车的，应当在车身后部粘贴或者悬挂统一式样的实习标志。

机动车驾驶人在实习期内不得驾驶公共汽车、营运客车或者执行任务的警车、消防车、救护车、工程救险车以及载有爆炸物品、易燃易爆化学物品、剧毒或者放射性等危险物品的机动车；驾驶的机动车不得牵引挂车。

第二十三条 公安机关交通管理部门对机动车驾驶人的道路交通安全违法行为除给予行政处罚外，实行道路交通安全违法行为累积记分（以下简称记分）制度，记分周期为12个月。对在一个记分周期内记分达到12分的，由公安机关交通管理部门扣留其机动车驾驶证，该机动车驾驶人应当按照规定参加道路交通安全法律、法规的学习并接受考试。考试合格的，记分予以清除，发还机动车驾驶证；考试不合格的，继续参加学习和考试。

应当给予记分的道路交通安全违法行为及其分值，由国务院公安部门根据道路交通安全违法行为的危害程度规定。

公安机关交通管理部门应当提供记分查询方式供机动车驾驶人查询。

第二十四条 机动车驾驶人在一个记分周期内记分未达到12分所处罚款已经缴纳的，记分予以清除；记分虽未达到12分，但尚有罚款未缴纳的，记分转入下一记分周期。

机动车驾驶人在一个记分周期内记分2次以上达到12分的，除按照第二十三条的规定扣留机动车驾驶证、参加学习、接受考试外，还应当接受驾驶技能考试。考试合格的，记分予以清除，发还机动车驾驶证；考试不合格的，继续参加学习和考试。

接受驾驶技能考试的，按照本人机动车驾驶证载明的最高准驾车型考试。

第二十五条 机动车驾驶人记分达到12分，拒不参加公安机关交通管理部门通知的学习，也不接受考试的，由公安机关交通管理部门公告其机动车驾驶证停止使用。

第二十六条 机动车驾驶人在机动车驾驶证的6年有效期内，每个记分周期均未达到12分的，换发10年有效期的机动车驾驶证；在机动车驾驶证的10年有效期内，每个记分周期均未达到12分的，换发长期有效的机动车驾驶证。

换发机动车驾驶证时，公安机关交通管理部门应当对机动车驾驶证进行审验。

第二十七条 机动车驾驶证丢失、损毁，机动车驾驶人申请补发的，应当向公安机关交通管理部门提交本人身份证明和申请材料。公安机关交通管理部门经与机动车驾驶证档案核实后，在收到申请之日起3日内补发。

第二十八条 机动车驾驶人在机动车驾驶证丢失、损毁、超过有效期或者被依法扣留、暂扣期间以及记分达到12分的，不得驾驶机动车。

第三章 道路通行条件

第二十九条 交通信号灯分为：机动车信号灯、非机动车信号灯、人行横道信号灯、车道信号灯、方向指示信号灯、闪光警告信号灯、道路与铁路平面交叉道口信号灯。

第三十条 交通标志分为：指示标志、警告标志、禁令标志、指路标志、旅游区标志、道路施工安全标志和辅助标志。

道路交通标线分为：指示标线、警告标线、禁止标线。

第三十一条 交通警察的指挥分为：手势信号和使用器具的交通指挥信号。

第三十二条 道路交叉路口和行人横过道路较为集中的路段应当设置人行横道、过街天桥或者过街地下通道。

在盲人通行较为集中的路段，人行横道信号灯应当设置声响提示装置。

第三十三条 城市人民政府有关部门可以在不影响行人、车辆通行的情况下，在城市道路上施划停车泊位，并规定停车泊位的使用时间。

第三十四条 开辟或者调整公共汽车、长途汽车的行驶路线或者车站，应当符合交通规划和安全、畅通的要求。

第三十五条 道路养护施工单位在道路上进行养护、维修时，应当按照规定设置规范的安全警示标志和安全防护设施。道路养护施工作业车辆、机械应当安装示警灯，喷涂明显的标志图案，作业时应当开启示警灯和危险报警闪光灯。对未中断交通的施工作业道路，公安机关交通管理部门应当加强交通安全监督检查。发生交通阻塞时，及时做好分流、疏导，维护交通秩序。

道路施工需要车辆绕行的，施工单位应当在绕行处设置标志；不能绕行的，应当修建临时通道，保证车辆和行人通行。需要封闭道路中断交通的，除紧急情况外，应当提前5日向社会公告。

第三十六条 道路或者交通设施养护部门、管理部门应当在急弯、陡坡、临崖、临水等危险路段，按照国家标准设置警告标志和安全防护设施。

第三十七条 道路交通标志、标线不规范，机动车驾驶人容易发生辨认错误的，交通标志、标线的主管部门应当及时予以改善。

道路照明设施应当符合道路建设技术规范，保持照明功能完好。

第四章 道路通行规定

第一节 一般规定

第三十八条 机动车信号灯和非机动车信号灯表示：
（一）绿灯亮时，准许车辆通行，但转弯的车辆不得妨碍被放行的直行车辆、行人通行；
（二）黄灯亮时，已越过停止线的车辆可以继续通行；
（三）红灯亮时，禁止车辆通行。

在未设置非机动车信号灯和人行横道信号灯的路口，非机动车和行人应当按照机动车信号灯的表示通行。

红灯亮时，右转弯的车辆在不妨碍被放行的车辆、行人通行的情况下，可以通行。

第三十九条 人行横道信号灯表示：
（一）绿灯亮时，准许行人通过人行横道；
（二）红灯亮时，禁止行人进入人行横道，但是已经进入人行横道的，可以继续通过或者在道路中心线处停留等候。

第四十条 车道信号灯表示：
（一）绿色箭头灯亮时，准许本车道车辆按指示方向通行；
（二）红色叉形灯或者箭头灯亮时，禁止本车道车辆通行。

第四十一条 方向指示信号灯的箭头方向向左、向上、向右分别表示左转、直行、右转。

第四十二条 闪光警告信号灯为持续闪烁的黄灯，提示车辆、行人通行时注意瞭望，确认安全后通过。

第四十三条 道路与铁路平面交叉道口有两个红灯交替闪烁或者一个红灯亮时,表示禁止车辆、行人通行;红灯熄灭时,表示允许车辆、行人通行。

第二节 机动车通行规定

第四十四条 在道路同方向划有 2 条以上机动车道的,左侧为快速车道,右侧为慢速车道。在快速车道行驶的机动车应当按照快速车道规定的速度行驶,未达到快速车道规定的行驶速度的,应当在慢速车道行驶。摩托车应当在最右侧车道行驶。有交通标志标明行驶速度的,按照标明的行驶速度行驶。慢速车道内的机动车超越前车时,可以借用快速车道行驶。

在道路同方向划有 2 条以上机动车道的,变更车道的机动车不得影响相关车道内行驶的机动车的正常行驶。

第四十五条 机动车在道路上行驶不得超过限速标志、标线标明的速度。在没有限速标志、标线的道路上,机动车不得超过下列最高行驶速度:

(一)没有道路中心线的道路,城市道路为每小时 30 公里,公路为每小时 40 公里;

(二)同方向只有 1 条机动车道的道路,城市道路为每小时 50 公里,公路为每小时 70 公里。

第四十六条 机动车行驶中遇有下列情形之一的,最高行驶速度不得超过每小时 30 公里,其中拖拉机、电瓶车、轮式专用机械车不得超过每小时 15 公里:

(一)进出非机动车道,通过铁路道口、急弯路、窄路、窄桥时;

(二)掉头、转弯、下陡坡时;

(三)遇雾、雨、雪、沙尘、冰雹,能见度在 50 米以内时;

(四)在冰雪、泥泞的道路上行驶时;

(五)牵引发生故障的机动车时。

第四十七条 机动车超车时,应当提前开启左转向灯、变换使用远、近光灯或者鸣喇叭。在没有道路中心线或者同方向只有 1 条机动车道的道路上,前车遇后车发出超车信号时,在条件许可的情况下,应当降低速度、靠右让路。后车应当在确认有充足的安全距离后,从前车的左侧超越,在与被超车辆拉开必要的安全距离后,开启右转向灯,驶回原车道。

第四十八条 在没有中心隔离设施或者没有中心线的道路上,机动车遇相对方向来车时应当遵守下列规定:

(一)减速靠右行驶,并与其他车辆、行人保持必要的安全距离。

(二)在有障碍的路段,无障碍的一方先行;但有障碍的一方已驶入障碍路段而无障碍的一方未驶入时,有障碍的一方先行。

(三)在狭窄的坡路,上坡的一方先行;但下坡的一方已行至中途而上坡的一方未上坡时,下坡的一方先行。

(四)在狭窄的山路,不靠山体的一方先行。

(五)夜间会车应当在距相对方向来车 150 米以外改用近光灯,在窄路、窄桥与非机动车会车时应当使用近光灯。

第四十九条 机动车在有禁止掉头或者禁止左转弯标志、标线的地点以及在铁路道口、人行横道、桥梁、急弯、陡坡、隧道或者容易发生危险的路段，不得掉头。

机动车在没有禁止掉头或者没有禁止左转弯标志、标线的地点可以掉头，但不得妨碍正常行驶的其他车辆和行人的通行。

第五十条 机动车倒车时，应当察明车后情况，确认安全后倒车。不得在铁路道口、交叉路口、单行路、桥梁、急弯、陡坡或者隧道中倒车。

第五十一条 机动车通过有交通信号灯控制的交叉路口，应当按照下列规定通行：

（一）在划有导向车道的路口，按所需行进方向驶入导向车道。

（二）准备进入环形路口的让已在路口内的机动车先行。

（三）向左转弯时，靠路口中心点左侧转弯。转弯时开启转向灯，夜间行驶开启近光灯。

（四）遇放行信号时，依次通过。

（五）遇停止信号时，依次停在停止线以外。没有停止线的，停在路口以外。

（六）向右转弯遇有同车道前车正在等候放行信号时，依次停车等候。

（七）在没有方向指示信号灯的交叉路口，转弯的机动车让直行的车辆、行人先行，相对方向行驶的右转弯机动车让左转弯车辆先行。

第五十二条 机动车通过没有交通信号灯控制也没有交通警察指挥的交叉路口，除应当遵守第五十一条第（二）项、第（三）项的规定外，还应当遵守下列规定：

（一）有交通标志、标线控制的，让优先通行的一方先行；

（二）没有交通标志、标线控制的，在进入路口前停车瞭望，让右方道路的来车先行；

（三）转弯的机动车让直行的车辆先行；

（四）相对方向行驶的右转弯的机动车让左转弯的车辆先行。

第五十三条 机动车遇有前方交叉路口交通阻塞时，应当依次停在路口以外等候，不得进入路口。

机动车在遇有前方机动车停车排队等候或者缓慢行驶时，应当依次排队，不得从前方车辆两侧穿插或者超越行驶，不得在人行横道、网状线区域内停车等候。

机动车在车道减少的路口、路段，遇有前方机动车停车排队等候或者缓慢行驶的，应当每车道一辆依次交替驶入车道减少后的路口、路段。

第五十四条 机动车载物不得超过机动车行驶证上核定的载质量，装载长度、宽度不得超出车厢，并应当遵守下列规定：

（一）重型、中型载货汽车，半挂车载物，高度从地面起不得超过 4 米，载运集装箱的车辆不得超过 4.2 米；

（二）其他载货的机动车载物，高度从地面起不得超过 2.5 米；

（三）摩托车载物，高度从地面起不得超过 1.5 米，长度不得超出车身 0.2 米。两轮摩托车载物宽度左右各不得超出车把 0.15 米；三轮摩托车载物宽度不得超过车身。

载客汽车除车身外部的行李架和内置的行李箱外，不得载货。载客汽车行李架载货，从车顶起高度不得超过 0.5 米，从地面起高度不得超过 4 米。

第五十五条 机动车载人应当遵守下列规定：

（一）公路载客汽车不得超过核定的载客人数，但按照规定免票的儿童除外，在载客人数已满的情况下，按照规定免票的儿童不得超过核定载客人数的 10%；

（二）载货汽车车厢不得载客。在城市道路上，货运机动车在留有安全位置的情况下，车厢内可以附载临时作业人员1人至5人；载物高度超过车厢栏板时，货物上不得载人；

（三）摩托车后座不得乘坐未满12周岁的未成年人，轻便摩托车不得载人。

第五十六条 机动车牵引挂车应当符合下列规定：

（一）载货汽车、半挂牵引车、拖拉机只允许牵引1辆挂车。挂车的灯光信号、制动、连接、安全防护等装置应当符合国家标准；

（二）小型载客汽车只允许牵引旅居挂车或者总质量700千克以下的挂车。挂车不得载人；

（三）载货汽车所牵引挂车的载质量不得超过载货汽车本身的载质量。

大型、中型载客汽车，低速载货汽车，三轮汽车以及其他机动车不得牵引挂车。

第五十七条 机动车应当按照下列规定使用转向灯：

（一）向左转弯、向左变更车道、准备超车、驶离停车地点或者掉头时，应当提前开启左转向灯；

（二）向右转弯、向右变更车道、超车完毕驶回原车道、靠路边停车时，应当提前开启右转向灯。

第五十八条 机动车在夜间没有路灯、照明不良或者遇有雾、雨、雪、沙尘、冰雹等低能见度情况下行驶时，应当开启前照灯、示廓灯和后位灯，但同方向行驶的后车与前车近距离行驶时，不得使用远光灯。机动车雾天行驶应当开启雾灯和危险报警闪光灯。

第五十九条 机动车在夜间通过急弯、坡路、拱桥、人行横道或者没有交通信号灯控制的路口时，应当交替使用远近光灯示意。

机动车驶近急弯、坡道顶端等影响安全视距的路段以及超车或者遇有紧急情况时，应当减速慢行，并鸣喇叭示意。

第六十条 机动车在道路上发生故障或者发生交通事故，妨碍交通又难以移动的，应当按照规定开启危险报警闪光灯并在车后50米至100米处设置警告标志，夜间还应当同时开启示廓灯和后位灯。

第六十一条 牵引故障机动车应当遵守下列规定：

（一）被牵引的机动车除驾驶人外不得载人，不得拖带挂车；

（二）被牵引的机动车宽度不得大于牵引机动车的宽度；

（三）使用软连接牵引装置时，牵引车与被牵引车之间的距离应当大于4米小于10米；

（四）对制动失效的被牵引车，应当使用硬连接牵引装置牵引；

（五）牵引车和被牵引车均应当开启危险报警闪光灯。

汽车吊车和轮式专用机械车不得牵引车辆。摩托车不得牵引车辆或者被其他车辆牵引。

转向或者照明、信号装置失效的故障机动车，应当使用专用清障车拖曳。

第六十二条 驾驶机动车不得有下列行为：

（一）在车门、车厢没有关好时行车；

（二）在机动车驾驶室的前后窗范围内悬挂、放置妨碍驾驶人视线的物品；

（三）拨打接听手持电话、观看电视等妨碍安全驾驶的行为；

（四）下陡坡时熄火或者空挡滑行；

（五）向道路上抛撒物品；

（六）驾驶摩托车手离车把或者在车把上悬挂物品；

（七）连续驾驶机动车超过 4 小时未停车休息或者停车休息时间少于 20 分钟；

（八）在禁止鸣喇叭的区域或者路段鸣喇叭。

第六十三条 机动车在道路上临时停车，应当遵守下列规定：

（一）在设有禁停标志、标线的路段，在机动车道与非机动车道、人行道之间设有隔离设施的路段以及人行横道、施工地段，不得停车；

（二）交叉路口、铁路道口、急弯路、宽度不足 4 米的窄路、桥梁、陡坡、隧道以及距离上述地点 50 米以内的路段，不得停车；

（三）公共汽车站、急救站、加油站、消防栓或者消防队（站）门前以及距离上述地点 30 米以内的路段，除使用上述设施的以外，不得停车；

（四）车辆停稳前不得开车门和上下人员，开关车门不得妨碍其他车辆和行人通行；

（五）路边停车应当紧靠道路右侧，机动车驾驶人不得离车，上下人员或者装卸物品后，立即驶离；

（六）城市公共汽车不得在站点以外的路段停车上下乘客。

第六十四条 机动车行经漫水路或者漫水桥时，应当停车察明水情，确认安全后，低速通过。

第六十五条 机动车载运超限物品行经铁路道口的，应当按照当地铁路部门指定的铁路道口、时间通过。

机动车行经渡口，应当服从渡口管理人员指挥，按照指定地点依次待渡。

机动车上下渡船时，应当低速慢行。

第六十六条 警车、消防车、救护车、工程救险车在执行紧急任务遇交通受阻时，可以断续使用警报器，并遵守下列规定：

（一）不得在禁止使用警报器的区域或者路段使用警报器；

（二）夜间在市区不得使用警报器；

（三）列队行驶时，前车已经使用警报器的，后车不再使用警报器。

第六十七条 在单位院内、居民居住区内，机动车应当低速行驶，避让行人；有限速标志的，按照限速标志行驶。

第三节 非机动车通行规定

第六十八条 非机动车通过有交通信号灯控制的交叉路口，应当按照下列规定通行：

（一）转弯的非机动车让直行的车辆、行人优先通行；

（二）遇有前方路口交通阻塞时，不得进入路口；

（三）向左转弯时，靠路口中心点的右侧转弯；

（四）遇有停止信号时，应当依次停在路口停止线以外。没有停止线的，停在路口以外；

（五）向右转弯遇有同方向前车正在等候放行信号时，在本车道内能够转弯的，可以通行；不能转弯的，依次等候。

第六十九条 非机动车通过没有交通信号灯控制也没有交通警察指挥的交叉路口，除应当遵守第六十八条第（一）项、第（二）项和第（三）项的规定外，还应当遵守下列规定：

（一）有交通标志、标线控制的，让优先通行的一方先行；

（二）没有交通标志、标线控制的，在路口外慢行或者停车瞭望，让右方道路的来车先行；

（三）相对方向行驶的右转弯的非机动车让左转弯的车辆先行。

第七十条 驾驶自行车、电动自行车、三轮车在路段上横过机动车道，应当下车推行，有人行横道或者行人过街设施的，应当从人行横道或者行人过街设施通过；没有人行横道、没有行人过街设施或者不便使用行人过街设施的，在确认安全后直行通过。

因非机动车道被占用，无法在本车道内行驶的非机动车，可以在受阻的路段借用相邻的机动车道行驶，并在驶过被占用路段后迅速驶回非机动车道。机动车遇此情况应当减速让行。

第七十一条 非机动车载物，应当遵守下列规定：

（一）自行车、电动自行车、残疾人机动轮椅车载物，高度从地面起不得超过1.5米，宽度左右各不得超出车把0.15米，长度前端不得超出车轮，后端不得超出车身0.3米；

（二）三轮车、人力车载物，高度从地面起不得超过2米，宽度左右各不得超出车身0.2米，长度不得超出车身1米；

（三）畜力车载物，高度从地面起不得超过2.5米，宽度左右各不得超出车身0.2米，长度前端不得超出车辕，后端不得超出车身1米。

自行车载人的规定，由省、自治区、直辖市人民政府根据当地实际情况制定。

第七十二条 在道路上驾驶自行车、三轮车、电动自行车、残疾人机动轮椅车应当遵守下列规定：

（一）驾驶自行车、三轮车必须年满12周岁；

（二）驾驶电动自行车和残疾人机动轮椅车必须年满16周岁；

（三）不得醉酒驾驶；

（四）转弯前应当减速慢行，伸手示意，不得突然猛拐，超越前车时不得妨碍被超越的车辆行驶；

（五）不得牵引、攀扶车辆或者被其他车辆牵引，不得双手离把或者手中持物；

（六）不得扶身并行、互相追逐或者曲折竞驶；

（七）不得在道路上骑独轮自行车或者2人以上骑行的自行车；

（八）非下肢残疾的人不得驾驶残疾人机动轮椅车；

（九）自行车、三轮车不得加装动力装置；

（十）不得在道路上学习驾驶非机动车。

第七十三条 在道路上驾驭畜力车应当年满16周岁，并遵守下列规定：

（一）不得醉酒驾驭；

（二）不得并行，驾驭人不得离开车辆；

（三）行经繁华路段、交叉路口、铁路道口、人行横道、急弯路、宽度不足4米的窄路或者窄桥、陡坡、隧道或者容易发生危险的路段，不得超车。驾驭两轮畜力车应当下车牵引牲畜；

（四）不得使用未经驯服的牲畜驾车，随车幼畜须拴系；

（五）停放车辆应当拉紧车闸，拴系牲畜。

第四节 行人和乘车人通行规定

第七十四条 行人不得有下列行为：

（一）在道路上使用滑板、旱冰鞋等滑行工具；

（二）在车行道内坐卧、停留、嬉闹；

（三）追车、抛物击车等妨碍道路交通安全的行为。

第七十五条 行人横过机动车道，应当从行人过街设施通过；没有行人过街设施的，应当从人行横道通过；没有人行横道的，应当观察来往车辆的情况，确认安全后直行通过，不得在车辆临近时突然加速横穿或者中途倒退、折返。

第七十六条 行人列队在道路上通行，每横列不得超过2人，但在已经实行交通管制的路段不受限制。

第七十七条 乘坐机动车应当遵守下列规定：

（一）不得在机动车道上拦乘机动车；

（二）在机动车道上不得从机动车左侧上下车；

（三）开关车门不得妨碍其他车辆和行人通行；

（四）机动车行驶中，不得干扰驾驶，不得将身体任何部分伸出车外，不得跳车；

（五）乘坐两轮摩托车应当正向骑坐。

第五节 高速公路的特别规定

第七十八条 高速公路应当标明车道的行驶速度，最高车速不得超过每小时120公里，最低车速不得低于每小时60公里。

在高速公路上行驶的小型载客汽车最高车速不得超过每小时120公里，其他机动车不得超过每小时100公里，摩托车不得超过每小时80公里。

同方向有2条车道的，左侧车道的最低车速为每小时100公里；同方向有3条以上车道的，最左侧车道的最低车速为每小时110公里，中间车道的最低车速为每小时90公里。道路限速标志标明的车速与上述车道行驶车速的规定不一致的，按照道路限速标志标明的车速行驶。

第七十九条 机动车从匝道驶入高速公路，应当开启左转向灯，在不妨碍已在高速公路内的机动车正常行驶的情况下驶入车道。

机动车驶离高速公路时，应当开启右转向灯，驶入减速车道，降低车速后驶离。

第八十条 机动车在高速公路上行驶，车速超过每小时100公里时，应当与同车道前车保持100米以上的距离，车速低于每小时100公里时，与同车道前车距离可以适当缩短，但最小距离不得少于50米。

第八十一条 机动车在高速公路上行驶，遇有雾、雨、雪、沙尘、冰雹等低能见度气象条件时，应当遵守下列规定：

（一）能见度小于200米时，开启雾灯、近光灯、示廓灯和前后位灯，车速不得超过每小时60公里，与同车道前车保持100米以上的距离；

（二）能见度小于100米时，开启雾灯、近光灯、示廓灯、前后位灯和危险报警闪光灯，车速不得超过每小时40公里，与同车道前车保持50米以上的距离；

（三）能见度小于 50 米时，开启雾灯、近光灯、示廓灯、前后位灯和危险报警闪光灯，车速不得超过每小时 20 公里，并从最近的出口尽快驶离高速公路。

遇有前款规定情形时，高速公路管理部门应当通过显示屏等方式发布速度限制、保持车距等提示信息。

第八十二条 机动车在高速公路上行驶，不得有下列行为：

（一）倒车、逆行、穿越中央分隔带掉头或者在车道内停车；

（二）在匝道、加速车道或者减速车道上超车；

（三）骑、轧车行道分界线或者在路肩上行驶；

（四）非紧急情况时在应急车道行驶或者停车；

（五）试车或者学习驾驶机动车。

第八十三条 在高速公路上行驶的载货汽车车厢不得载人。两轮摩托车在高速公路行驶时不得载人。

第八十四条 机动车通过施工作业路段时，应当注意警示标志，减速行驶。

第八十五条 城市快速路的道路交通安全管理，参照本节的规定执行。

高速公路、城市快速路的道路交通安全管理工作，省、自治区、直辖市人民政府公安机关交通管理部门可以指定设区的市人民政府公安机关交通管理部门或者相当于同级的公安机关交通管理部门承担。

第五章 交通事故处理

第八十六条 机动车与机动车、机动车与非机动车在道路上发生未造成人身伤亡的交通事故，当事人对事实及成因无争议的，在记录交通事故的时间、地点、对方当事人的姓名和联系方式、机动车牌号、驾驶证号、保险凭证号、碰撞部位，并共同签名后，撤离现场，自行协商损害赔偿事宜。当事人对交通事故事实及成因有争议的，应当迅速报警。

第八十七条 非机动车与非机动车或者行人在道路上发生交通事故，未造成人身伤亡，且基本事实及成因清楚的，当事人应当先撤离现场，再自行协商处理损害赔偿事宜。当事人对交通事故事实及成因有争议的，应当迅速报警。

第八十八条 机动车发生交通事故，造成道路、供电、通讯等设施损毁的，驾驶人应当报警等候处理，不得驶离。机动车可以移动的，应当将机动车移至不妨碍交通的地点。公安机关交通管理部门应当将事故有关情况通知有关部门。

第八十九条 公安机关交通管理部门或者交通警察接到交通事故报警，应当及时赶赴现场，对未造成人身伤亡，事实清楚，并且机动车可以移动的，应当在记录事故情况后责令当事人撤离现场，恢复交通。对拒不撤离现场的，予以强制撤离。

对属于前款规定情况的道路交通事故，交通警察可以适用简易程序处理，并当场出具事故认定书。当事人共同请求调解的，交通警察可以当场对损害赔偿争议进行调解。

对道路交通事故造成人员伤亡和财产损失需要勘验、检查现场的，公安机关交通管理部门应当按照勘查现场工作规范进行。现场勘查完毕，应当组织清理现场，恢复交通。

第九十条 投保机动车第三者责任强制保险的机动车发生交通事故，因抢救受伤人员需要保险公司支付抢救费用的，由公安机关交通管理部门通知保险公司。

抢救受伤人员需要道路交通事故救助基金垫付费用的，由公安机关交通管理部门通知道路交通事故社会救助基金管理机构。

第九十一条 公安机关交通管理部门应当根据交通事故当事人的行为对发生交通事故所起的作用以及过错的严重程度，确定当事人的责任。

第九十二条 发生交通事故后当事人逃逸的，逃逸的当事人承担全部责任。但是，有证据证明对方当事人也有过错的，可以减轻责任。

当事人故意破坏、伪造现场、毁灭证据的，承担全部责任。

第九十三条 公安机关交通管理部门对经过勘验、检查现场的交通事故应当在勘查现场之日起10日内制作交通事故认定书。对需要进行检验、鉴定的，应当在检验、鉴定结果确定之日起5日内制作交通事故认定书。

第九十四条 当事人对交通事故损害赔偿有争议，各方当事人一致请求公安机关交通管理部门调解的，应当在收到交通事故认定书之日起10日内提出书面调解申请。

对交通事故致死的，调解从办理丧葬事宜结束之日起开始；对交通事故致伤的，调解从治疗终结或者定残之日起开始；对交通事故造成财产损失的，调解从确定损失之日起开始。

第九十五条 公安机关交通管理部门调解交通事故损害赔偿争议的期限为10日。调解达成协议的，公安机关交通管理部门应当制作调解书送交各方当事人，调解书经各方当事人共同签字后生效；调解未达成协议的，公安机关交通管理部门应当制作调解终结书送交各方当事人。

交通事故损害赔偿项目和标准依照有关法律的规定执行。

第九十六条 对交通事故损害赔偿的争议，当事人向人民法院提起民事诉讼的，公安机关交通管理部门不再受理调解申请。

公安机关交通管理部门调解期间，当事人向人民法院提起民事诉讼的，调解终止。

第九十七条 车辆在道路以外发生交通事故，公安机关交通管理部门接到报案的，参照《道路交通安全法》和本条例的规定处理。

车辆、行人与火车发生的交通事故以及在渡口发生的交通事故，依照国家有关规定处理。

第六章 执法监督

第九十八条 公安机关交通管理部门应当公开办事制度、办事程序，建立警风警纪监督员制度，自觉接受社会和群众的监督。

第九十九条 公安机关交通管理部门及其交通警察办理机动车登记，发放号牌，对驾驶人考试、发证，处理道路交通安全违法行为，处理道路交通事故，应当严格遵守有关规定，不得越权执法，不得延迟履行职责，不得擅自改变处罚的种类和幅度。

第一百条 公安机关交通管理部门应当公布举报电话，受理群众举报投诉，并及时调查核实，反馈查处结果。

第一百零一条 公安机关交通管理部门应当建立执法质量考核评议、执法责任制和执法过错追究制度，防止和纠正道路交通安全执法中的错误或者不当行为。

第七章　法律责任

第一百零二条　违反本条例规定的行为，依照《道路交通安全法》和本条例的规定处罚。

第一百零三条　以欺骗、贿赂等不正当手段取得机动车登记或者驾驶许可的，收缴机动车登记证书、号牌、行驶证或者机动车驾驶证，撤销机动车登记或者机动车驾驶许可；申请人在3年内不得申请机动车登记或者机动车驾驶许可。

第一百零四条　机动车驾驶人有下列行为之一，又无其他机动车驾驶人即时替代驾驶的，公安机关交通管理部门除依法给予处罚外，可以将其驾驶的机动车移至不妨碍交通的地点或者有关部门指定的地点停放：

（一）不能出示本人有效驾驶证的；

（二）驾驶的机动车与驾驶证载明的准驾车型不符的；

（三）饮酒、服用国家管制的精神药品或者麻醉药品、患有妨碍安全驾驶的疾病，或者过度疲劳仍继续驾驶的；

（四）学习驾驶人员没有教练人员随车指导单独驾驶的。

第一百零五条　机动车驾驶人有饮酒、醉酒、服用国家管制的精神药品或者麻醉药品嫌疑的，应当接受测试、检验。

第一百零六条　公路客运载客汽车超过核定乘员、载货汽车超过核定载质量的，公安机关交通管理部门依法扣留机动车后，驾驶人应当将超载的乘车人转运、将超载的货物卸载，费用由超载机动车的驾驶人或者所有人承担。

第一百零七条　依照《道路交通安全法》第九十二条、第九十五条、第九十六条、第九十八条的规定：被扣留的机动车，驾驶人或者所有人、管理人30日内没有提供被扣留机动车的合法证明，没有补办相应手续，或者不前来接受处理，经公安机关交通管理部门通知并且经公告3个月仍不前来接受处理的，由公安机关交通管理部门将该机动车送交有资格的拍卖机构拍卖，所得价款上缴国库；非法拼装的机动车予以拆除；达到报废标准的机动车予以报废；机动车涉及其他违法犯罪行为的，移交有关部门处理。

第一百零八条　交通警察按照简易程序当场作出行政处罚的，应当告知当事人道路交通安全违法行为的事实、处罚的理由和依据，并将行政处罚决定书当场交付被处罚人。

第一百零九条　对道路交通安全违法行为人处以罚款或者暂扣驾驶证处罚的，由违法行为发生地的县级以上人民政府公安机关交通管理部门或者相当于同级的公安机关交通管理部门作出决定；对处以吊销机动车驾驶证处罚的，由设区的市人民政府公安机关交通管理部门或者相当于同级的公安机关交通管理部门作出决定。

公安机关交通管理部门对非本辖区机动车的道路交通安全违法行为没有当场处罚的，可以由机动车登记地的公安机关交通管理部门处罚。

第一百一十条　当事人对公安机关交通管理部门及其交通警察的处罚有权进行陈述和申辩，交通警察应当充分听取当事人的陈述和申辩，不得因当事人陈述、申辩而加重其处罚。

第八章 附 则

第一百一十一条 本条例所称上道路行驶的拖拉机，是指手扶拖拉机等最高设计行驶速度不超过每小时 20 公里的轮式拖拉机和最高设计行驶速度不超过每小时 40 公里、牵引挂车方可从事道路运输的轮式拖拉机。

第一百一十二条 农业（农业机械）主管部门应当定期向公安机关交通管理部门提供拖拉机登记、安全技术检验以及拖拉机驾驶证发放的资料、数据。公安机关交通管理部门对拖拉机驾驶人作出暂扣、吊销驾驶证处罚或者记分处理的，应当定期将处罚决定书和记分情况通报有关的农业（农业机械）主管部门。吊销驾驶证的，还应当将驾驶证送交有关的农业（农业机械）主管部门。

第一百一十三条 境外机动车入境行驶，应当向入境地的公安机关交通管理部门申请临时通行号牌、行驶证。临时通行号牌、行驶证应当根据行驶需要，载明有效日期和允许行驶的区域。

入境的境外机动车申请临时通行号牌、行驶证以及境外人员申请机动车驾驶许可的条件、考试办法由国务院公安部门规定。

第一百一十四条 机动车驾驶许可考试的收费标准，由国务院价格主管部门规定。

第一百一十五条 本条例自 2004 年 5 月 1 日起施行。1960 年 2 月 11 日国务院批准、交通部发布的《机动车管理办法》，1988 年 3 月 9 日国务院发布的《中华人民共和国道路交通管理条例》，1991 年 9 月 22 日国务院发布的《道路交通事故处理办法》，同时废止。

附录三　交通事故处理程序规定

(2004年4月30日公安部令第70号发布，自2004年5月1日起施行)

目　录

第一章　总　则
第二章　管　辖
第三章　受　理
第四章　简易程序
第五章　调　查
　第一节　一般规定
　第二节　现场调查
　第三节　交通肇事逃逸协查
　第四节　检验、鉴定
　第五节　交通事故认定书
第六章　处罚执行
第七章　损害赔偿调解
第八章　涉外交通事故处理
第九章　其他规定
第十章　附　则

第一章　总　则

第一条　根据《中华人民共和国道路交通安全法》及其实施条例，制定本规定。

第二条　本规定适用于处理车辆在道路上因过错或者意外造成的人身伤亡或者财产损失的事故。

车辆在道路以外通行时发生的事故，公安机关交通管理部门接到报案的，参照本规定处理。发生特别重大交通事故，依据有关法律、法规的规定处理。

第三条　处理交通事故应当遵循公开、公正、便民、效率的原则。

第四条　具有一年以上道路交通管理工作经历的交通警察，经设区的市公安机关交通管理部门培训考试合格的，可以处理适用简易程序的交通事故。

具有二年以上道路交通管理工作经历的交通警察，经省级人民政府公安机关交通管理部门培训考试合格，获得交通事故处理资格等级证书后，可以处理适用一般程序及简易程序的交通事故。

第五条　公安机关交通管理部门应当在邻省、地（市）、县交界的国、省、县道公路上，设置标有管辖地公安机关交通管理部门地址及交通事故报警电话号码的提示牌。

第二章 管 辖

第六条 县级以上公安机关交通管理部门负责处理所管辖的区域或者道路内发生的交通事故。

第七条 对管辖权发生争议的,报请共同的上级公安机关交通管理部门指定管辖,上级公安机关交通管理部门应当在二十四小时内作出决定,并通知争议各方。

交通事故发生地管辖不明的,最先发现或者最先接到报警的公安机关交通管理部门应当先行救助受伤人员,进行现场前期处理。管辖确定后,由有管辖权的公安机关交通管理部门处理。

第八条 上级公安机关交通管理部门在必要的时候,可以处理下级公安机关交通管理部门管辖的交通事故,或者指定下级公安机关交通管理部门限时将案件移送其他下级公安机关交通管理部门处理。

下级公安机关交通管理部门认为案情复杂、影响重大或者涉及公安机关人员、车辆的交通事故,可以申请移送上一级公安机关交通管理部门处理;上一级公安机关交通管理部门应当在接到申请后二十四小时内,作出移送或者由原公安机关交通管理部门继续处理的决定。案件管辖发生转移的,处理时限从移送案件之日起计算。

第三章 受 理

第九条 公安机关交通管理部门接到交通事故报警的,应当登记备查,记录报警时间,报警人姓名、单位、联系电话,发生交通事故时间、地点,车辆类型,车辆牌号,是否载有危险物品,人员伤亡等简要情况。涉嫌交通肇事逃逸的,还应当详细询问并记录肇事车辆的颜色、特征及其逃逸方向等有关情况。

报警人不报姓名的,应当记录在案。报警人不愿意公开姓名的,应当为其保密。

第十条 公安机关交通管理部门接到交通事故报警,应当按照规定立即派交通警察赶赴现场。有人员伤亡的,应当及时通知急救、医疗、消防等有关部门。发生一次死亡三人以上或者有重大影响的交通事故,应当立即向上一级公安机关交通管理部门和当地人民政府报告;涉及营运车辆的,同时通知当地人民政府有关行政管理部门。

第十一条 当事人未在交通事故现场报警,事后请求公安机关交通管理部门处理的,当事人应当在提出请求后十日内向公安机关交通管理部门提供交通事故证据。公安机关交通管理部门自接到当事人提供的交通事故证据材料之日起对交通事故进行调查。当事人未提供交通事故证据,公安机关交通管理部门因现场变动、证据灭失,无法查证交通事故事实的,应当书面通知当事人向人民法院提起民事诉讼。

第四章 简易程序

第十二条 发生《中华人民共和国道路交通安全法》第七十条第二款、第三款规定的交通事故,当事人应当填写交通事故发生的时间、地点、天气、当事人姓名、机动车驾驶证号、联系方式、机动车牌号、保险凭证号、交通事故形态、碰撞部位、赔偿责任人等内容的协议书或者文字记录，共同签名后立即撤离现场，协商赔偿数额和赔偿方式。

当事人均已办理机动车第三者责任强制保险的，可以根据记录交通事故情况的协议书向保险公司索赔。

当事人也可以自行协商处理损害赔偿事宜。

第十三条 有下列情形之一的，当事人应当保护现场并立即报警：

（一）机动车无号牌、无检验合格标志、无保险标志的；

（二）驾驶人无有效机动车驾驶证的；

（三）驾驶人饮酒、服用国家管制的精神药品或者麻醉药品的；

（四）发生《中华人民共和国道路交通安全法》第七十条第二款规定的交通事故，当事人对事实或者成因有争议的；

（五）当事人不能自行移动车辆的；

（六）碰撞建筑物、公共设施或者其他设施的。

第十四条 公安机关交通管理部门对下列交通事故可以按照简易程序处理：

（一）发生《中华人民共和国道路交通安全法》第七十条第二款、第三款规定的交通事故，当事人对事实及成因有争议不即行撤离现场或者当事人自行撤离现场后，经协商未达成协议的；

（二）受伤人员认为自己伤情轻微，当事人对事实及成因无争议，但是对赔偿有争议的。

适用简易程序的，可以由一名交通警察处理。

第十五条 发生《中华人民共和国道路交通安全法》第七十条第二款、第三款规定的交通事故，当事人不撤离现场的，交通警察应当记录交通事故发生的时间、地点、天气、当事人姓名、机动车驾驶证号、联系方式、机动车牌号、保险凭证号、交通事故形态、碰撞部位等，由当事人签名后，责令当事人撤离现场，恢复交通。对拒不撤离现场的，予以强制撤离。并根据当事人的行为对发生交通事故所起的作用以及过错的严重程度，确定当事人的责任，当场制作事故认定书。

第十六条 当事人自行撤离现场后，协商损害赔偿未达成协议报警的，应当向交通警察提供有当事人签名的交通事故文字记录材料。交通警察予以记录，由当事人签名，并根据当事人的行为对发生交通事故所起的作用以及过错的严重程度，确定当事人的责任，当场制作事故认定书。

第十七条 当事人共同请求调解的，交通警察应当当场进行调解，并在事故认定书上记录调解结果，由当事人签名，交付当事人。

第十八条 有下列情形之一的，不适用调解，交通警察可以在事故认定书上载明有关情况后，将事故认定书交付当事人：

（一）当事人提供不出交通事故证据，因现场变动、证据灭失，交通警察无法查证交通事故事实的；

（二）当事人对交通事故认定有异议的；

（三）当事人拒绝在事故认定书上签名的；

（四）当事人不同意由交通警察调解的。

有前款规定情形之一或者调解未达成协议及调解生效后当事人不履行的，当事人可以向人民法院提起民事诉讼。

第五章 调 查

第一节 一般规定

第十九条 发生下列交通事故,当事人应当立即报警:
(一)造成人员死亡、重伤、轻伤的;
(二)造成人员轻微伤,但是当事人对事实或者成因有争议的;
(三)财产损失较大的;
(四)财产损失轻微,但是有本规定第十三条第(一)项至第(三)项规定情形之一的。
财产损失较大的标准,由省级人民政府公安机关交通管理部门与有关部门协商规定。

第二十条 公安机关交通管理部门对属于本规定第十九条规定的交通事故,填写交通事故立案登记表;对经过调查不属于交通事故的,书面通知当事人,并将案件移送有关部门或者告知当事人处理途径。

第二十一条 公安机关交通管理部门对交通事故进行调查时,交通警察不得少于二人。
交通警察调查时应当向被调查人员表明执法身份,告知被调查人依法享有的权利和义务,向当事人发送联系卡。联系卡载明交通警察姓名、办公地址、联系方式、监督电话等内容。

第二十二条 发生一次死亡三人以上交通事故的,设区的市公安机关交通管理部门应当派员到现场指导调查。发生一次死亡十人以上交通事故的,省级人民政府公安机关交通管理部门应当派员到现场指导调查。

第二节 现场调查

第二十三条 交通警察到达现场后,应当根据需要立即进行下列工作:
(一)组织抢救受伤人员。
(二)在现场周围设置警戒线,在距现场来车方向五十至一百五十米外设置发光或者反光的交通标志,引导车辆、行人绕行;允许车辆通行的,交通警察应负责现场警戒、疏导交通,指挥其他车辆减速通过。
(三)指挥驾驶人、乘客等人员在安全地带等候;引导勘查、指挥等车辆依次停放在警戒线内来车方向的道路右侧,车辆应当开启警灯,夜间还应当开启危险报警闪光灯和示廓灯。
(四)对载运爆炸物品、易燃易爆化学物品以及毒害性、放射性、腐蚀性、传染病病原体等危险物品的车辆发生的交通事故,应当立即报告当地人民政府,通报有关部门及时处理,采取封闭道路等交通管制措施,协同有关部门划定隔离区,疏散过往车辆、人员。
(五)对造成道路、供电、通讯等设施损毁的交通事故,通报有关部门及时处理。
(六)确定交通事故当事人,控制肇事人,查找证人。

第二十四条 急救、医疗人员到达现场的,由急救、医疗人员组织抢救受伤人员,交通警察应当积极协助。

第二十五条 交通警察勘查交通事故现场,应当穿着反光背心,夜间可以佩戴发光或者反光器具。遇有载运危险物品车辆发生交通事故的,还应当根据需要穿着防护服,佩戴防护用具。

第二十六条 交通警察调查交通事故现场时,应当全面、及时地收集有关证据。现场调查内容包括:

(一) 交通事故当事人的基本情况;
(二) 车辆安全技术状况及装载情况;
(三) 交通事故的基本事实;
(四) 当事人的道路交通安全违法行为及导致交通事故的过错或者意外情况;
(五) 与交通事故有关的道路情况;
(六) 其他与交通事故有关的事实。

第二十七条 勘查交通事故现场,应按照有关法规和标准的规定,拍摄现场照片,绘制现场图,采集、提取痕迹、物证,制作现场勘查笔录。一次死亡三人以上的交通事故应当进行现场摄像。

现场图应当由参加勘查的交通警察、当事人或者见证人签名。当事人拒绝签名或者无法签名以及无见证人的,应当记录在案。

第二十八条 对可能因时间、地点、气象等原因,导致痕迹或者证据灭失的,应当及时测试、提取、保全。

第二十九条 交通警察应当检查当事人的身份证件、机动车驾驶证、工作证及机动车行驶证、保险标志,验明身份;对当场难以查实身份的肇事人,可以依法传唤。交通警察可以依法对肇事车辆、交通事故当事人及其随身携带的物品进行检查。

第三十条 现场勘查完毕,清点现场遗留物品和财物后,公安机关交通管理部门应当迅速组织清理现场,尽快恢复交通。

第三十一条 公安机关交通管理部门应当按照《公安机关办理行政案件程序规定》,对肇事人、其他当事人、证人进行询问或者讯问。询问或者讯问时,应当根据需要问明交通方式、驾驶人和机动车所有人、管理人的基本情况,以及机动车驾驶证号、准驾车型、领取机动车驾驶证日期、驾驶经历、驾驶前活动、休息、餐饮情况,驾驶时身体状况,所驾车辆状况、保险情况、行驶路线、驾驶时间、行驶速度、交通事故发生经过、临危采取的措施及主观心态等与交通事故有关的情况。

公安机关交通管理部门在调查交通事故过程中,发现当事人有交通肇事犯罪嫌疑的,应当按照《公安机关办理刑事案件程序规定》立案侦查,并依法对其采取强制措施。发现当事人有其他违法犯罪嫌疑的,应当及时移送公安机关有关部门。

第三十二条 交通警察认为应当对当事人给予暂扣或者吊销机动车驾驶证处罚的,可以扣留其机动车驾驶证,并开具行政强制措施凭证。

扣留机动车驾驶证的期限至作出处罚决定为止。

第三十三条 因收集证据需要扣留事故车辆及机动车行驶证的,公安机关交通管理部门应当开具行政强制措施凭证,将车辆移至指定的地点并妥善保管。公安机关交通管理部门不得扣留事故车辆所载货物。对所载货物在核实载质量、体积及货物损失后,通知机动车驾驶人或者货物所有人自行处理。

当事人不自行处理的,按照《公安机关办理行政案件程序规定》第一百五十五条、第一百五十六条的规定办理。

第三节 交通肇事逃逸协查

第三十四条 公安机关交通管理部门应当根据管辖区域和道路情况,制定交通肇事逃逸案件查缉预案。

发生交通肇事逃逸案件后,公安机关交通管理部门应当根据证人证言、交通事故现场痕迹、遗留物等线索,及时布置堵截和追缉。

第三十五条 案发地公安机关交通管理部门可以通过发协查通报、向社会公告等方式要求协查、举报交通肇事逃逸案件。发出协查通报或者向社会公告时,应当提供交通肇事逃逸案件基本事实、交通肇事逃逸人和车辆情况、特征及车辆逃逸方向等有关情况。

第三十六条 接到协查通报的公安机关交通管理部门,应当立即布置堵截或者排查。发现交通肇事逃逸车辆或者嫌疑车辆的,应当予以扣留,依法传唤交通肇事逃逸人或者与协查通报相符的嫌疑人,并及时将有关情况通知案发地公安机关交通管理部门。案发地公安机关交通管理部门应当立即派交通警察前往办理移交。

第三十七条 公安机关交通管理部门查获交通肇事逃逸人和车辆后,应当按原范围发出撤销协查通报。

第三十八条 公安机关交通管理部门对查获交通肇事逃逸人和车辆提供有效线索或者协助的人员、单位,应当给予表彰和奖励。

公安机关交通管理部门及其交通警察接到协查通报不配合协查并造成严重后果的,由公安机关或者上一级公安机关交通管理部门追究经办责任人和单位主管领导的责任。

第四节 检验、鉴定

第三十九条 公安机关交通管理部门对当事人生理、精神状况、人体损伤、尸体、车辆及其行驶速度、痕迹、物品以及现场的道路状况等需要进行检验、鉴定的,应当在勘查现场之日起五日内指派或者委托专业技术人员、具备资格的鉴定机构进行检验、鉴定。

检验、鉴定应当在二十日内完成;需要延期的,经设区的市公安机关交通管理部门批准可以延长十日。检验、鉴定周期超过时限的,须报经省级人民政府公安机关交通管理部门批准。

第四十条 对精神病的医学鉴定,应当由省级人民政府指定的医院进行。

当事人因交通事故致残的,在治疗终结后,应当由具有资格的伤残鉴定机构评定伤残等级。

对有争议的财产损失的评估,应当由具有评估资格的评估机构进行。

具备资格的检验、鉴定、评估机构应当向省级人民政府公安机关交通管理部门备案,公安机关交通管理部门可以向当事人介绍符合条件的检验、鉴定、评估机构,由当事人自行选择。

第四十一条 交通事故造成人员死亡的,由急救、医疗机构或者法医出具死亡证明。尸体应当存放在殡葬服务单位或者有停尸条件的医疗机构。检验尸体不得在公众场合进行。解剖尸体需征得其亲属的同意。检验完成后,应当通知死者亲属在十日内办理丧葬事宜。无正当理由逾期不办理的，经县级以上公安机关负责人批准，由公安机关处理尸体，逾期存放的费用由死者亲属承担。

对未知名尸体，由法医提取人身识别检材、采集其他相关信息后，公安机关交通管理部门填写"未知名尸体信息登记表"，报设区的市公安机关有关部门。

核查出未知名尸体身份的，通知其亲属或者单位认领并处理交通事故。经核查无法确认身份的，应当在地（市）级以上报纸刊登认尸启事。登报后十日仍无人认领的，由县级以上公安机关负责人或者上一级公安机关交通管理部门负责人批准处理尸体。

第四十二条 公安机关交通管理部门扣留的事故车辆除检验、鉴定外，不得使用。检验、鉴定完成后五日内通知当事人领取事故车辆和机动车行驶证。对弃车逃逸的无主车辆或者经通知当事人十日后仍不领取的，依据《中华人民共和国道路交通安全法》第一百一十二条的规定处理。

对无牌证、达到报废标准、未投保机动车第三者责任强制保险等车辆，依据有关法律、法规的规定处理。

第四十三条 检验、鉴定、评估机构、人员接受公安机关交通管理部门指派、委托或者当事人委托的，应当在规定期限内完成检验、鉴定、评估。检验、鉴定、评估结果确定后，应当出具书面结论，由检验、鉴定、评估人签名并加盖机构印章。

第四十四条 公安机关交通管理部门应当在接到检验、鉴定结果后二日内将检验、鉴定结论复印件交当事人。当事人对公安机关交通管理部门的检验、鉴定结论有异议的，可以在接到检验、鉴定结论复印件后三日内提出重新检验、鉴定的申请。经县级公安机关交通管理部门负责人批准后，应当另行指派或者委托专业技术人员、有资格的鉴定机构进行重新检验、鉴定。

当事人对自行委托的检验、鉴定、评估结论有异议的，可以在接到检验、鉴定、评估结论后三日内另行委托检验、鉴定、评估，并告知公安机关交通管理部门，公安机关交通管理部门予以备案。

申请重新检验、鉴定、评估以一次为限。重新检验、鉴定、评估的时限与检验、鉴定、评估的时限相同。

第五节 交通事故认定书

第四十五条 公安机关交通管理部门经过调查后，应当根据当事人的行为对发生交通事故所起的作用以及过错的严重程度，确定当事人的责任：

（一）因一方当事人的过错导致交通事故的，承担全部责任；当事人逃逸，造成现场变动、证据灭失，公安机关交通管理部门无法查证交通事故事实的，逃逸的当事人承担全部责任；当事人故意破坏、伪造现场、毁灭证据的，承担全部责任。

（二）因两方或者两方以上当事人的过错发生交通事故的，根据其行为对事故发生的作用以及过错的严重程度，分别承担主要责任、同等责任和次要责任。

（三）各方均无导致交通事故的过错，属于交通意外事故的，各方均无责任。

（四）一方当事人故意造成交通事故的，他方无责任。

第四十六条 公安机关交通管理部门对经过勘验、检查现场的交通事故应当自勘查现场之日起十日内制作交通事故认定书。交通肇事逃逸的，在查获交通肇事逃逸人和车辆后十日内制作交通事故认定书。对需要进行检验、鉴定的，应当在检验、鉴定或者重新检验、鉴定结果确定后五日内制作交通事故认定书。

除未查获交通肇事逃逸人、车辆的或者无法查证交通事故事实的以外，交通事故认定书应当载明以下内容：

（一）交通事故当事人、车辆、道路和交通环境的基本情况；

（二）交通事故的基本事实；

（三）交通事故证据及形成原因的分析；

（四）当事人导致交通事故的过错及责任或者意外原因。

交通事故认定书应当加盖公安机关交通管理部门交通事故处理专用章，分别送达当事人，并告知当事人申请公安机关交通管理部门调解的期限和直接向人民法院提起民事诉讼的权利。

第四十七条 未查获交通肇事逃逸人和车辆，交通事故损害赔偿当事人要求出具交通事故认定书的，公安机关交通管理部门可以在接到交通事故损害赔偿当事人的书面申请后十日内制作交通事故认定书，载明交通事故发生的时间、地点、受害人情况及调查得到的事实，有证据证明受害人有过错的，确定受害人的责任；无证据证明受害人有过错的，确定受害人无责任。并送达交通事故损害赔偿当事人。

对无法查证交通事故事实的，公安机关交通管理部门制作交通事故认定书，载明交通事故发生的时间、地点、当事人情况及调查得到的事实，分别送达当事人。

第六章 处罚执行

第四十八条 公安机关交通管理部门应当依据《中华人民共和国行政处罚法》、《中华人民共和国道路交通安全法》及其实施条例等法律、行政法规，适用《公安机关办理行政案件程序规定》、《道路交通安全违法行为处理程序规定》，对当事人的道路交通安全违法行为作出处罚。

对当事人给予暂扣机动车驾驶证处罚的，扣留一日折抵暂扣期限一日。不予暂扣或者吊销机动车驾驶证处罚的，发还扣留的机动车驾驶证。

第四十九条 对发生重大交通事故构成犯罪，需要吊销当事人机动车驾驶证的，应当在移送案件之前，由设区的市公安机关交通管理部门作出吊销机动车驾驶证的处罚决定。公安机关交通管理部门将已扣留的机动车驾驶证标记吊销，存入交通事故案卷，并将公安交通管理转递通知书转至机动车驾驶证核发地车辆管理所，由机动车驾驶证核发地车辆管理所注销其机动车驾驶证。对交通肇事逃逸人作出吊销机动车驾驶证处罚的，由机动车驾驶证核发地车辆管理所将对其终生不得重新取得机动车驾驶证的决定记入全国公安交通管理信息系统备案。

第五十条 专业运输单位六个月内发生二次一次死亡三人以上的交通事故，且单位或者车辆驾驶人对交通事故承担全部责任或者主要责任的，专业运输单位所在地的公安机关交通管理部门应当报经设区的市公安机关交通管理部门批准后，作出责令限期消除安全隐患的决定，禁止未消除安全隐患的机动车上道路行驶，并通报交通事故发生地及运输单位属地的人民政府有关行政管理部门。

第五十一条 当事人造成交通事故后逃逸或者强迫机动车驾驶人违反道路交通安全法律、法规和机动车安全驾驶要求驾驶机动车造成交通事故,需要给予拘留处罚的,公安机关应当按照《公安机关办理行政案件程序规定》办理,由县、市公安局、公安分局或者相当于县一级的公安机关裁决。

第五十二条 当事人违反道路交通安全法律、法规的规定,发生重大交通事故,构成犯罪的,依法追究刑事责任,公安机关交通管理部门应当按照《公安机关办理刑事案件程序规定》办理。

第七章 损害赔偿调解

第五十三条 参加机动车第三者责任强制保险的机动车发生交通事故,损失未超过强制保险责任限额范围的,当事人可以直接向保险公司索赔,也可以自行协商处理损害赔偿事宜。

第五十四条 交通事故损害赔偿权利人、义务人一致请求公安机关交通管理部门调解损害赔偿的,可以在收到交通事故认定书之日起十日内向公安机关交通管理部门提出书面调解申请,公安机关交通管理部门应予调解。

当事人在申请中对检验、鉴定或者交通事故认定有异议的,公安机关交通管理部门应当书面通知当事人不予调解。

第五十五条 公安机关交通管理部门调解交通事故损害赔偿的期限为十日。造成人员死亡的,从规定的办理丧葬事宜时间结束之日起开始;造成人员受伤的,从治疗终结之日起开始;因伤致残的,从定残之日起开始;造成财产损失的,从确定损失之日起开始。

公安机关交通管理部门应当与当事人约定调解的时间、地点,并于调解时间三日前通知当事人。口头通知的应当记入调解记录。调解参加人因故不能按期参加调解的,应当在预定调解时间一日前通知承办的交通警察,请求变更调解时间。

第五十六条 交通事故调解参加人包括:
(一)交通事故当事人及其代理人;
(二)交通事故车辆所有人或者管理人;
(三)公安机关交通管理部门认为有必要参加的其他人员。

委托代理人应当出具由委托人签名或者盖章的授权委托书。授权委托书应当载明委托事项和权限。

参加调解时当事一方不得超过三人。

第五十七条 公安机关交通管理部门应当指派二名交通警察主持调解。调解采取公开方式进行,调解时间应当提前公布,调解时允许旁听,但是当事人要求不予公开的除外。

第五十八条 调解交通事故损害赔偿争议,按照下列程序实施:
(一)介绍交通事故的基本情况。
(二)宣读交通事故认定书。
(三)分析当事人的行为对发生交通事故所起的作用以及过错的严重程度,并对当事人进行教育。
(四)根据交通事故认定书认定的当事人责任以及《中华人民共和国道路交通安全法》

第七十六条的规定，确定当事人承担的损害赔偿责任。

（五）计算人身损害赔偿和财产损失总额，确定各方当事人分担的数额。造成人身损害的，按照《最高人民法院关于审理人身损害赔偿案件适用法律若干问题的解释》规定的赔偿项目和标准计算。修复费用、折价赔偿费用按照实际价值或者评估机构的评估结论计算。

（六）确定赔偿方式。

对交通意外事故造成损害的，按公平、合理、自愿的原则进行调解。

第五十九条 经调解达成协议的，公安机关交通管理部门制作调解书，各方当事人签名，分别送交各方当事人。

调解书应当载明以下内容：

（一）交通事故简要情况和损失情况；

（二）各方的损害赔偿责任；

（三）损害赔偿的项目和数额；

（四）当事人自愿协商达成一致的意见；

（五）赔偿方式和期限；

（六）调解终结日期。

赔付款由当事人自行交接，当事人要求交通警察转交的，交通警察可以转交，并在调解书上附记。

经调解未达成协议的，公安机关交通管理部门应当制作调解终结书送交各方当事人，调解终结书应当载明未达成协议的原因。

调解书生效后，赔偿义务人不履行的，当事人可以向人民法院提起民事诉讼。

第六十条 当事人无正当理由不参加调解或者调解过程中放弃的，公安机关交通管理部门应当终结调解。

第八章 涉外交通事故处理

第六十一条 境外来华人员、车辆发生交通事故的，除按照本规定执行外，还应当按照办理涉外案件的有关法规规定执行。

公安机关交通管理部门处理境外来华人员、车辆发生的交通事故，应当将我国法律、法规规定的当事人在处理交通事故中的权利和义务告知当事人。

第六十二条 境外临时来华人员发生交通事故并承担全部责任或者主要责任的，公安机关交通管理部门应当告知交通事故损害赔偿权利人可以向人民法院提出采取诉前保全措施的请求。

第六十三条 享有外交特权和豁免权的外国人发生交通事故，交通警察认为应当给予暂扣或者吊销机动车驾驶证处罚的，可以扣留其机动车驾驶证。需要检验、鉴定车辆的，公安机关交通管理部门应当在检验、鉴定后立即发还；其不同意检验、鉴定的，记录在案，不得强行检验、鉴定。需要对享有外交特权和豁免权的外国人进行调查的，可以约谈；本人不接受调查的，记录在案。

公安机关交通管理部门应当根据所收集的证据，制作交通事故认定书送达当事人，当事人拒绝接收的，通过外交途径转交给其所在机构。

第六十四条 公安机关交通管理部门处理享有外交特权和豁免权的外国人发生人员死亡交通事故的,应当将其身份、证件及事故经过、损害后果等基本情况记录在案,并将有关情况迅速逐级上报至省级人民政府外事部门和国务院公安、外交部门。

第六十五条 涉外交通事故的调解,可以采用单方调解方式进行。交通警察可以转交当事人协议赔偿款项。

第九章 其他规定

第六十六条 公安机关督察部门可以依法对公安机关交通管理部门及其交通警察处理交通事故工作进行现场监督,依法查处违法违纪问题。

上级公安机关交通管理部门对下级公安机关交通管理部门处理交通事故工作进行监督,发现错误应当及时纠正。

第六十七条 公安机关交通管理部门及其交通警察应当秉公执法。交通警察违反本规定的,依法给予行政处分;公安机关交通管理部门违反本规定的,对单位主管领导和其他直接责任人依法给予行政处分。

第六十八条 按照《公安机关办理行政案件程序规定》,交通警察或者公安机关检验、鉴定人员需要回避的,由本级公安机关交通管理部门负责人决定。公安机关交通管理部门负责人需要回避的,由公安机关负责人或者上一级公安机关交通管理部门负责人决定。

对当事人提出的回避申请,公安机关交通管理部门应当在二日内作出决定,并通知申请人。

第六十九条 人民法院、人民检察院审理、审查交通事故案件,需要公安机关交通管理部门提供有关证据的,公安机关交通管理部门接到调卷公函后,应当在三日内或者按照其时限要求,将交通事故案件调查材料正本移交给人民法院或者人民检察院。

第七十条 军队、武警部队人员、车辆发生交通事故,按照本规定处理。需要对现役军人给予刑事、行政处罚的,移送军队、武警部队有关部门。

第七十一条 交通事故死亡人员身份无法确认的,公安机关交通管理部门应当将其所得赔偿费交付有关部门保存。其损害赔偿权利人确认后,由有关部门将赔偿费交付给损害赔偿权利人。

第七十二条 本规定涉及的法律文书式样,按照现行法规、规章和有关标准执行。

当事人当场记录交通事故情况的协议书,由省级人民政府公安机关交通管理部门与有关部门协商制定式样,印制发送给机动车所有人随车携带。当事人未携带规定式样协议书的,可以自行书写。

第七十三条 除涉及国家秘密、商业秘密或者个人隐私,以及应当事人、证人要求保密的内容外,当事人及其代理人收到交通事故认定书后,可以查阅、复制、摘录公安机关交通管理部门处理交通事故的证据材料。公安机关交通管理部门对当事人复制的材料应当加盖公安机关交通管理部门交通事故处理专用章。

第十章 附 则

第七十四条 本规定中下列用语的含义：

（一）"交通肇事逃逸"，是指发生交通事故后，交通事故当事人为逃避法律追究，驾驶车辆或者遗弃车辆逃离交通事故现场的行为。

（二）本规定所称的"一日"、"二日"、"三日"、"五日"、"十日"、"二十日"，是指工作日，不包括节假日。

（三）"县级（以上）公安机关交通管理部门"，是指县级（以上）公安机关交通管理部门或者相当于同级的公安机关交通管理部门。"设区的市公安机关交通管理部门"，是指设区的市公安机关交通管理部门或者相当于同级的公安机关交通管理部门。"设区的市公安机关"，是指设区的市公安机关或者相当于同级的公安机关。

第七十五条 本规定自 2004 年 5 月 1 日起施行。1992 年 8 月 10 日发布的《道路交通事故处理程序规定》（公安部令第 10 号）同时废止。2004 年 4 月 30 日前公安部发布的其他规定与本规定不一致的，以本规定为准。

附件：1. 事故认定书
　　　2. 交通事故认定书

（略）

附录四　高速公路交通管理办法

(1994年12月22日中华人民共和国公安部令第20号)

第一条　办了保障高速公路的交通安全和畅通，根据《中华人民共和国道路交通管理条例》(以下简称《条例》)第九十条的规定，制定本办法。

第二条　本办法所称的高速公路，是指经国家公路主管部门验收认定，符合高速公路工程技术标准，并设置完善的交通安全设施、管理设施和服务设施，专供机动车高速行驶的公路。

第三条　凡进入高速公路的机动车、乘车人以及进行养护等作业人员，必须遵守本办法。本办法未规定的，应当遵守《条例》的有关规定。

第四条　行人、非机动车、拖拉机、农用运输车、电瓶车、轮式专用机械车、全挂牵引车，以及设计最高时速低于七十公里的机动车辆，不得进入高速公路。

高速公路养护等作业人员和专用的机动车不适用前款规定。

实习驾驶员不准驾驶车辆进入高速公路。

第五条　进入高速公路的车辆应当配备故障车警告标志牌。

第六条　规定安装安全带的车辆，其驾驶员和前排乘车人必须系安全带。

第七条　机动车行驶中，乘车人不准站立，不准向车外抛洒物品。

第八条　货运机动车除驾驶室和车厢经核准设有的固定座位外，其他任何部位不准载人。

二轮摩托车在高速公路上行驶时不准载人。

第九条　机动车载运危险物品或者载物长度和宽度超出车厢，高度超过《条例》规定的，必须经公安机关交通管理部门批准后，按指定路线、时间、车道、速度行驶，并须悬挂明显标志。

第十条　高速公路以沿机动车行驶方向左侧算起，第一条车道为超车道，第二、第三条和其他车道为行车道。

第十一条　机动车在高速公路上正常行驶时，最低时速不得低于六十公里。最高时速，小型客车不得高于一百二十公里；大型客车、货运汽车和摩托车不得高于九十公里。但遇有限速交通标志或者限速路面标记所示时速与上述规定不一致时，应当遵守标志或者标记的规定。

第十二条　机动车进入高速公路起点后，应当尽快将车速提高到六十公里以上。从匝道入口进入高速公路的车辆，必须在加速车道上提高车速，并开启左转向灯。驶入行车道时，不准妨碍其他车辆的正常行驶。

第十三条　机动车驶离高速公路时，应当按出口预告标志进入与出口相接的车道，减速行驶；从匝道驶离高速公路时，必须提前开启右转向灯，驶入减速车道，然后经匝道驶离。

第十四条　机动车在高速公路上通行时，应当在行车道上行驶。

设计时速高于一百三十公里的小型客车在第二条车道上行驶；大型客车、货运汽车和设计时速低于一百三十公里的小型客车在第三条车道上行驶。

有四条以上车道的，设计时速高于一百三十公里的小型客车在第二、第三条车道上行驶；大型客车、货运汽车和设计时速低于一百三十公里的小型客车在第三、第四条车道上或者向右顺延的车道上行驶。

摩托车在最右侧车道上行驶。

第十五条 机动车在高速公路上正常行驶时，同一车道的后车与前车必须保持足够的行车间距。正常情况下，当行驶时速一百公里时，行车间距为一百米以上；时速七十公里时，行车间距为七十米以上。遇大风、雨、雪、雾天或者路面结冰时，应当减速行驶。

第十六条 机动车行驶中需要超越前车或者变更车道时，必须提前开启转向灯，夜间还须变换使用远、近光灯。确认与要进入的车道前方车辆以及后方来车均有足够的行车间距后，再驶入需要进入的车道。超车时只允许使用相邻的车道。驶入超车道的机动车在超车后，应当立即驶回行车道。

第十七条 机动车在高速公路上正常行驶必须遵守下列规定：

（一）不准倒车、逆行，不准穿越中央分隔带掉头或者转弯；

（二）不准进行试车和学习驾驶机动车；

（三）不准在匝道、加速车道或者减速车道上超车、停车；

（四）不准骑、压车道分界线行驶和在超车道上连续行驶；

（五）不准右侧超车；

（六）除遇障碍、发生故障等必须停车的情况下，不准随意停车、停车上下人员或者装卸货物；

（七）除因停车驶入或者驶出紧急停车带和路肩外，不准在紧急停车带和路肩上行车。

第十八条 机动车在行驶中，因故障需要临时停车检修时，必须提前开启右转向灯驶离行车道，停在紧急停车带内或者右侧路肩上。禁止在行车道上修车。

机动车在修复后需返回行车道时，应当先在紧急停车带或者路肩上提高车速。并开启左转向灯。进入行车道时，不准妨碍其他车辆的正常行驶。

第十九条 机动车因故障、事故等原因不能离开行车道或者在路肩上停车时，驾驶员必须立即开启危险报警闪光灯，并在行驶方向的后方一百米处设置故障车警告标志，夜间还须同时开启示宽灯和尾灯。驾驶员和乘车人必须迅速转移到右侧路肩上或者紧急停车带内，并立即报告交通警察。

第二十条 除执行紧急勤务的人民警察外，禁止在高速公路上拦截检查车辆。

第二十一条 除救援、清障车外，禁止其他车辆拖拽故障车、肇事车在高速公路上行驶。

救援、清障车必须安装标志灯具并喷涂明显的标志。执行救援、清障任务时，须开启标志灯具和危险报警闪光灯。

第二十二条 在高速公路上进行养护、维修等作业时，应当按照交通部有关高速公路养护工程作业交通控制的规定，实行作业交通安全控制。夜间还须设置红色示警灯（筒）。作业人员应着安全标志服，戴安全标志帽。作业车辆、机械应当喷涂统一的标志颜色，行驶和作业时均应开启示警灯。

机动车通过施工作业路段时，应当避让并减速行驶。

第二十三条 禁止在高速公路上设置广告、宣传标牌。

第二十四条 受严重自然灾害、恶劣天气和施工影响以及发生交通事故致使交通受阻时，公安机关交通管理部门可以采取限制车速、调换车道，暂时中断通行等交通管制措施，采取交通管制措施时，必须以交通标志显示或者公告发布。确需关闭高速公路时，应当由公安机关交通管理部门和高速公路管理机构共同发布公告实施。

第二十五条　机动车驾驶员违反本办法，有下列行为之一的，处二百元罚款，可以并处吊扣十二个月驾驶证：

（一）驾驶禁止驶入高速公路的机动车驶入高速公路的；

（二）不按规定超车或者变更车道的；

（三）在高速公路上倒车、逆行或者穿越中央分隔带掉头、转弯的；

（四）不按规定停车的。

第二十六条　机动车驾驶员违反本办法，有下列行为之一的，处一百元罚款，可以并处吊扣九个月驾驶证：

（一）驾驶转向器、制动器、灯光装置等机件不合安全要求的机动车的；

（二）车辆发生故障、事故停车后，不按规定使用灯光和设置警告标志的。

第二十七条　机动车驾驶员违反本办法，有下列行为之一的，处五十元罚款，可以并处吊扣六个月驾驶证：

（一）载物超过核定质量百分之三十以上的；

（二）载运危险物品或者载物长度、宽度、高度超过规定，未经审批或者未按规定行驶的；

（三）驾车超过规定最高时速二十公里以上行驶的；

（四）正常情况下驾车低于规定最低时速行驶的；

（五）不按规定保持行车间距的；

（六）未按规定系安全带的。

第二十八条　除本办法第二十五条、第二十六条、第二十七条所列行为和处罚外，对机动车驾驶员的其他违反交通管理行为，依照《条例》处罚规定的上限进行处罚。

第二十九条　行人、乘车人、非机动车驾驶人以及其他人员违反本办法的，处二十元罚款或者警告，并责令行人、非机动车驾驶人离开高速公路。

第三十条　对违反交通管理行为的处罚程序，适用公安部有关交通管理处罚程序的规定。

第三十一条　违反本办法第四条规定的，造成自身伤亡和财产损失的交通事故，正常行驶的机动车一方不负交通事故责任和法律责任。

第三十二条　本办法自1995年3月1日起施行。1990年3月26日公安部发布的《高速公路交通管理暂行规则》同时废止。

参 考 文 献

北京经济学院安全工程系.交通与安全.北京:北京经济学院出版社,1995
蔡早勤,陈学忠,张振军.武汉一老总黄石车祸罹难.武汉晚报,2005-03-09(2)
陈家锐.汽车构造.北京:机械工业出版社,2000
陈楚屏.交通安全.长沙:湖南科学技术出版社,1994
公安部交通管理局.中华人民共和国道路交通安全法适用指南.北京:中国人民公安大学出版社,2003
郭恩德.交通法规学.北京:人民交通出版社,1985
郭忠印,方守恩.道路安全工程.北京:人民交通出版社,2003
国务院法制办公室政法司道路交通安全法实施条例草案工作小组.中华人民共和国道路交通安全法实施条
　　例理解与应用.北京:法律出版社,2004
谷志杰.车辆与驾驶员管理.北京:中国人民大学出版社,2001
过秀成.道路交通安全学.南京:东南大学出版社,2001
姜华林.汽车驾驶与交通安全.长春:吉林科学技术出版社,1988
吉林工业大学汽车教研室.汽车设计.北京:机械工业出版社,1981
刘志强,葛如海,龚标.道路交通安全工程.北京:化学工业出版社,2005
刘晞柏译;江守一郎.汽车事故工程.北京:人民交通出版社,1987
刘志强.中国道路交通安全现状分析.公路交通科技,2000(2):70~74
李江.现代道路交通管理.北京:人民交通出版社,2000
明平顺.汽车质量与安全检测.北京:人民交通出版社,1995
苗泽青,谷志杰.交通安全法规及管理.北京:人民交通出版社,2003
史桂智.汽车构造保修和驾驶.北京:人民交通出版社,1996
王望予.汽车设计.北京:机械工业出版社,2004
王望予.汽车设计(第三版).北京:机械工业出版社,2000
王炜.交通工程学.南京:东南大学出版社,2000
王建.交通安全心理学.重庆:科学技术文献出版社重庆分社,1998
文力.车辆与道路交通管理及事故鉴定赔偿.北京:长城出版社,1999
吴植民.汽车构造.北京:人民交通出版社,1986
吴关昌译;佐藤武.汽车的安全.北京:机械工业出版社,1988
余志生.汽车理论(第三版).北京:机械工业出版社,2000
朱江,李镇海.运磷大货车丹江口失火灼伤79人.长江日报,2005-03-11(4)
张洪欣.汽车设计.北京:机械工业出版社,1989
钟志华.汽车碰撞安全技术.北京:机械工业出版社,2003
赵恩棠.道路交通安全.北京:人民交通出版社,1998